秘书系列

"十二五"职业教育国家规划教材
经全国职业教育教材审定委员会审定

高职高专工作过程导向新理念规划教材

秘书实务

（第2版）

罗春娜　张　智 ◎ 主　编
邱成朗　黄建华 ◎ 副主编

清华大学出版社
北京

内 容 简 介

本书是一本"项目引领、任务驱动"式的高职高专《秘书实务》教材,由文秘专业教师和企业、事业单位秘书岗位工作者共同编写。全书以秘书职业能力培养为重点,根据秘书工作内容,以"辉鹏服饰有限公司与韩国广田百货有限公司合作开发韩国的中国民族服饰市场"这一总项目为背景,按照洽谈前、洽谈中、洽谈后三个阶段设置了6个学习情境、18个学习性工作任务。教材以这18个任务的完成为主线,逐步展开。

全书内容详细、任务明确、步骤清晰、操作性强,适合作为高职高专院校秘书类专业教材,也适合作为秘书类在职人员的岗位实践指导用书或培训教材。

图书在版编目(CIP)数据

秘书实务/罗春娜,张智主编.—2版.—北京:清华大学出版社,2014(2023.8重印)
(高职高专工作过程导向新理念规划教材.秘书系列)
ISBN 978-7-302-37701-6

Ⅰ.①秘…　Ⅱ.①罗…　②张…　Ⅲ.①秘书学-高等职业教育-教材　Ⅳ.①C931.46

中国版本图书馆 CIP 数据核字(2014)第 190166 号

责任编辑:刘士平
封面设计:于晓丽
责任校对:袁　芳
责任印制:宋　林

出版发行:清华大学出版社
　　　　网　　址:http://www.tup.com.cn,http://www.wqbook.com
　　　　地　　址:北京清华大学学研大厦 A 座　　　　邮　　编:100084
　　　　社 总 机:010-83470000　　　　邮　　购:010-62786544
　　　　投稿与读者服务:010-62776969,c-service@tup.tsinghua.edu.cn
　　　　质量反馈:010-62772015,zhiliang@tup.tsinghua.edu.cn
　　　　课件下载:http://www.tup.com.cn,010-62795764
印 装 者:三河市人民印务有限公司
经　　销:全国新华书店
开　　本:185mm×260mm　　印　张:15.5　　　　字　　数:351 千字
版　　次:2010 年 4 月第 1 版　2014 年 9 月第 2 版　　印　　次:2023 年 8 月第 10 次印刷
定　　价:49.00 元

产品编号:059279-03

前　言

秘书工作繁杂琐碎,涉及办文、办会、办事、沟通协调、组织管理等各个方面。如何以一个总体项目为背景将秘书工作的各个方面有效贯穿起来一直是《秘书实务》教材需要解决的一个难题。本教材在原《秘书实务》第一版教材的基础上修订完成。新版教材采用"项目引领、任务驱动"方式进行编写,以一个总项目的完成过程为背景,设置了6个学习情境、18个学习性工作任务,将秘书工作所涉及的办文、办会、办事、沟通协调、组织管理等各个方面的工作有机结合起来,较好地解决了高职教材一直提倡的"理实一体"问题,具体编写思路见"教材设计与内容"。本书的主要特点如下。

(1) **理实一体**。本教材按照高等职业教育职业性、实践性、开放性的要求,在整体编排、设计上以工作过程为导向,以项目和工作任务为载体;在每一个具体任务中也均以工作过程为导向,体现了"工学结合"、融"教、学、做"为一体、"以学生为主体"的高职教育理念。

(2) **任务驱动**。本教材根据企业实际的工作情况与要求,将秘书工作的内容梳理成6个学习情境,再设计成具体的工作任务。每一个学习情境和任务包含和反映了要完成项目和任务所需要的秘书工作知识和工作技巧。学生在任务驱动下进行学习,教师的主要任务是指导学生完成具体任务,讲解与任务有关的秘书工作知识与方法,而不是"教书"。这样可以较好地诱发学生学习的自主性、积极性,由过去教师讲、学生听的被动状态变为学生的主动探索、主动完成项目任务的行为,从而使学生掌握秘书工作的技能,完成对秘书实务课程的学习。

(3) **步骤清晰**。考虑到我国高等职业教育学生的文化背景和在基础教育中养成的吸纳知识的习惯,在编写教材的时候,我们按照任务完成的实际步骤进行编排,使任务完成步骤清晰明了,指导性和可操作性强,易于学生"按步操作"。

(4) **校企合编**。本教材由学校与企业共同开发,教材内容及所设计的学习情境和任务紧贴企业秘书工作实际。

本教材由文秘专业教师罗春娜、张智担任主编,由行业专家邱成朗、黄建华担任副主编,文秘专业教师李争娃、吴茹、田艳珍,秘书工作岗位人员杨海燕、张素芬、蔡鹏、洪爽、王云全等参与编写。在编写过程中,我们参阅了国内秘书工作方面的专家、学者们的研究成果,得到了企事业单位和清华大学出版社的大力支持和帮助,在此一并致以衷心的感谢。

由于编者水平有限,修订时间仓促,加上高等职业教育课程改革方面的经验不够,书中疏漏与不妥之处在所难免,敬请有关专家和读者批评、指正。

编　者

2014 年 6 月

教材设计与内容

总项目背景

辉鹏服饰有限公司与韩国广田百货有限公司合作开发韩国的中国民族服饰市场

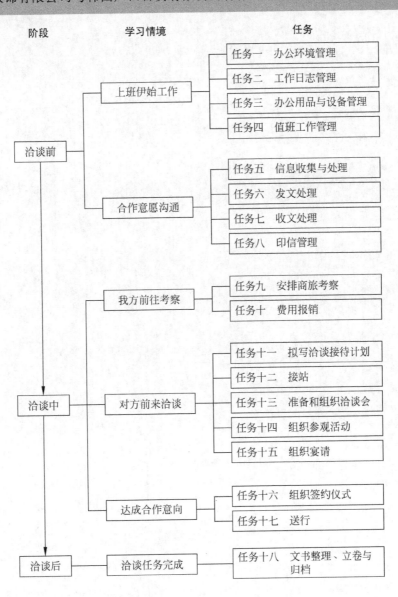

阶段	学习情境	任务
洽谈前	上班伊始工作	任务一　办公环境管理
		任务二　工作日志管理
		任务三　办公用品与设备管理
		任务四　值班工作管理
	合作意愿沟通	任务五　信息收集与处理
		任务六　发文处理
		任务七　收文处理
		任务八　印信管理
洽谈中	我方前往考察	任务九　安排商旅考察
		任务十　费用报销
	对方前来洽谈	任务十一　拟写洽谈接待计划
		任务十二　接站
		任务十三　准备和组织洽谈会
		任务十四　组织参观活动
		任务十五　组织宴请
	达成合作意向	任务十六　组织签约仪式
		任务十七　送行
洽谈后	洽谈任务完成	任务十八　文书整理、立卷与归档

目　录

学习情境一

上班伊始工作

　　企事业单位秘书上班伊始的工作包括办公环境管理、工作日志管理、办公用品与设备管理、值班工作管理等。办公环境管理是秘书上班伊始的第一件事情，营造一个良好的工作环境，既有利于塑造单位的对外形象，也有利于提高秘书的工作效率；工作日志是一天的日程安排，工作日志管理是否妥当，决定了秘书和上司当天的工作是否能有序、高效地进行；办公用品与设备管理是控制办公成本、保证工作顺利进行的一项工作，属于当天工作日志安排下的重要任务；值班工作管理是企事业单位的一项重要日常工作，秘书要根据领导的要求和指示，管理好值班工作，为领导处理紧急、重要事项和突发事件做好服务工作。本学习情境根据秘书上班伊始工作的先后顺序设置了以上四个任务，希望通过任务的训练，能提高秘书的日常工作效率。

任务一　办公环境管理

知识目标

- ◆ 了解秘书的工作环境。
- ◆ 了解办公环境的构成要素。
- ◆ 了解维护和管理办公环境的原则。
- ◆ 掌握如何营造健康、安全的办公环境。
- ◆ 掌握如何进行办公区域的安全检查。

能力目标

能够正确维护和管理办公环境。

案例启示

小余是明辉服装有限公司的总经理秘书，一天，小余要打印彩色文件，插彩色打印机插头的时候，插座突然冒出了火花，之后"吧嗒"一声，整个办公室断电了。

电工赶来将一切恢复正常后，小余看着办公桌下一堆杂乱缠绕的线，心里想：是重新整理的时候了，必须立即换掉那个漏电的插座，以绝后患。

其实这个插座早该换了，只是小余一直心存侥幸，没想到今天它终于"发威"了。

案例分析：秘书作为办公室的"大管家"，一定要了解办公室有哪些常见隐患，并且要定期对办公室进行检查，一旦发现隐患，就一定要及时处理，否则后果不堪设想。像上述案例一样，秘书已经发现的隐患没有及时处理，结果差点酿成大祸。因此，秘书人员对办公室安全隐患一定要高度重视，在职权范围内的一定要及时排除或予以减少；超出个人职权范围的，秘书有责任和义务报告、跟进，直到问题解决，同时将异常情况的发现、报告、处理等情况认真记录在本单位的《隐患记录及处理表》上。

任务引入

任务背景：辉鹏服饰有限公司是一家从事中国民族服饰生产和销售的民营企业，注册资金 1000 万元人民币。总部坐落于某市最繁华的华晟花园城市广场，总经营面积两万多平方米，总资产 2300 万元人民币。

任务：假如你是辉鹏服饰有限公司的总经理秘书思妍，早上你来到办公室，开始了一天的工作，请对办公环境进行管理。

 任务分析

在对办公区域进行管理之前,要先明确秘书管理的办公区域范围,了解什么是办公环境及其构成要素,掌握办公环境维护与管理的原则和要求,这样才能够正确维护和管理办公环境。本任务要求秘书人员能够对办公区域进行日常管理,包括对上司办公区、秘书个人办公区和公共办公区的管理,识别办公区域的安全隐患,进行安全检查,掌握正确处理隐患的方法,会填写《隐患记录及处理表》。

相关知识

一、秘书管理的办公区域

秘书应管理的办公区域有三个,分别是:上司办公区、秘书个人办公区和公共办公区。

1. 上司办公区

上司办公区一般是指上司整个办公室区域(如董事长室、总经理室)或同处开放式办公室的上司办公桌椅周围区域、桌面、家具、办公机器等。上司办公区是秘书经常进出的区域,也是秘书应该负责管理的区域。秘书应对这一区域的绿化、空气、光线、声音、颜色、设备、安全进行协调管理,使之达到最佳状态。

2. 秘书个人办公区

秘书个人办公区是秘书自己的办公区域,包括以秘书桌椅为范围的平台、计算机、档案柜、文件夹、电话、地面、墙壁等一切物品和设备。秘书应保持该区域的整齐、简洁、有序。

3. 公共办公区

公共办公区是指秘书复印、发传真、接待来宾等与其他同事共用的区域。秘书应主动维护、整理、保持该区域内的环境整洁。

二、办公环境的组成要素

办公环境管理是秘书的工作职责之一。幽雅、整洁有序、布局合理的办公环境可以营造良好的工作气氛,有利于提高工作效率和树立企业的良好形象。要履行好办公环境管理的职责,秘书必须对办公环境有明确的认识。

办公环境是指办公区域的布局、色彩、光线、声音、气味等因素构成的综合气氛。它包括硬环境和软环境。硬环境(即自然环境)是指办公室的布局环境、绿化环境、空气环境、光线环境、色彩环境、声音环境、设备环境、安全环境等几项。软环境(即社会环境)是指办公室的人际环境。办公环境的管理主要是针对硬环境而言,秘书不但要主动适应环境,还要积极改善环境和创造新的办公环境。

1. 办公室布局

办公室布局应根据工作流程和职位进行安排,讲究合理有序、错落有致、功能清楚、互

不干扰。

（1）开放式布局。开放式布局是指在既定的建筑空间条件下利用办公桌椅、活动屏风、档案架、植物等设备及物品划分办公区域的一种布局。

开放式办公室具有如下特点。

① 不设个人专用办公室；

② 组合工作间的材料丰富多样；

③ 办公室工作人员的级别主要不用办公位置来确定，不设传统的领导座位，而是凭承担的任务来确定位置。

（2）封闭式布局。封闭式办公室又称为传统办公室。它利用墙壁、窗户等建筑设施把员工的工作区域分割开来。在这种布局的办公室里，员工有很强的私密空间，可以安静地工作和思考，有利于机密工作的保密，但是成本费用较高，布局一旦建立就很难改变。

（3）开放式布局与封闭式布局比较（见表1-1）。

表1-1　开放式布局与封闭式布局优缺点比较表

办公室类型	优　点	缺　点
开放式布局	1. 灵活应变，工作位置能随需要而移动、改变 2. 节省面积和门墙等，节省费用，能容纳更多员工 3. 便于沟通、交流 4. 易于监督，员工的行为容易得到上司的督察 5. 共享办公设备	1. 难以保密 2. 易受干扰 3. 没有私人空间
封闭式布局	1. 比较安全 2. 保证机密 3. 易于集中注意力 4. 确保隐私	1. 费用高、空间较大 2. 难以监督 3. 不便交流

2．办公室绿化

绿色植物生机盎然，令人赏心悦目，合理绿化办公室是改善工作环境的一种有效方法。绿色植物本身所蕴涵的信息会对人类产生微妙的影响，起到某种暗示和激励作用，可以影响人们的心理，甚至影响工作效率。

为了使室内绿化具有一定的艺术感，给人以美的感受，在布置办公室时，首先要考虑植物色彩是否与室内环境的色彩相协调，摆放的位置是否合适。一般办公室植物都放置在办公家具的旁边，例如办公室临门的一旁，或进门后一米左右的墙边。其次，要考虑办公室绿化的数量是否合适。办公室绿化不宜摆放太多，避免植物与人争"氧"。绿色植物在没有光照的情况下，吸入的是氧气，吐出的是二氧化碳，时间一长，就会降低办公室空气中氧气的含量，影响室内空气的清新。最后，要考虑办公室绿化材料的选择是否恰当。并不是所有植物都对人体有益，如夜来香、月季、五色梅、天竺葵、玉丁香、含羞草、一品红、夹竹桃、洋绣球、紫荆花、黄杜鹃等，会不同程度地引起皮肤过敏，使人产生不适，因此这些花草不宜在办公室摆放。在办公室应摆放对人体有益的植物，如能清除室内甲醛等多种有害气体的吊兰，能消毒空气、消灭病菌的玫瑰，能提神醒脑、活跃思维的菊花等。此外，还

要注意选择适合当地气候条件、生命力强、容易养护的品种;若能选些例如发财树、开运竹、富贵竹之类的既能兼顾形状美观、花势茂盛,又能讨好口彩的植物就更好了。

3. 办公室空气

办公室人员工作紧张、压力较大,如果空气差,则容易使人疲倦、郁闷、沮丧。因此,对于办公室的空气应做到以下几点。

(1)空气清新、无毒害。办公室尤其是较封闭的办公室,要定期开窗换气、开启排气扇以换取新鲜、自然的空气。当办公室刚刚装修或堆放有化学物质或附近有大型工厂时,更要注意保持办公室的空气清新。

(2)温度适中。现在的办公室一般都有空调设备,使用空调要注意送风口不能直接对着人体,即使酷暑严寒天气也不能开得太冷太热,如果室内外温差过大,则容易引发现代病——"空调病"。一般认为,最适合人体的室温为 18～26℃,国家标准为冬天 16～24℃。

(3)湿度合理。办公室湿度高会令汗液无法挥发、体温上升,从而使人无精打采;同时,湿度高容易滋生细菌,增加人体患上消化系统疾病及皮肤病的机会。而湿度过低,会令身体水分蒸发过快,致使皮肤干燥、容易诱发呼吸系统疾病。国家室内空气的参考质量标准是夏天 40%～80%;冬天 30%～60%。

(4)气味芬芳。芳香的气味能沁人心脾,通过人的呼吸系统,渗入血管、刺激大脑发展,调节人体的心理状态,舒缓紧张情绪、减缓疲劳。因此,可以在办公场所适当使用带气味的空气清新剂,但在使用时一定要掌握它的剂量和特性,否则,将会因为气味太浓或多种香气混杂而令人眩晕、恶心,引起身体不适。

通常情况下,茉莉花香型气味可抚慰烦躁、舒缓紧张情绪;橙花香型气味可减轻长期紧张造成的焦虑与压抑;檀香型气味有镇定效果,能消除沮丧心理;薄荷香型气味能平息愤怒情绪、舒缓精神疲倦;迷迭香型气味有助于血液循环,可使头脑清醒;桉树香型气味可提神醒脑,帮助集中注意力。

4. 办公室光线

办公室的光线来自两方面:一是自然光;二是照明光。自然光应来自桌子的左上方或斜后上方,但由于自然光时常变化,令人难以掌握,故办公室宜尽量采用照明光。灯光应分布均匀,亮度以 380lx 左右为好,亮度太强会刺眼,亮度不够或亮暗度变化频繁、逆光等容易引起眼睛疲劳。光线不宜采用顶光和背光,因为会增加凝重感,应采用令人舒适的面光。

在灯具选择上宜选用明亮温馨的白炽灯,不能使用荧光节能灯,因为后者惨白色的灯光会显得人脸上毫无血色,也会使办公室显得阴气沉沉。

另外,办公室的窗帘宜用浅绿等淡色调为主的颜色,不宜使用灰色等深色调窗帘,因为窗帘的颜色也会对光线造成影响,颜色太深会使办公室显得昏暗。

5. 办公室声音

声音属听觉范畴,而听觉是仅次于视觉的重要感觉。在办公室声音的管理上,应注意消除噪声。噪声使人烦躁,使思维混乱、注意力无法集中。办公室的噪声源主要有:办公机器噪声,如空调、排气扇、打印机、电话等;自身人为噪声,如大声喧哗、搬动工具、安装设备等;还有就是外来噪声,如处于公路边的办公室、左邻右舍是生产区的办公室等,都会受到噪声干扰。要解决或减轻上述噪声,除了用隔音效果好的门窗以外,还可以使用隔音板或把办公机器统一安放在一个独立单间。

6. 办公室安全

办公室安全包括下班后电源有无切断、窗户有无关闭、门户是否锁好;室内光线、通风、噪声、通道是否存在隐患等,例如灯管老化致使亮度不足,消防通道堆放杂物妨碍通行等;员工在使用办公器械时有无按规范操作,对于涉密文件有无疏忽大意,如忘在公众办公区等;是否存在引起火灾或阻碍消防的隐患,如垃圾桶里扔有烟头、灭火器过期失效、漏电保护开关失灵、插座老化等。

三、办公环境管理的原则

1. 舒适

舒适是办公环境管理的一项基本准则。整洁有序的环境有助于营造舒适的氛围、提高工作效率,无论是办公室、办公桌还是抽屉、文件柜等,都不要放置与办公无关的物品,办公文具的摆放应井然有序。

2. 和谐

管理办公环境要注意环境的和谐。一个和谐的办公环境,能激发员工的团队精神,因此,办公桌椅、文件柜、办公自动化设备等的大小、颜色、格式要协调统一,以增进整齐、美观之感和促进职员的相互平等感。

3. 方便

办公室的布局应力求方便实用,例如,相关部门及设备应尽可能安排在相邻的地方,以便于工作的进行,避免穿插迂回。

4. 安全

确保公司的财物安全是秘书的重要职责之一,也是管理办公环境不可忽视的原则。在进行办公环境维护时秘书要留意办公室,特别是存放财物之处的安全条件是否良好;纸质或电子涉密文件、信息的安全能否得到保障;电器的电源、电线及器物的摆放是否会对人员造成危害等。

四、办公环境管理的基本要求

办公环境总体而言要健康、安全,具体要求如下:

(1)办公区建筑必须坚固安全,地面、墙面、天花板完好整洁,门窗能锁并开启灵活,室内有基本装修。

(2)光线充足,局部照明达到办公室照明要求,且灯光不闪烁,直射的窗户应安装挡板或窗帘,确保计算机屏幕不反射光线。

(3)温度适宜,根据天气设置供暖供冷设备。

（4）布局注意通风，保持工作场所空气流通，禁止在办公室吸烟，需要时可在工作区外设立吸烟区。

（5）办公室空间及座位空间要适当，座位间要有通道，力求员工工作舒适。

（6）办公室噪声要低，可利用屏障、地毯、设备隔音罩减小噪声。

（7）办公家具，包括工作台面、坐椅、各种存储设备及必要的锁等，要满足工作所需并符合健康、安全要求。

（8）办公设备、办公用品和易耗品要满足工作所需并符合健康、安全要求，包括工作台面上的电话、计算机、文具及公用设备等。

（9）办公设备的安装、操作要符合要求，操作指南和注意事项要明晰。

（10）办公区及办公室要设置相应的消防设施、设备及必要的报警装置。

（11）办公室提供饮水并符合健康、安全要求。

（12）办公区或办公室设置急救包，并定期更换。

（13）建立相应的规章制度，包括人员进出制度、保密规定等。

（14）室内有符合组织目标的装饰、标识和适当的绿色植物。

此外，秘书人员要根据公司实际情况及人文关怀需求，及时调整办公室布置。如条件允许，可设置休息区，并提供充分、便利的休息设备和物品，以作为工作之余休息、自由交谈之地。

五、办公区域的安全检查

保证办公场所环境和设备的安全极为重要，作为秘书，要树立安全意识，营造健康、安全的工作环境，做到"安全第一，预防为主"，认真检查办公区域的空气污染是否超标，工作环境是否安全，门窗是否牢固完整，办公室的柜子是否上锁，电源线路是否存在隐患，办公设备是否完好，主要逃生通道是否通畅，消防设施是否完备等。

为了更好地做好办公区域的安全检查工作，秘书应做到以下几点。

（1）上岗前学习、了解有关办公场所的安全规定，并自觉遵守执行。如单位制订的安全规定和环保规定，所租用的写字楼、场地等的业主制订的相关安全规定等。

（2）按照设备的安全操作规程操作设备，主动识别设备运行中存在的隐患和工作场所存在的隐患，并在职权范围内予以排除。

（3）发现设备故障、工作场所有异常情况或险情时，应立即准确、清晰地向主管领导报告，并填写《设备故障登记表》或《异常情况登记表》。

（4）注意区别安全隐患与设备故障，并准确填写。

秘书要注意区分《隐患记录及处理表》和《设备故障登记表》，前者记录的是隐患，包括办公环境和办公设备两部分的隐患；后者记录的是办公设备运行中出现的故障。例如，计算机不能工作了，应填写《设备故障登记表》；如果计算机仍能操作，但屏幕被强光照射，非常刺眼，则应该填写《隐患记录及处理表》。

任务实施

根据秘书日常工作程序和办公环境管理要求，秘书思妍应提前 10～30min 到达公司，并负责清理和维护办公环境。

一、维护和整理上司的办公区域

秘书应在上司上班前对上司办公区进行整理布置,以便上司一到企业便能迅速投入工作,免去琐事纠缠。秘书思妍做了如下工作。

(1)开窗换气并开启照明装置。办公室经过一个晚上的封闭,一定要开窗换气或开启排气扇换取新鲜、自然的空气,保证办公室拥有良好的空气环境。

(2)关窗并调好空调温度。在开窗通风以后,秘书才能开启空调,以调节室温,一般应将空调温度调至20~25℃,为了保持温度,别忘了关窗。

(3)清洁、整理上司办公桌、文件柜、书架和各种陈设并清理垃圾。通常情况下,这项工作由专门的清洁人员做,若出于保密安全需要没有安排清洁人员清洁,则由秘书做。但简单整理并摆放整齐上司办公桌面的文件一般都由秘书做。若经上司授权,秘书还应定期对上司的文件柜进行整理,对文件进行归类,并在上司的许可下将无用文件销毁。

(4)给绿色植物浇水,清除残枝败叶。办公室的绿色植物是维护办公环境的净化器,因此,照管绿色植物是秘书的责任,秘书需每天给植物浇水,清除残枝败叶,定期施肥、除虫等。

(5)准备茶水或饮品。在上司上班前,秘书须烧好开水,准备好上司上班要喝的茶水或饮品。这项工作需要秘书熟悉和了解上司的口味和生活习惯。待上司上班踏进办公室时,随即送上一杯温度适宜的茶水或饮品。

(6)检查上司办公区域有无安全隐患。

二、维护和整理秘书个人的办公区域

思妍对自己的办公区域进行了如下维护和整理。

1. 对平台、计算机、电话、文件柜等进行清洁

(1)用半干的抹布擦拭平台、计算机、电话、家具、文件柜、地面、门窗、墙壁等,使其保持洁净。

(2)为电话按键、听筒和传真机的磁头清洁消毒。

(3)及时清洁废纸篓,但涉及工作秘密的任何纸张都不能扔在废纸篓中,而应放入碎纸机中。

2. 整理办公桌,保持桌面美观

(1)将不常用的东西移到其他地方,如过期的文件、不用的信笺、从来不开的台灯等,在伸手可及的范围内只保留最常用的东西。

(2)将桌面物品分类摆放、有序收纳,并做好适当的标识。杜绝物品乱堆放,该找的东西找不到等无序现象的发生。为了使办公桌面摆放有序(见图1-1),可将各物品位置规范如下:

① 办公文件、票据分类放进文件夹、文件盒中。

② 文件、物品应摆放整齐有序,目录清晰。可将经常使用的文件夹、文件盒进行分类

图 1-1　办公桌面

编号,整齐存放入文件架或文件栏中。

③ 正在使用的文件资料分为"在办"、"未办"、"已办"三类,整齐放于办公桌面,做到需要的文件资料能快速找到。每天下班后重新归类,将已处理的归入"已办"文件夹,在处理的继续存放于"在办"文件夹。

④ 办公用品如笔、尺、橡皮、订书器、起钉器、剪刀、笔筒等,应放在办公桌右上角或抽屉中,不能散乱于办公桌上,取用后放回原位。

⑤ 办公桌面可放置计算机、正在使用的资料、文件栏、台历、电话等办公必备用品,要求摆放整齐,理顺计算机线和电话线,专用的电话应该放在左手边方便拿到的位置,以腾出右手记录留言。

⑥ 计算机、打印机等办公设备宜放置在一起,便于电源接线和管理。

⑦ 报刊、杂志等必须上报架或放置在书橱内,阅后及时归位。

⑧ 衣服、手套、包等私人物品应放置于抽屉或小柜子里,不放置于办公桌面。

3. 整理办公室抽屉

一般秘书办公室的抽屉第一层存放个人及客户名片、笔、眼镜等小物品;第二层存放正在使用的文件资料及需要保密的资料;第三层存放私人物品。

4. 整理文件柜

(1) 不经常使用的文件夹、文件盒应进行分类编号整齐存放在文件柜中。

(2) 从文件柜中取用的资料用完后及时送回至文件柜。

(3) 将过期的文件加以清理、存放。

(4) 处理掉旧的阅读材料。

三、维护和整理公共办公区域

思妍对公共办公区域进行了如下维护和管理。

(1) 清洁、整理公共使用的复印件、打印机等设备及其周围的环境。如发现复印纸抽拿零乱、废纸扔在地面等,要及时整理以维护环境的整洁。

(2) 清理公司茶水厅或休息间,保持桌面和地面无弃物、无水迹,保证茶具清洁整齐。

（3）清理参与使用的文件柜、书架、物品柜等家具。

（4）清理接待区域和会议室，特别是在来访客人离开后或会后应立即清理，确保下一个访客到来或会议召开前有一个清洁整齐的环境。

（5）设备、物品和公用资源要摆放有序。

（6）保持通道畅通，如走廊和楼梯必须无障碍物。

四、对办公区域进行安全检查

秘书上班伊始不只是对办公环境进行清理和维护，还应对办公室设备和办公环境进行安全检查，确保上司和同事、自己在健康、安全的办公环境中工作。思妍做了以下工作。

1. 进行安全检查

思妍对如下项目进行了逐一检查。

（1）地、墙、天花板、门、窗中的隐患，如离开办公室前是否忘记锁门或关窗。

（2）室内光线、温度、通风、噪声、通道方面的隐患，如光线不足、光线耀眼等。

（3）办公家具方面的隐患，如计算机键盘桌面过高，难以用正确的姿态操作，容易造成疲劳和身体伤害。

（4）办公设备及操作中的隐患，如设备电器插头打火或电线磨损裸露。

（5）工作中疏忽大意造成伤害的隐患，如站在带轮的椅子上举放物品。

（6）工作中疏忽大意造成失密的隐患，如复印时将保密的原文件忘在复印机玻璃板上。

（7）火灾或消防中的隐患，如乱扔烟头，在灭火器前堆放物品。

2. 发现隐患并登记

思妍对办公区域安全检查过程中发现的隐患，应先调查其原因，分析隐患危害及后果，再将发现隐患的时间、地点，了解的隐患原因和危害、后果填写进隐患记录及处理表中，如表1-2所示。

3. 处理隐患并记录结果

思妍应及时对发现的隐患进行处理，处理方式有两点：如果是自己的职权范围内可以解决的，则应立即加以排除；如果是个人职权无法解决或排除的，则应立即报告给主管领导，请求处理。无论采取哪一种方式，均应及时将处理情况记录在隐患记录及处理表的"处理人"和"采取的措施"栏中（见表1-2）。对于第二种处理方式，秘书还应进行跟踪和督促、检查，直至隐患解决。

表1-2　隐患记录及处理表

序号	时间	地点	发现的隐患	隐患原因	隐患危害及后果	处理人	采取的措施

相关范例

范例一

阳光公司新成立研发部,把市场部秘书小张调去当秘书。她一如既往地每周都对研发部办公室及其所有设备进行一次安全检查,对发现的隐患立即采取补救措施或报告上司。平时她发现有人操作设备不当或发现哪些地方有不安全因素,也都指出或跟进处理。一个月后,小张检查并处理了下述7条有碍健康和安全的隐患,为研发部保持良好的工作环境尽到了职责。

小张发现并当场指出或处理的隐患如下。

(1) 2013年11月4日,发现办公桌之间的各种线凌乱无序,她请有关人员将交叉拖曳在办公桌之间的电话线、计算机线整理并埋在地毯下,防止绊人。

(2) 2013年11月4日,发现研发部靠窗的一排计算机屏幕耀眼,她及时向行政主管汇报并建议安装窗帘。

(3) 2013年11月11日,发现本楼层"安全出口"的标识掉落,她立即重新安好。

(4) 2013年11月18日,发现新来的小李在复印资料时出现机器卡纸,小李用手去拽卡住的纸,小张制止小李的做法,告诉他如何处理卡纸。

(5) 2013年11月19日,发现进入公司的一名外来人员没有访客胸卡,她及时向行政部主管汇报并建议强调接待处的职责要求。

(6) 2013年11月25日,发现5号文件资料柜未锁,她及时向研发部主管汇报。

(7) 2013年11月27日,研发部新订的一批计算机到货,送货方准备将货堆在楼道拐角消火栓窗口前,小张发现,指引他们放在别处。

小张发现并记录的隐患见表1-3。

表1-3 阳光公司隐患记录及处理表

序号	时 间	地 点	发现的隐患	造成隐患的原因	隐患的危害和后果	处理人	采取的措施
1	2013年11月4日	研发部	办公桌之间各种线交叉拖曳	没有整理固定	容易绊人和造成电路事故	张敏	整理好并埋在地毯下
2	2013年11月4日	研发部	靠窗的一排计算机屏幕耀眼	无窗帘遮阳	有损眼睛健康	行政主管李涛	安装窗帘
3	2013年11月11日	研发部	"安全出口"标识掉落	钉子脱落	险情发生时不能及时引导到安全出口逃生	张敏	重新安好
4	2013年11月18日	研发部	小李用手拽卡住的纸张	复印机卡纸	损坏复印机	张敏	教小李如何处理卡纸
5	2013年11月19日	研发部	一名外来人员没有访客胸卡	接待人员离岗	有安全和失密隐患	行政主管李涛	强调接待处职责要求
6	2013年11月25日	研发部	5号文件资料柜未锁	负责研发的人员外出开会	有失密隐患	研发部经理张家铭	周一部务会上强调
7	2013年11月27日	研发部	欲将货物堆在楼道拐角消火栓窗口前	计算机到货,送货方图方便	不便使用消火栓,有安全隐患	张敏	指引送货方放在别处

分析：小张调到研发部工作，仍一如既往地每周对办公室和室内的所有设备进行一次安全检查是非常必要的，这样做能够杜绝或减少事故的发生，维护自己和他人的健康与安全，维护企业正常工作的良好环境。小张把及时检查、处理发现的隐患视为自己的职责，若隐患自己无权处理，就立即报告、跟进、直到解决。小张这种视安全为己责的做法是秘书应该学习的。

范例二   **揪出你办公环境的杀手**

对于成天忙于生计的都市白领来说，大部分时间都需要在办公室度过。虽然我们的办公室每天都有专人打扫，看起来一尘不染，实际上空气中飘浮着大量污染物，这些都将成为新的"无形杀手"！

现状：走进写字楼尤其是目前正流行的大办公平台，我们看到最多的设备无非就是计算机、复印机、打印机等。这些现代办公室必备的办公设备，在给了我们工作极大便利的同时，也可能给我们的健康带来潜在的威胁。因此，怎样在获得这些设备使用价值的同时，又避免可能由此带来的健康威胁，成了办公室一族要关注的问题。

电器设备在使用时会产生臭氧，而臭氧会消耗空气中的氧气。如果通风不好，臭氧就会和人的肺争抢有限的氧气，使空气质量变差。而在这场"争夺"中，人是处于劣势的，因此就容易出现头晕、恶心等。此外，喷墨打印机喷出的墨汁颗粒、计算机产生的电磁辐射和粉尘等也会影响人的身体健康。研究表明，长期低强度的电磁辐射可对人体的中枢神经系统、心血管系统、血液系统、视觉系统以及肌体免疫功能等造成多方面的损害。过多的电磁辐射还能让人过度紧张、神经衰弱、失眠、精力不集中、记忆力下降、反应迟钝、头疼、头晕、多梦、烦躁激动、食欲减退、血压失常、白血球减少等。

对策：我们不可能把计算机、复印机、打印机这些便利的现代办公设备扔出办公室去，我们只能学习和它们"和平共处"。因此，我们要保证办公环境内的新风量，稀释有害气体，要注意办公环境内的清洁卫生，做到及时清扫。

思考与练习

一、问答题

1. 一个健康、安全的办公环境通常有哪些基本要求？
2. 请说说你布置办公室的经验和技巧。
3. 当办公室出现安全隐患时应如何处理？

二、实训题

1. 办公室布局安排
请根据下面的要求为公司主管布置办公室。
(1) 面积、设备及工作人员要求。
办公室面积：$24m^2$。
办公人员：主管 1 人、秘书 1 人、雇员 3 人。

办公设备：文件柜、公用计算机、5张办公桌等。

（2）个人办公需求。

主管：多项（个人任务、给秘书安排任务、接待访客）。

秘书：两项（个人任务、接受主管安排的任务）。

雇员：单项（个人任务）。

（3）个人空间需求。

主管：办公桌应该与秘书最近，并拥有独立的接待空间，以保证不会给雇员造成干扰。

秘书：和主管办公桌最近，和主管频繁沟通不会影响其他同事。

下属：不受干扰的个人办公空间。

根据上述要求，秘书人员甲、乙、丙、丁分别对办公室作了一番布置，并提交了如下设计图，请你评价哪个是最佳办公室设计图。

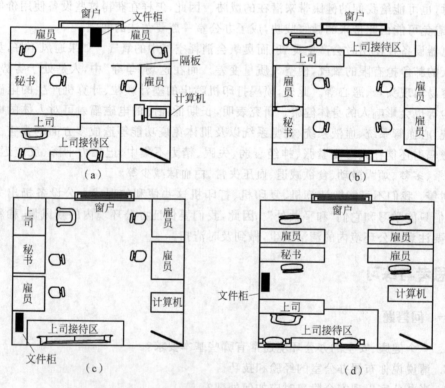

办公室设计图

2. 下页所示的两张图片中，办公桌的物件摆放是否恰当？存在哪些安全隐患呢？

3. 请判断以下哪些是办公室常见的潜在危险，请直接在序号处打钩。

（1）过度拥挤。

（2）办公家具和设备摆放不当。

（3）拖曳电话线或者电线。

（4）档案柜、橱阻挡了通道。

(a)   (b)

办公桌

(5) 家具或设备有突出的棱角。

(6) 楼梯踏步平板破旧或损坏。

(7) 楼梯上没有扶手或扶手已损坏。

(8) 地板打滑。

(9) 包裹、行李或者家具挡住通道。

(10) 由于柜橱顶端的抽屉堆放的东西太多导致其倾倒。

(11) 没有关上的抽屉挡住通道。

(12) 站在旋椅上取放东西。

(13) 在不会操作和没有指导的情况下使用设备。

(14) 器械破损或有危险。

(15) 拖得很长的电线。

(16) 接线松开或损坏。

(17) 设备未接地。

(18) 绝缘不彻底。

(19) 电路负荷太大。

(20) 没有熔断器或者熔断器松开。

(21) 设备从桌上掉下来。

(22) 抬举重物。

(23) 对已发现的危险记录得不完整。

(24) 安全出口被阻塞。

(25) 火灾疏散注意事项不完整或者没有。

(26) 灭火设备已损坏。

(27) 防火门被锁住、打不开或者平时开着。

(28) 用易燃材料做烟灰缸。

(29) 清洗液随便放在屋内而且没有封口。

(30) 许多废纸堆放在办公室内的一角。

(31) 当发生火灾时,火灾警报器或者灭火设备失灵。

（32）当被要求撤离发生火灾的建筑物时拖延或犹豫。

三、案例分析

1. 分析以下两个案例，谈谈秘书人员应如何树立安全意识，发现安全隐患该如何处理。

（1）阳光公司秘书小张下午发现接待区通往门口的通道上堆放了很多销售部的空箱子，小张是这样处理的：立即向行政主管报告，得到马上清理的指示；参加清理工作，确保接待区到门口的过道通畅。

在周末的工作会上，行政经理表扬了小张，并告诫全体工作人员以此为鉴，做好工作环境的风险防范。

（2）泰山集团秘书小余在董事会后把废弃的选票用碎纸机处理掉，在她操作的过程中，戴在胸前的长丝巾卷入碎纸机，虽然她立即关闭电源，毁掉一条丝巾，但不遵守设备安全操作规程操作的后果是极危险的。

当晚下班前，行政经理以此事为例向所有员工再次强调一定要遵守设备安全操作规程。他说，如果今天卷进去的不是丝巾而是披散的长发，那真是让人后怕呀！

2. 分析以下案例，说说为什么三个秘书的结果大不一样。

秘书小张每天上班和下班前都将自己的工作区域整理得干干净净、有条不紊，同时她也主动整理自己常用的复印机、打印机、饮水机、档案柜、公用书架等。每当她看到复印纸抽拿凌乱，公用字典扔在窗台，废纸桶满了没人倒时，都会主动做些清洁整理工作，以维护办公环境的整洁。

秘书小王每天都认真清洁、整理自己的办公桌，常用的笔、纸、回形针、订书器、文件夹以及专用电话等都摆放有序。下班前，她也将办公桌收拾得干净整齐，从不把文件、物品乱堆乱放在桌面上。但小王很少参与清理和维护公用区域，也常将公用资源如电话号码本、打孔机、档案夹等锁进自己的办公桌，常常使别人找不到，影响了工作。

秘书小李上班匆匆忙忙，接待室的窗台布满灰尘，办公桌上堆得满满当当，计算机键盘污迹斑斑，上司要的文件总是东查西找，每日常用的"访客接待本"也总是找不到。自己的办公桌都没有管理清楚，更无暇顾及他处。

结果三个月后，小李被公司辞退了，小王还在秘书岗位上工作，而小张已经晋升为总经理助理。

3. 秘书小王今天来得比往日都早，她准备利用李总出差之际为李总创造一个舒适温馨的工作环境。

李总的办公室在最里间，小王的办公室就在李总办公室的外面，两屋有一扇门相通。任何人要进入李总办公室都得从小王的办公室通过。小王的办公室就相当于通往李总办公室的枢纽和窗口。其他部门的办公区呈半环形分布在小王和李总办公室的对面。

进入小王的办公室，首先映入眼帘的是窗台上的各式盆景和竞相开放的各色鲜花。一进门，右边是棵高大的绿色灌木，给人以很清新的感觉。不过可能因为李总不在，也暂时没有秘书专门负责监督的缘故，清洁公司并没有把地上的落叶清扫干净。小王的办公桌上有一台计算机、一部传真机、三部电话、一些文件夹和几页未装进文件夹的散开的文件,另有一些笔筒之类的必备用品。办公桌的前面放着一些为客人准备的椅子和沙发。办公桌后面是小王的坐椅,再后面则是靠墙的大型立柜,里面分格分层放着各类文件和书籍,但是有一些凌乱。大型立柜的旁边紧挨墙的地方,有个齐腰的矮柜,上面放着一些纸杯和咖啡、方糖之类的东西。

　　李总的办公室要比小王的办公室大一些,基本的摆设没有很大的差异。宽大的办公桌上也有一台计算机,另外只简单地摆着电话和一些文件夹,有两个并列的靠墙立式柜,在另一面靠墙的地方环形摆开的是沙发。整个办公室体现的是一种简约美,让人心旷神怡。

　　小王打量完两个办公室,对自己的工作应该从哪里着手也了然于胸。她拉开窗帘,打开空调,调节好办公室的温度、湿度。之后将窗台、办公桌、计算机……凡目光可及的地方都细细地擦过;饮水机里的水不多了,应该和送水公司联系一下。

　　清洁整理工作基本告一段落,现在正好是 8:30。

　　请根据案例,分析秘书小王是如何进行办公环境管理的。

　　4. 秘书小刘刚应聘上总经理秘书,第一天,她提前到达办公室,开始清洁和维护其办公环境来,过了不久,上司来上班了,小刘赶紧给上司送上准备好的茶水。可是一连好几天,到下班时,她发现上司杯里的水没少几口,她就纳闷了:"现在是夏天,怎么上司就不会口渴呢?"

　　于是,她去请教办公室主任高林,高林笑着对她说:"因为总经理用的是保温杯,你早上给他送上刚泡好的滚烫的茶水,他自然喝不了了,待冷却下来,恐怕只有下班前能喝上几口,中午上班时,你又勤快地给他换了一杯热茶水,同样的道理,所以,你就看见他的杯子剩下许多茶水了。"

　　小刘听了恍然大悟,没想到如此简单的准备茶水工作还有这么多学问,第二天,她一早为上司准备好半杯泡好的冷却的茶水,待上司来后,再添上新冲泡的滚烫的茶水,这次她终于听到上司拿起杯子"咕噜咕噜"豪爽的喝水声,她欣慰地笑了。

　　根据案例分析秘书为上司准备茶水应注意什么。

任务二　工作日志管理

知识目标

◆ 了解时间管理的方法。

◆ 了解工作日志的内容和制订依据。

◆ 掌握填写和修改工作日志的方法。

能力目标

◆ 能够制订上司和秘书个人的工作日志。

◆ 能够进行工作日志的修改。

案例启示

一天下午,经理打电话把新聘的秘书王小玲叫进来,想知道上午有什么必须汇报给他的事情。今天是王小玲上班的第一天,王小玲活泼开朗,办事风风火火,一进门,就大声问道:"有什么事,总经理?"

"王秘书,请把上午重要来电内容汇报一下。"经理说。

"哦,丰田公司经理来电,说他刚从美国回来,不过只是告诉您一声,还让您问邹副经理好。"

"嗯?"经理眼皮也没抬,又问:"还有吗?"

"哦,还有就是您太太中午来过电话。"

"什么事?"

"让您回电话,三点以前,别忘了。"

"没有啦?"

"没有了。"王小玲看了看记录说。

"约红星公司洽谈的时间定下来了没有?"

"哎呀,糟糕,忘了联络了!"

"马上去联系!"经理挥了挥手,自己又忙着处理其他事务了。王小姐赶紧跑出经理室去打那个险些误了事的联络电话。

一个星期后,人事部门通知王小玲被解聘了。王小玲感到十分委屈,她莫名其妙地问:"我做错什么了?"

案例分析：在商场中,上司的事情多而杂,秘书的职责就是采取各种办法把这些多而杂的问题和事情安排好,每年、每季度、每月、每周,甚至每天都应该有时间安排表,还应该有日志、台历、备忘录、计算机台式日志等办公室辅助手段,这样才能把事情安排得有条不紊,领导才能把更多的精力投入到决策上,而不是为今天先做什么、后做什么、做哪些事情而烦恼分神。王小姐连一天的工作都安排不好,自然要被经理炒掉了。

任务引入

任务背景：维护和整理了周围的办公环境,思妍查看周计划及约会记录,开始着手制订今天的工作日志。今天上司的工作任务有：接待布莱尔公司代表团、参加部门经理会议、进行百色俱乐部午餐会晤、面试新员工。秘书个人任务有：安排值班工作、进行办公用品发放、安排修理打印机、写好个人业务学习总结。

任务1：请根据以上背景制订上司和秘书今天的工作日志。

任务2：今天上午,思妍为上司送上茶水和工作日志,上司告知部门经理会议改在下午,另外针对目前国内外市场的中国民族服装热,公司有意向与韩国广田百货有限公司合作开发韩国服装市场,让思妍收集相关资料,尽快给他答复。请根据实际情况更改和补充日志。

任务分析

在实施任务前,秘书要学习如何正确使用时间表,了解工作日志的制订依据,掌握工作日志的内容和填写方法,然后根据工作日志制订的正确方法和步骤制订上司和秘书自己的工作日志；当日志安排的情况有变化时,需要及时更改工作日志,即对秘书自己和上司的日志进行修改并妥善做好相关协调工作。

相关知识

一、计划表的使用

计划表是时间管理的一种有效手段,是提醒使用人和相关人按照计划表的安排行动,有效管理时间、保证任务完成的简单方法。

计划表包括年度计划表、月计划表、周计划表、日计划表。秘书要根据工作的需要,选择合适的时间表协助上司安排时间。

1. 年度计划表

年度计划表是安排公司一整年的例行会议、重要活动等事项的表格,如表2-1所示。秘书为上司制订年度计划表要考虑两个因素：一是上一年度的计划表；二是新一年的计划部署。秘书需要在公司年计划的基础上为上司制订年度计划表,即是根据上司分管的

工作,将公司年计划中相关的工作摘录下来,分布在一年的不同时间段中完成。例如重大的商务活动,一般会在年度计划或季度计划中作出安排,由高级管理人员商讨研究后,定下重大活动项目,交秘书制作成表。年度时间表的制订是粗线条的框架,活动详情可在月计划表和周计划表中体现。

表 2-1　××公司 2013 年度计划表

时　　间		工　　作
1 月	3 日	公司 10 周年庆典
	10 日	公司股东大会
2 月	17 日	新产品发布会
	21 日	董事长出访日本
⋮	⋮	⋮

2. 月计划表

月计划表是每个月的工作安排,如表 2-2 所示。秘书为上司制订月计划表应注意以下几点。

(1) 将年度计划中的任务分配到月份中。

(2) 安排每个月的例行工作,如每个月的经理例会等。

(3) 安排新出现的工作。一般到了月底,主管领导会请其他领导提出下月计划,相关事项经集体议定后交由秘书制表。

领导的月计划表一般在上月月底或当月月初作出,交主要领导审定后,下发实施。

表 2-2　××公司 1 月份计划表

日期	星期	工 作 内 容	日期	星期	工 作 内 容
1	二	10:00 经理例会	16	三	15:30 张总在宏远宾馆接待美国凡达集团客人
2	三	9:30 王总乘坐的飞机到北京	17	四	
3	四	10:00 公司周年庆典开幕	18	五	14:00 王总召开销售会议(二号会议室)
⋮	⋮	⋮	⋮	⋮	⋮

3. 周计划表

周计划表是在月计划表的基础上安排的,如表 2-3 所示。通常公司领导会于周五下班前或周一上午碰头协商本周的工作内容,秘书应及时将其填写进周计划中。周计划表的执行性很强,一旦制订出来经上司同意后,就得遵照执行。

表 2-3　××公司 1 月第 1 周计划表

时间	周一	周二	周三	周四	周五
9:00	经理例会		接待红星公司考察团		
10:00		面试新员工			全体员工大会
11:00				约见人事部经理	
⋮	⋮	⋮	⋮	⋮	⋮

4．工作日志（日计划表）

工作日志是根据周计划表制订出来的，可分为上司的工作日志和秘书的工作日志两种，它是秘书协助上司提高工作效率的重要工具，它能使上司了解自己的工作计划和任务，做到心中有数。工作日志也是秘书实现工作预见性、针对性、完整性的一种重要手段，它使秘书工作能围绕上司工作和企业的各项工作进行，能充分体现秘书工作的辅助、服务、参谋作用。

二、工作日志的制订

1．工作日志的制订依据与管理要求

工作日志必须具有预见性、完整性、合理性和指导性，它通常依据以下几方面的内容来制订。

(1) 企业（或单位、组织）的工作计划，包括年计划、季计划、月计划、周计划。

(2) 上司的活动计划安排表，包括月计划安排表、周计划安排表。

(3) 上级部门布置的任务、活动时间安排；兄弟单位、业务单位须本企业参与的活动安排。

(4) 上司特别交代的任务、活动的时间安排。

在工作日志的制订和管理中，秘书所要做的是把上司或组织每月、每周、每天的主要活动纳入计划，经领导审阅同意后，以表格形式印制出来，给领导本人一份，留办公室一份，必要时还要送其他领导，但不宜分送到职能部门和司机，可以给司机一份比较粗略的用车时间表。

2．工作日志的内容

上司或组织的工作日志一般涉及以下内容。

(1) 上司在单位内部参加的会议、活动，注意要记录清楚时间、地点、内容。

(2) 上司在单位外部参加的会议、活动、约会等。要记录清楚时间、地点及其确切细节、对方的联络办法等。

(3) 上司外出参加会议、活动时的来访。要记录清楚来访者的姓名、单位详情、所预约的下次来访时间。

(4) 上司个人的安排，如去医院看病、打高尔夫等，秘书应保证不在这段时间内给上司安排其他事情。

(5) 上司的私人信息，如亲属的生日，以提醒上司购买生日卡或礼物。

任务实施

一、制订上司和秘书自己的工作日志

秘书思妍应按以下步骤制订上司和自己今天的工作日志。

1．制订上司的工作日志

(1) 收集并罗列出上司当天的工作任务。

上司日常工作安排一般涉及的内容有：各种会议、接待、约会、拜访、检查、指导等。

秘书应将该时间段内上司的所有工作内容收集完整,不可遗漏。

思妍收集到上司当天的工作任务有:接待布莱尔公司代表团、参加部门经理会议、进行百色俱乐部午餐会晤、面试新员工。

(2)给工作任务排序。

① 按任务的原有约定时间排序。对于一些已经确定或约定好时间的活动,秘书思妍只能按照原有约定的时间顺序来排序,不能轻易变动,除非双方重新约定了活动时间。

② 按 ABCD 法则排序。对于没有规定时间的事务,可以采用 ABCD 法则即先重急、后轻缓的法则排序。在 ABCD 法则中,"A"是指重要而紧急的事务,"B"是指重要而不紧急的事务,"C"是指紧急而不重要的事务,"D"是可做可不做的事务。也就是说,对完成中心工作有直接联系或重要影响的活动,要优先安排,以便领导集中精力办大事。因此,在给工作任务排序时,应先做 A 类事务,再做 B 类事务,然后做 C 类事务,最后处理 D 类事务。只有这样安排,才能提高效率,充分利用时间,合理分配精力,有效完成工作任务。

(3)绘制工作日志。给任务排序后,秘书思妍应按照工作日志的格式绘制表格,如表 2-4 所示,然后填入具体时间、工作内容、地点和备注。

表 2-4　上司的工作日志

2014 年 2 月 11 日星期二

时　　间	工 作 内 容	地　　点	备　　注
8:30～9:30	部门经理会议	第一会议室	A 文件
9:40～11:00	面试新员工	小会议室	
12:30	百色俱乐部午餐会晤	百色俱乐部一楼	
15:00～16:00	接待布莱尔公司代表团	贵宾接待室	

(4)向上司汇报,提请上司审阅批准。在安排上司的日程时,无论是一般的工作还是重要的工作,都要事先得到上司的同意,上司的工作日志制订好后,应再次送交上司确定。

2. 制订秘书自己的工作日志

(1)罗列秘书自己的工作任务。秘书思妍的工作任务包含两个部分:一是上司的工作任务以及需要做的辅助性工作任务;二是秘书个人的工作任务。秘书思妍的个人任务有:安排值班工作、进行办公用品发放、安排修理打印机、写好个人业务学习总结。

(2)对应上司的工作任务并按照 ABCD 法则排序。秘书的个人任务可以根据实际情况穿插在上司工作任务的时间段之外。因此,按照 ABCD 法则,思妍的工作任务依次为:部门经理会议准备工作,准备面试新员工会议室,安排修理打印机,进行办公用品发放,提醒上司参加百色俱乐部午餐会晤,提醒上司接待布莱尔公司代表团,安排值班工作,个人业务学习总结。

(3)绘制工作日志。根据排序好的工作任务,填写入秘书自己的工作日志表中,如表 2-5 所示。

表 2-5　秘书的工作日志

2014 年 2 月 11 日星期二

时　间	工　作　内　容	地　点	备　注
7:50～8:25	部门经理会议准备工作	第一会议室	A 文件
8:40～9:10	面试新员工的准备工作	小会议室	
9:50～10:45	安排修理打印机,进行办公用品发放	办公室	
12:00	提醒:百色俱乐部午餐会晤		
14:20～14:50	接待布莱尔公司代表团的准备工作	贵宾接待室	
15:00～16:00	接待布莱尔公司代表团	贵宾接待室	
16:20～16:50	安排值班工作	办公室	
17:00～18:00	个人业务学习总结	办公室	

最好能够在每天下班之前确定好第二天的工作日志,这样可以使你第二天一上班就进入工作状态。制订上司的工作日志时,一定要提前了解上司工作和活动的信息。信息要填写清楚、完整并方便阅读;填写时,建议先用铅笔填写,再用钢笔正式填写、确认。当日志中的情况出现变化时,应告诉上司出现的新变化,并立即更新上司和自己的工作日志,同时做好变更后的有关工作。

二、修正工作日志

1. 判断是否需要修正工作日志

在很多时候,工作日志会因活动冲突、工作没有按预定进度进行等原因而做出必要的修改更正,以下为常见的工作日志修正因素。

(1)上司另有安排,提出修正。

(2)突发事件、重大事项的干扰,上级部门的安排。

(3)相关人员、企业(单位)工作安排与本公司活动(或会议等)有冲突,而对方又是不可缺的。

(4)工作进程发生变化,原安排必须调整。

本任务中,思妍为上司送茶水和当天的工作日志时,上司告知部门经理会议改在下午。这意味着当天的工作内容有变动,秘书需要更改工作日志。

2. 修改上司的工作日志

当上司的工作内容有变动时,秘书应首先更正上司的工作日志内容。为了避免影响其他工作的正常进行,秘书在修改工作日志时应将修改范围控制在最小,例如,本任务中需调整上午部门经理会议的时间,其他已经约好确定的午餐会晤和接待工作不能动。秘书可将上司的工作日志修改如表 2-6 所示。

3. 对应修改秘书自己的工作日志

随着上司工作日志的变动,秘书的工作日志也要随之调整。调整时也应注意将调整的幅度控制在最小的范围内。因此,秘书思妍的工作日志应随之调整如表 2-7 所示。

表 2-6　上司的工作日志(修改)

2014 年 2 月 11 日星期二

时　间	工作内容	地　点	备　注
9:40~11:00	面试新员工	小会议室	
12:30	百色俱乐部午餐会晤	百色俱乐部一楼	
15:00~16:00	接待布莱尔公司代表团	贵宾接待室	
16:30~17:30	部门经理会议	第一会议室	A 文件

表 2-7　秘书的工作日志(修改)

2014 年 2 月 11 日星期二

时　间	工作内容	地　点	备　注
7:50~8:25			
8:40~9:10	面试新员工的准备工作	小会议室	
9:50~10:45	安排修理打印机,进行办公用品发放	办公室	
12:00	提醒:百色俱乐部午餐会晤		
14:20~14:50	接待布莱尔公司代表团的准备工作	贵宾接待室	
15:00~16:00	接待布莱尔公司代表团	贵宾接待室	
16:00~16:25	部门经理会议准备工作	第一会议室	A 文件
16:35~17:00	安排值班工作	办公室	
17:00~18:00	个人业务学习总结	办公室	

　　因为经理会议改在下午 16:30,所以秘书对应该项任务的会议服务工作相应地改在下午 16:00 左右,刚好紧接在下午接待布莱尔公司代表团之后。这样既不影响按原计划接待布莱尔公司代表团,又留有准备部门经理会议的时间,工作日志整体变动也不大。

　　4. 补充秘书的工作日志

　　制订工作日志后,若秘书接到上司布置的新工作,应及时将新任务补充进工作日志中。今天,秘书思妍接到了新的任务:针对目前国内外市场的中国民族服装热,公司有意向与韩国广田百货有限公司合作开发韩国服装市场,因此上司让思妍收集相关资料,尽快给他答复。思妍认为这是重要而紧急的工作任务,将该项工作添加至工作日志的 A 类任务中,并根据自己当天的工作日志安排,将该任务安排在上午的空余时间做,如表 2-8 所示。

表 2-8　秘书的工作日志(补充)

2014 年 2 月 11 日星期二

时　间	工作内容	地　点	备　注
7:50~8:30	收集与韩国广田百货公司、国内外中国民族服装销售状况有关的资料	办公室	
8:40~9:10	面试新员工的准备工作	小会议室	
9:50~10:45	安排修理打印机,进行办公用品发放	办公室	
11:00~11:55	收集与韩国广田百货公司、国内外中国民族服装销售状况有关的资料	办公室	

续表

时 间	工 作 内 容	地 点	备 注
12:00	提醒：百色俱乐部午餐会晤		
14:20～14:50	接待布莱尔公司代表团的准备工作	贵宾接待室	
15:00～16:00	接待布莱尔公司代表团	贵宾接待室	
16:00～16:25	部门经理会议准备工作	第一会议室	A 文件
16:35～17:00	安排值班工作	办公室	
17:00～18:00	个人业务学习总结	办公室	

在修改和补充工作日志时，秘书需要注意以下几点：一是对工作日志进行更正时，其他工作任务不宜变动太大。二是要考虑新添加的任务是哪一类，需要多长时间才能完成，是需要完整的时间段来做还是可以插空利用零散时间来完成。因为收集韩国公司相关资料需要花费较长的时间且又可以间断性做，所以，在不变动其他任务的同时，该任务可在当天空当时间穿插安排。三是制订和修正后的上司的工作日志应及时交上司确认，确认后再按新日志安排及时通知相关人员。

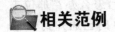 **相关范例**

工作日志范例

小曾是总经理秘书，负责填写自己和上司的工作日志，打开 2014 年 9 月 25 日的那页日志，可以看到表 2-9 中所示的工作日志信息。

表 2-9　工作日志范例

2014 年 9 月 25 日 星期四

时间	工 作 内 容	地 点	备 注
9:00	经理主管会议准备工作	总经理办公室	带相关文件夹和下发的会议日程表
10:00	"欢迎新员工暨新员工培训"会议室准备	员工培训中心 A23 室	
10:30	新员工培训会议	员工培训中心 A23 室	
11:30	安排上司到星峰俱乐部赴宴	相逢酒店十三楼	
14:00	兑换支票以获取零用现金	中国银行	
14:30	接待外商布莱尔先生	会客室	
16:30	与上司一起审查员工鉴定录像	员工培训中心 A20 室	

思考与练习

一、问答题

1. 你对你上司的工作和休息规律熟悉吗？在为上司安排约会时能考虑上司的偏好吗？

2. 秘书是上司工作时间的"交通警察",你认为有道理吗？为什么？

二、实训题

1. 在计算机程序中找到 Outlook 程序,打开个人文件夹,将相关范例中秘书一天的工作日志输入计算机,练习用电子日志来管理时间。

2. 你是辉鹏服饰有限公司的总经理秘书,今天总经理的工作任务有:召开股东大会,两个客户约会,一个宴会。作为秘书,你的个人任务有:进行安全隐患检查,寄一封邮件,第一季度工作总结。请制订总经理和秘书的工作日志。

三、案例分析

1. 阳光公司决定于 10 月 8 日召开一次重要会议,公司主要领导指定公司的 A 领导一定要参加。交办此事的一位办公室负责人还特别交代,要提前发通知,以便于 A 领导预先安排工作。值班人员马上将开会的时间、地点、内容、要求等通知到 A 领导的秘书,并要他及时向上汇报。但到开会的前一天,A 领导有事与主要领导通电话,电话中 A 领导说:"没有接到通知,我已安排明天召开几十个人参加的×××会,怎么办?"那位主要领导马上找发通知的值班室查问,经查实,值班人员 9 月 30 日上午 9 时已通知到 A 领导的秘书。那么,为什么还会出现这个问题?经过与 A 领导的秘书核实后,秘书承认已接到会议通知,但没有按要求立即报告,后来忘记了,造成两会冲突。最终导致 A 领导不得不服从公司的安排,取消了他自己安排的会议。

作为一名专职秘书,你如何避免以上失误?安排领导工作日志时,要注意哪些事项?

2. 陈之安先生是沈阳某飞机部件股份有限公司主管销售的经理。请把下星期一的活动安排及有关内容分别填写在陈之安先生及其秘书的工作日志上:每周星期一上午 10:30 在办公室举行会议,所有经理都参加。安排时间去中国工商银行取现金。12:30 陈先生与王新西先生(北京代理商)在文华大酒店共进午餐。为人事部的朱迪小姐安排下午 3:00 见陈经理。在该天某一适当时间,秘书必须空出半小时的时间以便安排陈先生与自己讨论下一次营销工作会议的日程安排,但不能占上午 9:00~10:00 的时间,因为陈经理想在这段时间里处理他的信件。陈经理和夫人晚上 7:30 出发去康特公寓出席晚 8:00 的俱乐部聚餐会。秘书本人在晚上 7:00 要参加某俱乐部举行的一个会议。

任务三 办公用品与设备管理

知识目标

- 了解办公用品、办公设备的分类。
- 了解办公用品及设备的采购方法。
- 掌握办公用品的发放和管理方法。
- 掌握办公设备的维护和管理方法。

能力目标

- 能够制订办公用品及设备的采购计划。
- 能够完成办公用品及设备的采购任务。
- 能够对办公用品及设备进行有效的管理。

案例启示

东建集团有限公司每年要使用大量的办公用品。办公室秘书陈丽发现办公用品的采购、发放和使用处于无序状态。为了使这项工作规范化,陈丽动了不少脑筋,首先她对公司的办公用品使用情况做了个调查,比如各个部门使用的办公用品种类、频率,有哪些办公用品是可以共用的,哪些是必须人手一件的,等等。做完了解后,陈丽草拟了办公用品的申报制度,如申报时间、各部门的申报负责人等。采购时,她多找了几家供应商,不但比较单个的办公用品价格,也比较综合的采购成本以及办公用品供应商所能提供的服务。最后,陈丽设计了以下办公用品管理流程:填写购买申请表→主管签字→财务主管签字→选择供应商→签订供货合同→支付货款→入库登记→发放→更改库存控制卡。

案例分析:办公用品是每一个企事业单位不可缺少的,办公用品管理的主要目的是便利地为各个部门提供各种各样办公所需的物品,并以最小的物品储备来达到最佳的使用状态,避免物品积压和短缺,合理组织供应,保证办公的正常运行。案例中陈丽考虑到了办公用品管理的计划、采购、发放、库存管理等各个环节,是符合办公用品管理实际需要的。

任务引入

任务背景:辉鹏服饰有限公司跟其他企业一样,办公室工作繁杂琐碎,工作人员的办

公文具又多又杂,一般是由办公室统一购置。每月 25 日是公司采购下个月需用办公用品的固定时间,需要采购的物品包括常用的办公用品和消耗品。这个月还需要采购一台便于携带的微型单反相机,供广告部出差时使用。

任务:办公室秘书慧枫是负责此类采购的工作人员,她该如何采购并管理好这些物品?

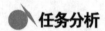 任务分析

做好办公用品的管理工作,需要秘书人员了解各部门常用的办公用品和消耗品的种类,做好采购计划,报请上司审批;需要慎重地选择供货商,采购质量好、价格适中的办公用品;需要做好发放办公用品过程中的记录,正确办理办公用品入库、保管、出库的手续,准确地掌握库存的变化情况,保证公司各部门日常办公活动的顺利开展。本任务中,微型单反相机是广告部申请购买的,相机的品牌、型号已由广告部根据实际需求确定,负责采购工作的秘书慧枫的主要职责就是:通过多种渠道筛选具有良好信誉和优质便捷售后服务的正规供货商,主动联系商家,正确告知相机相关参数,在确保商品质量的前提下购买。相机购回之后,需要办理好验收入库、出库登记手续,做好保管、配置、发放和领用等工作,严格落实办公用品管理制度,明确责任人。

相关知识

办公用品与办公设备是办公场所的必备物品,用于保障办公室日常办公活动的顺利展开。秘书需要了解、熟悉办公用品及办公设备的种类、采购方法、采购依据、管理工作流程等相关知识。

一、办公用品与办公设备的种类

1. 办公用品的种类

(1)纸簿类:包括 A4、B5 等类型的办公用复印纸,带单位抬头的用纸,普通白纸,便条纸,留言条,标签纸,牛皮纸,专用复写纸,大、中、小及开窗信封,横格笔记本,速记本,专用本册(如现金收据本)等。

(2)笔尺类:包括铅笔、圆珠笔、钢笔、彩色笔、白板笔、橡皮、各种尺子、修正液等。

(3)小装订类:包括大头针、曲别针、剪刀、打孔机、订书机、订书钉、橡皮筋、胶带、起钉器等。

(4)归档用品:包括各种文件夹、档案袋、文件盒、收件日期戳等。

(5)办公设备专用易耗品:包括打印机用色带,复印机用墨盒,计算机用光盘、光盘盒等。

2. 办公设备的种类

办公设备泛指与办公室办公活动相关的设备,大致可分为:文件输入及处理设备、文件输出设备、文件传输设备、文件整理设备等。每一类设备又都包括多种产品,以下列举的只是其中的主要设备或常用设备。

（1）文件输入及处理设备：计算机、文件处理机、打字机、扫描仪等。

（2）文件输出设备：可分为文件复制设备和文件打印设备，以及文件传送设备。

（3）文件复制设备：制版印刷一体化速印机和油印机、小胶印机、重氮复印机（晒图机）、静电复印机、数字式多功能一体机、数字印刷机、轻印刷机、喷墨复印机等。

（4）文件打印设备：激光打印机、喷墨打印机、针式打印机和绘图机等。

（5）文件传输设备：传真机、计算机、电传机等。

（6）文件储存设备：缩微设备、硬盘、光盘等。

（7）文件整理设备：分页机、裁切机、装订机、打孔机、折页机、封装机等。

（8）网络设备：网络适配器、路由器、交换机、调制解调器等。

（9）沟通设备：座机电话、网络电视会议软件、电话会议等。

二、办公用品与设备的采购

1. 采购的依据

秘书应根据最大量库存和最小量库存确定订购办公物品的数量和时间。

（1）最大量库存。最大量库存是以防止物品超量存储而确定的保存该项物品的最大数量，库存物品的数量在任何时候都不能超过这个最大量。它能使资金不被过多地浪费在库存物品上，能节约宝贵的库存空间，并使库存物品及时利用，不会因为长期储存而过期作废。

（2）最小量库存。最小量库存是以防止物品全部被消耗完而确定的保存该项物品的最小数量。

（3）重新订购线。这是提醒购买者库存需要重新订购的标准，它能够保证购买者在所有物品用完之前有充分的时间补充库存量。它由以下几个因素决定：日用量×运送时间＋最小量库存。例如：每天要用去 A4 纸半令，运送时间需要 20 天，最小量库存是 10 令，因此重新订购就是：$\frac{1}{2} \times 20 + 10 = 20$（令）。

对于办公设备，则要根据实际的办公需要及使用频率进行申请，经相关领导批准后，方可根据预算采购。

2. 采购方式

办公用品及设备采购清单确定后，可通过如下途径进行采购。

（1）电话订购。大多数的日常办公用品都通过电话从供应商处订购，办公设备的采购也可以采用这种方式。

（2）传真订购。有些设备和办公易耗品的订购，需给供应商发传真，详细列出订购货物的名称、数量、类型、送货时间等细节，供应商在接到传真后，会按要求送货上门。

（3）邮寄订购单订购。有些单位有正规的货物订购单，在订购时需将订购单填写好，邮寄或传真给供应商，供应商根据订购单上的要求送货上门。

（4）互联网服务。访问互联网可得到电子商务服务，利用网上广告、网上商店、电子银行等，秘书应能够通过网络购物实现办公用品、耗材、办公设备的采购。

（5）政府采购。国企和事业单位一般设备采购特别是大宗购物需要统一经过政府采购流程。

三、办公用品与设备的管理

办公用品与设备的管理主要包括办公用品及设备的申购、入库验收、领用与配置、使用与维护、报废认定与处理等环节，一般由公司行政部（或秘书部、办公室）归口管理，与办公用品及设备的申请部门、财务部门、资材部门和分管领导协同管理，具体如图 3-1 所示。

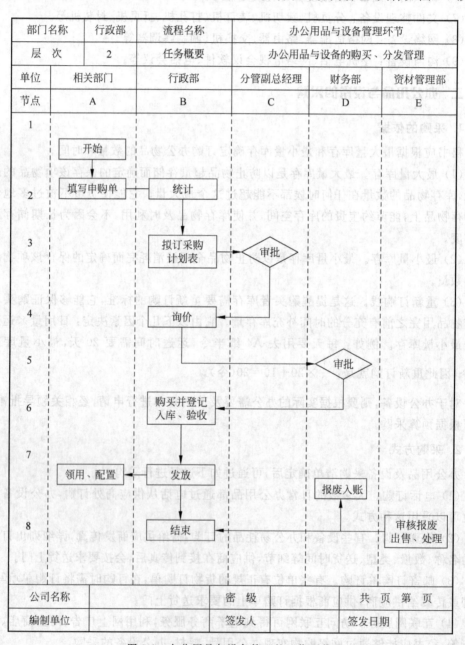

部门名称	行政部	流程名称	办公用品与设备管理环节		
层　次	2	任务概要	办公用品与设备的购买、分发管理		
单位	相关部门	行政部	分管副总经理	财务部	资材管理部
节点	A	B	C	D	E

图 3-1　办公用品与设备管理的工作环节

具体流程见表 3-1。

表 3-1　办公用品与设备管理工作流程及标准

任务名称	节点	任务程序、重点及标准	时　限	相关资料
填写申购单	A2	程序		《办公用品及办公设备申购单》
		☆各部门根据自己的需求填写办公用品或设备申购单	一个工作日	
		☆行政部统计申购表		
		重点		
		☆办公用品与设备需求量确定		
		标准		
		☆办公用品与设备的实际需求量		
统计	B3	程序		
		☆行政部汇总并整理出办公用品或设备的采购计划表	1个工作日	
		重点		
		☆统计需要购买的办公用品或设备清单		
		标准		
		☆根据各部门的实际需求		
询价	B4	程序		
		☆行政部进行询价	1个工作日	
		☆进行对比分析,确定三家		
		重点		
		☆找到物美价廉的供货商		
		标准		
		☆至少向三家供应商询价		
财务部审批	D5	程序		《办公用品及办公设备购买规定》
		☆请财务部审批		
		☆确定最终的供货商	1个工作日	
		重点		
		☆确定供货商		
		标准		
		☆物美价廉		
购买	B6	程序		《办公用品及办公设备管理规定》
		☆向供货商购买办公用品、办公设备		
		☆登记入库	1个工作日	
		重点		
		☆购买办公用品、办公设备		
		标准		
		☆符合购买和入库规定		

续表

任务名称	节点	任务程序、重点及标准	时　限	相关资料
发放	B7	程序	1个工作日	
		☆办公用品发放、办公设备配备		
		☆各部门领用自己的办公用品或部门的办公设备		
		重点		
		☆办公用品分发、办公设备配备		
		标准		
		☆根据各部门的《办公用品及办公设备申购单》发放		
报废处理	E8	程序		《办公设备报废确认单》、《待报废物品入库单》
		☆信息支持部门审核批准		
		☆资材部门出售、处理报废设备		
		重点		
		☆报废确认和审核		
		标准		
		☆根据办公用品及设备的报废管理制度执行		

四、办公设备的使用与维护

1. 办公设备的使用

（1）树立安全意识。保证办公设备的安全是极为重要的,我国《劳动法》制订了明确的劳动安全相关条文,政府及各个组织也制订了一系列相关规定。为了维护好办公设备,营造安全的工作环境,每一名秘书都要树立良好的安全意识。

（2）按说明书和操作规范使用办公设备。使用办公设备之前,一定要认真查看、研究使用说明书,以免操作不当损坏设备或影响设备的性能和安全。

（3）做好设备清理工作,处理好遗留文件。办公设备使用完毕后,要清理好办公设备以外的其他物品,这既是为了保证办公设备放置环境的清洁,也是公司保密工作的需要。例如,在打印机密文件的时候,如果出现错误,则不要把废弃的打印纸张随便搁置,或者随便撕几下便扔进垃圾桶,以免泄密,正确的做法应该是用碎纸机进行处理;又如,使用完复印机后,要注意把留在复印机里面的原件及时取走,不要遗留在机器里面。

2. 办公设备的维护

为了更有效地管理和使用单位的计算机、传真机等办公设备,使现代办公设备在生产和管理活动中充分发挥作用,获得最佳使用效益,须明确责任,制订严格的办公设备维护制度。同时,应提倡主动维修,使机器的停机时间最短,必要时,可通过培训提升员工的办公软硬件操作与维护技能。办公设备具有专业性和技术性,对维修技术要求较高,在具体设备的维护中可按如下分工进行。

公司行政部门基于实际工作情况,在上级主管部门的授权下,负责办公设备维护的制度编制、培训及落实执行工作;专门的信息技术支持部门,负责办公设备的维修与故障排除、报废判定、日常管理等工作;公司资料管理部负责计算机等办公设备的报废处理工作;办公设备使用人负责计算机等办公设备的正确使用和日常维护与保养。

为了更好地维护设备安全,设备使用人应不断更新知识、提升技能,要能够判别和排

除简单的故障。比如：使用静电墨粉利用静电光学原理工作的复印机、打印机、传真机等是集光学、机械、电子技术为一体的精密办公设备,使用中部件上附着的纸屑、飘浮墨粉都将影响复印质量,甚至会造成机器故障。因此,设备使用人需采取适当的防潮、散热等措施,避免超负荷运转,且要定期维护和保养,清除机器内部的污垢,在必要的部件上加注润滑油,清洁光学零部件,优化设备的存放和工作环境,将可能发生的故障消灭在萌芽状态,减少停机时间。此外,专业的维修和维护可通过设备售后服务或采用设备外包的方式解决。

任务实施

按需求购进和发放办公物品对保证正常的办公室管理和提高办公效率很重要。在这个月 25 日采购下个月需用的办公用品和消耗品以及广告部的单反相机时,秘书慧枫可以按照以下步骤进行采购并管理。

一、制订采购计划

一般的日常办公用品要根据正常情况下每月的平均消耗量来确定,就辉鹏服饰有限公司而言,每月的 25 日前,需要购买办公用品、办公设备的部门(或个人)要填写公司内部的《办公用品及办公设备申购单》并签字,说明需要办公用品、办公设备的理由和细节,如表 3-2所示,经过部门领导批准后交给负责采购的秘书慧枫。

表 3-2 办公用品及办公设备申购单

申购部门		申购人		申购日期	

申购原因：

部门经理签名：

物品名称	库存数量	可用时间	本次申购数量	备 注

秘书慧枫收集各部门的《办公用品及办公设备申购单》后,要整理汇总成《办公用品及设备采购计划表》(见表 3-3),其中的参考单价可上互联网查询或根据各供应商的反馈信息进行比较、筛选。《办公用品及设备采购计划表》需经财务负责人和公司主管行政负责人审核。

表 3-3 办公用品及设备采购计划表

物品名称	规格及型号	单位	参考单价(元)	需求数量	金额(元)	备 注
		合 计				
行政负责人：		财务负责人：			经办人：	

二、选择供货商

秘书慧枫应通过采购这条渠道与供应商建立联系,以便更好地满足公司的办公需求。她在具体选择、比较供货商时,应注意考察供货商的以下情况。

1. 提供的价格和费用

不同的供应商之间定价是有差异的,初次供给、批量购进、季节削价、年底清仓的价格也不一样,秘书应尽量指定一个供应商,这样可以降低价格,保证质量。同时,秘书还应考虑储存所占用的资金、空间以及储存中的损耗。

2. 质量和交货

购买办公用品及设备时要考虑产品的规格和型号需与原设备配套,要仔细检查、比较产品的质量,选择供货准时、可以更换物品、有原装配件出售的供应商。

3. 售后服务

比较供应商所提供的服务的方便程度,例如是否电话、传真、互联网上都可订货,是否任何情况都可退货或更换,采用何种方式付费结算等。针对广告部申请购买的微型单反相机,秘书需要确认供应商所能提供的维修、保养等售后服务。

4. 安全可靠性

购买办公用品及办公设备,要了解供货商的商业信誉,仔细检查订货单、交货单和发票等单据是否齐全。除此之外,供货商所在的位置、联络方式等都是综合考虑的因素。

三、采购和入库

当《办公用品及设备采购计划表》得到公司主管行政负责人审批同意后,秘书慧枫可着手进行办公用品及设备的采购和入库,具体步骤如下。

1. 向选定的供应商发出购买需求

确定好要购买的办公用品、办公设备和供货商后,秘书慧枫应根据主管领导审核的《办公用品及设备采购计划表》填写订购单,如表 3-4 所示,填写好后发送给选定的供应商。与此同时,应复印一份订购单给财务部门,表示开始采购、准备付款。

表 3-4　订购单

企业名称				订购人	
详细地址				收件人	
电话		传真		邮编	
物品名称		单价(元)	数 量	合 计(元)	备 注
总 计					

2．收货

当收到办公用品及设备供应商的货物后,秘书慧枫要对照供应商的交货单(见表 3-5)和自己的订购单检查货物,查明货物的数量、型号、价格、质量等是否符合要求,确认符合要求后可进行签收,然后再将签收后的交货单送财务部门。

表 3-5　交货单

日期：　　　　　　　　　　　　　　　　　　　　货单号：

客户：　　　　　　　　　　　　　　　　　　　　订单号：

序号	物 品 名 称	单位	规格	数量	单价(元)	金额	备注
合 计							

货款共计人民币：　　佰　拾　万　仟　佰　拾　元　角　分

3．入库

签收供应商的货物后,秘书慧枫应根据收到的物品填写入库单,如表 3-6 所示。若有专门的库房管理人员,物品入库后,库房人员要签字表示物品进库。

表 3-6　入库单

序号	物品编码	物品名称	规格型号	单位	数量	单价	金额	检验人	备注
金额合计(人民币大写)：　　万　仟　佰　拾　元　角　分									

入库人：　　　　　　　　　　　　　　　批准部门：

4．付款

财务部门收到发票后,会对照检查签收后的交货单、入库单和订购单三单是否相符,确认相符并经财务主管签字后,再支付货款。

四、保管办公物品

对购进的办公用品和办公设备,秘书要逐件登记,妥善存放。存放要分门别类,将重的、大的和新的物品放在下面。对于库存的办公用品要定期检查,加强清点,切实做好防火、防盗、防潮、防霉、防蛀、防过期等工作。办公用品的库存记录卡要认真填写,如表 3-7

所示,以便了解各部门人员使用物品的情况,并防止办公用品的浪费和丢失。

表3-7 库存记录卡

库存记录卡			库存参考号 B4		
项目 A4 白纸			最大库存量 100 令		
			最小库存量 15 令		
单位数量(1 令=500 页)			再订货量 25 令		

日 期	接 收			发 放			余额
	接收数量	发票号	供应商	发放数量	申请号	个人或部门	
	80	A172	同方公司	28	289	行政部	52
				10	290	销售部	42
				12	291	总经理办公室	30
				20	292	生产部	10
	100	A173	同方公司				

五、发放办公物品

1. 健全发放制度

(1) 建立严格的领用审批制度,并切实遵照执行。

(2) 指定人员发放,适时适量发放。

(3) 保证重点,兼顾一般。对于企业内部的一些重要部门和办公用品消耗量大的部门,在条件允许的情况下,要首先满足它们的需要,使各部门将精力集中于优质高效地完成自身的任务。

2. 认真清点,核实发放

工作人员或部门需要领用办公用品或办公设备时,要填写《办公用品及设备申领表》,如表3-8所示。管理办公用品与设备的秘书人员要注意对办公用品及设备进行认真清点并核实发放。对于分发了什么办公物品,都发给了谁,管理办公用品及设备的秘书应该有记录,这样既可知道是谁领取了物品,还可以计算出该物品的剩余数,必要时还可以定期对剩余物品进行清点和核查,以免造成公用财产的流失和浪费。

表3-8 办公用品及设备申领表

部门			时间			编号			类别		
申领内容								核 发			备注
月	日	品名	规格	用途	单位	数量	申领人	数量	经办	主管	

3. 制订有效的节约制度

对企业内部人员加强厉行节约的教育,杜绝恣意申购、随意浪费等不良倾向。

相关范例

范例一 **××卫生所办公用品采购管理制度**

为加强管理,规范全所办公用品的采购、领取及保管行为,既节约开支、减少浪费,又保证正常工作开展,特制订本制度。

1.负责部门

全所所有办公用品(含日用杂品、劳动保护用品等)的采购、发放、管理工作,由办公室统一负责。

2.办公用品的分类

本制度所规定的办公用品分为一般办公用品和特殊办公用品两类。一般办公用品是指单位价格100元以下的日常办公消耗性用品,如笔、本、纸、印油等;特殊办公用品是指单位价格在100元以上但不超过500元的一次性办公用品或办公专用的非消耗性用品。

3.办公用品的采购

(1)一般办公用品的采购在每月月末由办公室依据库存及用量情况提出采购计划,报主管领导批准后,集中购置;特殊办公用品的采购,由业务科室提出申请,经主管领导批准后,专门购买。

(2)采购人员必须严格按照采购审批计划进行采买,不得随意增加采购品种和数量,凡未列入采购计划或未经领导审批的物品,任何人不得擅自购买。否则,主管领导不予签字,财务不予报销。

办公用品采购要严把采购物品质量关,做到秉公办事,货比三家,择优选购,不从中谋取私利。采购实行双人双岗制。

(3)认真办理出入库登记手续,未办理入库手续的用品,不准直接使用。

4.办公用品的领取

(1)一般办公用品可根据工作需要,由科室工作人员填写《办公用品请领单》(一式两份),经本科室主任签字后,直接到办公室领取。

(2)特殊办公用品需经主管领导鉴批后,由使用科室填写《办公用品使用登记表》,直接办理领用手续。

5.办公用品的发放与管理

(1)一般办公用品的发放,由办公室负责人员依据经科室主任签字后的《办公用品请领单》,直接发放各使用科室;特殊办公用品的发放,办公室指定专人负责,经使用科室办理有关领用手续后,交使用科室具体使用和管理。

(2)每月25日前,办公室将各科室《办公用品请领单》和《办公用品使用登记表》汇总后交财务室,财务室以此作为各科室经济核算依据。

(3)办公室指定专人负责办公用品的管理工作,要做到分类存放,码放整齐,整洁有序。

（4）要认真做好新购物品入库前的检查、验收工作,要建立办公用品管理台账,做到入库有手续、发放有登记。

范例二　　　　　　　　××局办公设备及耗材管理制度

为进一步严肃财经纪律,规范采购制度,大力倡导节约为荣、浪费为耻的优良风尚,经研究制订本办公设备及耗材管理制度。

（1）办公设备及耗材的范围。办公设备是指由局统一采购登记的电子设备、机械设备,包括而不限于台式计算机、手提电脑、复印机、打印机、传真机、投影仪、电话机、照相机、摄像机、移动硬盘等。办公耗材包括而不限于打印复印纸张、信笺、信封、打印机墨盒与磁鼓、复印机磁鼓、碳粉、传真机专用纸及碳粉条、优盘、笔记本、回形针、订书机及钉、夹子、文件夹等。

（2）办公设备的采购程序。重大办公设备经局务会议讨论决定后,由办公室报区政府采购办批准,在指定单位目录中随机选择两家以上单位报价,确定满足要求的最低报价单位。采购前最终方案经局长批准后方能实施。低值办公设备如必须采购,由部门负责书面报告办公室,经分管领导初审,报局长同意后采购。

（3）办公设备的登记备案。办公设备一律经办公室负责登记造册备案,其备案表由办公室及局财务存档。

（4）办公设备的维护与保管。办公设备实行分类管理。

① 复印机、投影仪、公用打印机、照相机、摄像机由办公室统一保管,任何部门需要外借使用者,须书面报告办公室,办公室按先后顺序及重要程度决定是否外借。

② 台式计算机、传真机、电话机由部门负责保管,保管期间如因非公事损坏、丢失等情形,由该部门集体负责修复或赔偿,保证其处于完好使用状态,所发生费用不得列支局财务费用。

③ 手提电脑、移动硬盘、独立光驱由部门明确专人保管,期间如发生非公事原因损坏、丢失等情形,由该人负责修复或赔偿,保证其处于完好使用状态,所发生费用不得列支局财务费用。如因公事原因毁损、丢失,应及时报告分管领导,进行调查核实后,报局务会议讨论后妥善处理。

④ 办公设备维修。由部门报办公室统一安排维修。保修期外设备原则上委托供货单位负责维修。

（5）办公耗材使用及管理。

① 办公耗材由办公室统一采购。供货方选择原则上根据供货价格、供货质量、服务质量综合评定,每年确定一次。

② 办公耗材实行计划管理。复印打印纸、笔记本、书写工具、装订工具及配件等实行统一采购计划供应。局内部文件、资料除特殊要求外必须双面打印,局建立局域网统一负责打印,除密件及涉及经费、考核等内容外各办公室不得自行打印材料。公用复印机打印机使用实行主动登记制度。

③ 电子易耗品由办公室统一采购,损坏或升级时,要以旧换新,登记到人。如发生遗失现象或无理由毁坏者,由该保管人负责赔偿。人员调离时,电子易耗品应上缴办公室。

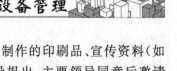

（6）外协产品制作管理。外协产品是指必须由专业单位制作的印刷品、宣传资料（如招商指引、项目指南等）、电子媒体、影像资料等。由分管领导提出，主要领导同意后邀请两家以上外协单位提出方案，在同等质量和服务前提下确定最低价作为委托方。各部及个人不得私自安排各种外协产品的制作。

以上制度自二〇一四年三月一日起执行。

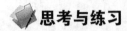思考与练习

一、问答题

1. 在采购办公用品或设备前，秘书应做哪些准备？
2. 物品入库的程序是怎样的？
3. 如何对办公用品进行库存管理？

二、实训题

1. 拟写办公室用品采购计划。

设计：办公室办公需用文件夹 15 个、订书机 3 个、打印纸 1 包，这些物品公司都没有库存。因此，秘书需要拟写一份办公用品的采购计划并填制采购计划单。

2. 按采购申请程序采购办公用品，并对已入库的办公用品进行管理、发放。

要求：在采购计划单得到批复后，秘书需要去采购物品。根据本次采购的办公用品情况，列出采购需要考虑的事项。采购来的用品，凭票据给仓库管理员入库、登记，然后发放给需用人员。注意在发放过程中，要检查和核实相关申领事项。

三、案例分析

上海利普电子科技有限公司于 2002 年年初成立，是利普国际有限公司下属子公司。上海利普电子主要经营项目有：计算机和服务器、笔记本电脑、打印机和其他外设产品、网络产品等相关 IT 产品，并代理销售惠普、康柏、IBM 等多家国际、国内知名产品。

公司原先采用传统的方式进行采购、出入库、销售等管理，管理上很容易出现漏洞，而且要查找某个时期的采购情况只能从一堆纸张里去找出来，再用计算器加加减减，既费时又费力，每次的统计都需要投入不少人力、物力，而且还时常会出错。在采用信息库存管理系统后，销售流程得到了规范的管理，每一笔单子都要经过领导的审批后才能进入下一个流程。领导可以随时查找某个时期的采购销售库存的情况，还可以对这些数据进行统计分析，并以直观的图表方式表现出来，对经营者的决策起到重要的作用，并极大地提高工作效率。

针对以上案例，请评价秘书运用库存管理系统进行单位库存管理的措施。

任务四　值班工作管理

知识目标

- 了解值班工作的类型。
- 掌握值班工作的要求。
- 了解值班工作的注意事项。

能力目标

- 能够进行值班安排。
- 能够做好值班工作。

案例启示

东浩公司行政部秘书媛丽负责安排公司的值班工作。星期一早上刚上班,行政部经理张文就把她叫到办公室,冲她大发雷霆。原来张经理刚接到总经理电话,指出国庆节那天一个重要客户往公司打电话询问产品事宜,一开始接电话的人一问三不知,等下午再打电话时,电话就没人接了。客户对这件事非常生气,已经投诉到总经理那儿了。

张经理问:"周六那天是谁值的班? 值班安排表呢?"

媛丽答:"上周六是小古值的班,没有值班安排表,我当面通知的他。因为他刚调来公司不久,所以对我们公司产品不熟悉。"

张经理问:"那客户下午来电话怎么没人接了?"

媛丽答:"因为当天小古下午有事,让我临时帮他顶会儿班,我下午有事耽搁了一下,等我到办公室时他已经走了,可能是那一小会儿,对方来的电话。"

张经理问:"那当天的值班记录呢? 我今早看了一下,怎么全是空白的?"

媛丽答:"因为大家认为记录的内容都大同小异,最后就省了。"

张经理咆哮道:"什么省了? 你们是怎么进行值班安排的! 赶紧写一份详细的报告,我要报告总经理。"

案例分析:值班工作是秘书日常工作之一。加强值班工作,对于维护公司的正常运转,保证生产的顺利进行,畅通与外部的联系有着重要的作用。张经理之所以不满意,是因为媛丽没有安排好值班工作。其表现在:①没有编制值班表;②没有安排好值班人员;③没有做好值班记录;④没有做好交接班工作。

任务引入

任务背景：根据新的工作日志安排，总经理秘书思妍在做好部门经理会议的准备工作后，应进行值班工作安排。

任务 1：假设你是秘书思妍，请做好"十一"值班工作安排。

任务 2：秘书思妍被安排在"十一"假期期间第一天值班，假如你是秘书思妍，请按以下内容做好值班工作：方圆公司的两位临时来访者参观公司；之后，接到上司电话，要求通知部门经理假期回来后第一天上午 9:00 召开经理紧急会议；10:00 左右接到电话，说分厂遭遇火灾；14:30，你对公司大楼进行安全巡查时，发现三楼行政部大门未锁；16:40，值班门卫来交接班。

任务分析

秘书要做好值班工作安排，必须先确定值班人员及需要值班的时间段，再根据企业的工作计划和领导的活动时间表安排具体值班工作，排定值班安排表。值班时，值班人员要严格遵守值班工作制度，明确值班工作要求，并按照值班工作的主要内容进行值班，同时做好值班记录。

相关知识

值班工作是一项保证组织及时获得准确的信息，进行正确决策，或出于安全防范需要而开展的经常性工作。

一、值班的类型

1. 按值班的时间分

（1）常设性值班，即一些重要的党政机关或较大的企事业单位，建立常设性值班室，有固定的值班人员，实行全天候值班。

（2）休假日值班，即一般机关或企事业单位在休息时间（如晚间和节假日）安排的值班。

（3）临时性值班，主要是指遇到或为防范一些突发性事故或突发性事件而采取的临时值班，如防汛、防台风值班。

2. 按值班的内容分

（1）综合性值班，即负责处理本单位的各类临时性事务，如大中型机关或企事业单位的总值班室。

（2）专项性值班，是针对某项专门工作的值班，值班人员只负责处理特定的事务，如安全值班。

3. 按值班人员的专兼职情况分

（1）专职性值班，即前面的常设性值班，其主要工作通常是：负责对本公司下级单位

的业务进行指导,为上司科学决策提供可靠的信息依据,辅助上司处理各种突发性事件,承担本公司动态性信息的接收、传递、处理等工作,完成上司交办的工作以及治安防范工作等。

(2)兼职性值班,即休假日或临时安排的值班。

二、值班的编排

1. 专职性值班编排

专职性值班一般人员固定,以4人为宜,常见的值班编排方法有以下三种。

(1)3人轮班1人带班。轮班的3人,可以每人每天工作8小时,分早中晚班。带班1人,主要负责协调3人的轮班,并在轮班人员休息或特殊情况下顶替轮班人员值班。

(2)3人倒班1人带班。倒班的3人,可以每人工作12小时,为1个大班;2人工作6小时,为1个小班;1人休息。大班的人员下次休息,小班的1人值大班,休息的人值小班。

(3)4人轮班。4人一起,以12小时或8小时为单位轮流值班。

2. 兼职性值班编排

兼职性值班不固定人数和人员,方式灵活,常见的值班编排方法有以下三种。

(1)全公司大轮班,按照一定顺序进行安排,所有员工都参与值班工作。一般单位的节假日值班基本上采取各部门工作人员轮流值班的办法。轮流值班人员的名单可由各部门提出,经行政部门初步安排并与各有关部门协商后报上司审定。

(2)行政部(或公司办公室等)人员轮班,是由行政部的工作人员负责公司节假日的值班工作,通常每人一天,根据部门人数和节假日时间轮流排班。

(3)单身员工代班,为方便有家庭的员工照顾家庭,可安排公司的单身员工带薪值班。

三、值班工作的要求

1. 认真负责

值班工作具有窗口形象、联络上下左右、应对紧急情况等重要作用,因此,值班人员在思想上应当高度重视,要认真负责地做好每一项工作。

2. 说话和气、举止文明

在值班过程中,值班人员经常要接待来访、接听电话,因此,说话和气、举止文明,能给来访者和来电者留下良好印象,从而塑造企事业单位良好的社会形象。

3. 遵守制度

值班工作应当制度化、规范化,值班人员应当遵守制度,按章办事。这些制度包括:岗位责任制、信息处理制度、交接班制度、保密制度和安全防范制度。

4. 做好记录

值班记录是保存值班信息的重要载体,其作用一是用于交接班,保证值班工作的连续性；二是以备将来查考。值班记录主要包括以下三方面内容。

（1）电话记录。内容包括：来电人单位、来电人姓名、来电时间、来电内容、回电号码、记录人姓名。

（2）接待记录。内容包括：来访单位、来访人姓名、来访时间、来访事由、联系方法、接待人姓名。

（3）值班日志。值班日志以一天为单位，记录值班中遇到的情况和工作经历，它是对当天值班过程中接收的信息和办理的事项的全面记录，包括收到或接到的电话、电报、传真、信函，接待的来访，领导要求办理的临时事项等。

四、值班工作制度

1. 岗位责任制度

岗位责任制度是明确值班人员的岗位职责范围、任务、要求的制度。它要求值班人员严格按照规定办事，让值班人员在实际的值班工作中做到"有章可循，有法可依"。值班时，无论是固定值班人员还是轮流值班人员，都要明确岗位职责、坚守岗位，不得擅离职守。

2. 信息处理制度

信息处理制度是明确值班人员信息处理方式、方法、流程，保证信息安全的制度。值班人员值班期间，会接收大量的内外部信息，值班人员应清楚这些信息的分类和处理方法并按照信息处理制度处理信息。对接收的信息应该先做登记，再送达相应的部门和工作人员签收、处理。值班期间，若发现重要信息、遇到重要事项或者没有把握答复处理的事项，必须及时向领导汇报并请示如何处理，非常时期可以边处理边报告。

3. 交接班制度

交接班制度是明确交接班双方的权利和义务，严格交接班过程管理的制度。实行全天候值班的，应实行当面交接班；实行白天值班或夜间值班的，可采取电话交接或书面交接（即把需要交接的事项写在交接书或值班日志上，由下一值班人员处理）。无论是哪一种值班，值班人员交接班时都一定要办理交接班手续，做到文电交接清楚、值班记录交接清楚、未办事项交接清楚。如果有未完成项目，则在交接班时，值班人员应交代接班人员继续开展工作，保证任务顺利完成。

4. 保密制度

保密制度是要求值班人员保守企业秘密、防止窃密泄密的相关制度。值班人员在值班过程中，会接触到大量的公司信息，有些信息是机密的，这就需要值班人员有非常强的保密意识，严格按照保密制度办事。例如在值班期间不要让私人访客进入值班室，接收的文件不能随意摆放、任人阅读，对值班期间接触的信息不能到处传播等。凡涉及国家或单位秘密的事项，必须按保密规定办理。

5. 安全防范制度

安全防范制度是维护正常办公秩序，保证单位安全，减少或杜绝安全隐患的制度。值班人员在值班过程中要特别注意防盗、防火、防诈骗;要定时检查巡视;对陌生的来访者既要热情礼貌,又要保持警惕。

五、值班工作的任务

1. 处理来函、电话

正常上班期间的来电来函由职能部门或秘书部门受理,休息时间或节假日,往往由值班室代为收受并做好记录。对于一般来电和来信,值班人员只负责记录和登记,不直接答复或表态,也不能随便拆信;对于内容重要或紧急的函电,应立即报告有关领导或转告有关部门,并请示处理方式。在处理值班电话时,秘书要耐心、热心,要做好电话记录,包括来电记录和去电记录。电话记录格式如表 4-1 所示。

表 4-1　电话记录表

编号:	时间:		年　月　日　时　分到　时　分
来电单位		发话人姓名	
来电单位电话号码		值班接话人姓名	
通话内容摘要:			
经理意见:			
处理结果:			
			值班人签字:

2. 进行来人登记、接待临时来访人员

(1) 进行来人登记。通常情况下,企事业单位如果有门卫,则来人登记工作由门卫做,在节假日值班或临时值班期间,则可以由值班人员做。在值班时,值班人员应对外来人员及其乘坐的车辆、携带的物品,以及非办公时间或非生产时间进出公司大门的人员及车辆、携带物品进行认真登记。登记可以由进出人员自己进行,也可由值班人员代为进行。表 4-2 是外来人员登记表样式之一,供参考。

表 4-2　外来人员登记表

序号	姓名	性别	单位	乘坐车辆	携带物品	办理事项	进入时间	出门时间	备注

(2) 接待临时来访人员。对于临时到访的客人,在正常工作时间内,较大的机关和单

位由常设性值班室接待,一般机关和单位由各职能部门或秘书接待,而在休息时间和节假日则由轮流值班的人员接待。值班人员在接待临时来访人员时,要注意做好接待记录,如表 4-3 所示。

表 4-3　接待记录表

编号:

来访人姓名		来访人单位	
接待时间	年　月　日　时　分至　年　月　日　时　分		
内容			
拟办意见			
经理意见			
处理结果		值班人签字:	

接待记录要顺序编号,要依次记下来人姓名、单位、来访时间、陈述的内容和要求、拟办意见等,最后值班人员要签名以示负责。

3. 承办临时事项、处理突发事件

无论是常设性值班还是临时性值班,都要承办领导指示和其他部门委托的临时事项,包括临时性会议通知、向有关部门转达领导的指示、催查领导指示落实情况、根据领导意图安排和落实接待任务、了解上级领导在本地区进行考察活动的情况等。

此外,值班工作还担负着处理突发事件的任务。值班人员接到突发事件的消息后,对于属于自己职责范围内的可按照有关规定处理;对自己把握不准的问题,要及时向领导或有关部门报告、请示,再按照指示迅速开展工作,切不可擅自越权做出决定或行动;对来不及请示答复的紧急状况,可视情况先做应急处理,再向有关部门和领导汇报。

4. 掌握领导日程安排及外出情况

值班人员应对领导班子成员的日程安排及外出情况了如指掌,尤其要掌握与其联系的方式,以便在出现紧急情况时及时联络。

5. 做好协调及安全保卫工作

值班期间的协调工作和安全保卫工作非常重要。一般大单位在休息和节假日期间会安排专门的安保人员进行安全保卫值班,值班人员则应做好相关协调工作。小单位的休息和节假日值班,往往不安排专门的安保人员值守,值班人员则要在做好其他值班工作的同时兼顾安全保卫工作。

6. 写好值班报告和值班日志

值班期间发生重大情况或突发事件,值班人员应立即向领导报告,必要时可形成书面值班报告送审。值班报告一般为单张正反面两页式,容量较小,只要把主要情况和拟办意见写清楚即可,不需要过多地分析原因、危害等内容,其样式如表 4-4 所示。

表4-4 值班报告

编号：				值班人：	
报告事项					
来人、来电、来函单位				时间	
姓名		职务		电话	
内容摘要：					
拟办意见：					
经理批示：					
处理结果：					
报告单位：					

　　值班日志有利于下一班值班人员了解之前的值班情况，保持上、下班次工作的连续性；有利于上司了解、检查、考核值班工作以及为编写情况反映、工作简报、大事记提供材料，因此，秘书应做好值班日志的填写工作。值班日志的填写时间以一天为单位，主要记录值班工作经历和值班过程中遇到的情况。凡值班期间的来人、来电、来函、领导批示，领导交办事项、值班人员办理事项，都要摘要记录在值班日志上。值班日志样式较多，表4-5仅为其中的一种。

表4-5 值班日志表

时间	日　时　分～　日　时　分	值班人	
记事		代办事项内容	
承办事项		接班人签名	
处理结果			

六、值班工作的注意事项

1. 准确传递信息

　　值班人员在值班工作中必须准确传递信息，有效地对本单位的有关业务进行提醒、通知，及时地将信息传达到有关部门和单位，并督促有关人员落实工作任务。

2. 礼貌接听电话

　　值班人员在接听值班电话时，态度要和蔼、谦虚、有礼貌。遇到询问应耐心热情地回答，要熟记常用的电话号码，对重要来电要详细记录内容。记录来电内容及办理情况时，要用统一格式的专用记录本。

3. 严格遵守纪律

　　值班人员应严格执行值班岗位工作责任制、信息处理制、保密制度和交接班制度等，确保值班工作顺利、有序、高效地进行。

4. 树立防范意识

　　值班工作有别于其他工作，它有很强的防范性，对单位的安全负有重大责任。这要求值班人员在进行值班工作时既要做到热情真诚，又要树立严密的防范意识，对于应该拒之门外的来访者、邮件和物品,坚决不让其进入单位,以维护单位利益和保证单位的安全。

任务实施

一、安排值班工作

1. 确定值班人员

本任务要求秘书思妍对即将到来的"十一"国庆节进行值班安排,属于休假日值班,也是兼职性值班,秘书思妍可以采取"全公司大轮班"的方法确定值班人员,先让各部门提交"十一"期间的值班人员名单,再根据部门提交的名单审核、确定"十一"期间值班人员的名单。确定值班名单时,秘书思妍应注意选择熟悉工作的员工,新进公司的员工对公司不熟悉,无法妥善处理值班工作,一般不安排值班。思妍最终确定的值班名单如下。

总经理办公室:李思妍

行政部(公司秘书主管部门):王亮、刘慧枫、那玲玲(行政部经理)

市场部:王充、李志强、王明(市场部经理)

销售部:夏雨、方志伟、田珍(销售部经理)

财务部:张晓明、尹伟康、冯晓(财务部经理)

公关部:张理智、朱英、刘燕(公关部经理)

技术部:夏晓丹、马珂、郭东(技术部经理)

2. 编制值班安排表

值班安排表是将某一时间段内已经确定的值班人员的姓名清晰地记录和标明的表格,是提醒值班人员按照值班安排值班,以保证单位的整体工作连续、有效地完成。它一般由级别高的秘书人员或行政部主管编制。

确定值班人员名单后,思妍开始着手绘制值班安排表,具体如表 4-6 所示。

表 4-6　辉鹏服饰有限公司国庆假期值班安排表

(2014 年 10 月 1~7 日)

时　间	部　门	值班人员	联系电话	带班领导	联系电话
10 月 1 日	总经理办公室	李思妍	****	王　明	****
	销售部	夏　雨	****		
10 月 2 日	市场部	王　充	****	那玲玲	****
	财务部	张晓明	****		
10 月 3 日	行政部	刘慧枫	****	田　珍	****
	公关部	张理智	****		
10 月 4 日	技术部	夏晓丹	****	冯　晓	****
	行政部	王　亮	****		
10 月 5 日	市场部	李志强	****	刘　燕	****
	销售部	方志伟	****		

续表

时 间	部 门	值班人员	联系电话	带班领导	联系电话
10月6日	财务部	尹伟康	****	郭 东	****
	公关部	朱 英	****		
10月7日	技术部	马 珂	****	那玲玲	****
	行政部	王 亮	****		

值班时间：上午 8：00～12：00，下午 13：00～17：00，17：00 后由值班门卫负责。

值班地点：公司值班室(1210 室)

值班要求：1. 按时值班，人不离岗；

 2. 认真做好电话记录、接待记录和值班日志登记；

 3. 有事需提前向带班领导请假，以便及时调整值班人员；

 4. 重大事件须及时向带班领导汇报。

值班职责：接待来访、传呼电话、做好值班记录、保护公司财产安全、处理临时任务和紧急事件等。

报警电话：*****(派出所电话)或 110。

辉鹏服饰有限公司

2014 年 9 月 25 日

秘书思妍制作好值班安排表后，将值班安排表初稿发给各有关部门查看，各部门表示无异议后，再将值班安排表报公司主管领导审定。

3. 通知并发放值班安排表

值班安排表确定以后，秘书思妍应将经领导审定后的值班安排表终稿印发给各有关部门，或通过内部办公网络系统发送电子邮件给各部门，同时提醒所有带班人员和值班人员做好值班准备。此外，还应将值班安排表在值班室门口醒目处张贴一份。

二、进行值班

根据值班安排表安排，思妍在"十一"期间第一天值班。按照任务安排，思妍首先需要接待两位来公司参观的方圆公司临时来访者；然后按照上司的电话要求，通知部门经理假期回来后第一天即 10 月 8 日上午 9：00 参加经理紧急会议；10：00 左右思妍接到电话，说分厂遭遇火灾，思妍需要进行突发事件处理；14：30，思妍对公司大楼进行安全巡查时，发现三楼行政部大门未锁；16：40，值班门卫前来交接班，思妍需要做好交接班工作。以下是秘书思妍一天的值班工作。

1. 进行来访登记

方圆公司的两位来访者来参观公司，思妍在公司大门口见到他们后，应先询问其来访目的，查看其相关证件，若值班前思妍已被告知方圆公司两人来参观公司，应做好接待工作和来访登记；若没有被告知方圆公司两人来参观公司，思妍应打电话给公司相关部门了解对方是否有预约参观等，证实确有其事后，再将他们的个人信息、乘坐车辆、携带物品等信息认真填写在《外来人员登记表》上，如表 4-7 所示。登记可以由方圆公司来访者自己进行，也可由思妍代为进行。

表4-7 外来人员登记表

序号	姓名	性别	单 位	乘坐车辆	携带物品	办理事项	进入时间	出门时间	备注
1	张武	男	方圆公司	粤***	手提包	参观公司	9:00		
2	刘阳	男	方圆公司	粤***	手提包	参观公司	9:00		

2. 接待临时来访人员

登记好临时到访的客人——方圆公司来访者的信息后,秘书思妍在接待室接待了他们,然后根据对方与公司的约定带领他们参观了公司。在参观路线的选择上,思妍选择了常规参观路线,避开了技术部、机房重地等重要场所。送走客人后,思妍填写了接待记录,如表4-8所示。

表4-8 接待记录表

编号:20141001

来访人姓名	张武、刘阳	来访人单位	方圆公司
接待时间	2014年10月1日9时00分至2013年10月1日9时30分		
内容	为寻求合作伙伴,前来参观、了解公司		
拟办意见	带其参观产品展览室、行政大楼、生产车间,不参观技术部、机房重地等核心、机密地带		
经理意见			
处理结果	了解其来访目的、向其介绍公司及产品概要情况,带其参观公司,路线如下:产品展览室—行政大楼—生产车间 值班人签字:李思妍		

3. 处理来电

思妍送走了方圆公司的来访者后,接到上司电话,让其通知部门经理,假期回来后第一天上午9点召开经理紧急会议。思妍填写电话记录如表4-9所示。

表4-9 电话记录表

编号:20141001　　时间:2014年10月1日9时40分至9时50分

来电单位	辉鹏服饰有限公司	发话人姓名	黄林总经理
来电单位电话号码	138*****	值班接话人姓名	李思妍

通话内容摘要:
　　通知部门经理:10月8日上午9点召开经理紧急会议

经理意见:

处理结果:
　　致电通知部门经理:10月8日上午9点召开经理紧急会议,地点为第一会议室

　　　　　　　　　　　　　　　　　　　　　　　　　　　　　　值班人签字:李思妍

电话是值班室使用最频繁的对外联系工具。当反映值班情况、举办各种重大活动、召

49

开重要会议、邀请经理出席活动或会议时,秘书往往使用电话通知有关人员。对于这些电话的内容,必须认真做好记录。在记录时注意记下通话的完毕时间、受话人姓名等,以备日后查考。通话内容核实后,记录者要在记录表下方签字以示负责。

思妍做好电话记录后,还要对电话信息进行处理,如确定会议地点、通知部门经理、准备会议资料等。用电话通知部门经理时,建议先拟好通知稿。通知稿要简明、扼要、口语化,避免或尽量少用同音字、怪僻字。在通话过程中要做必要解释,通知完后最好要求对方复述一遍。

4．处理突发事件

处理突发事件,要注意重"突发"的紧迫性,反应要快,行动要及时,既要大胆、果断,又要注重细致、稳妥。

10：00 左右思妍接到电话,说分厂遭遇火灾,此时,秘书思妍需要尽快处理突发事件并向领导汇报火灾情况。火灾情况紧急,如果先请示领导则可能会出耽误处理时间,导致无法预计的损失,在这危急关头,秘书思妍应立即报火警并指挥分厂员工救火。紧急处理后,思妍马上向领导汇报事件缘由和初步处理情况,请求领导的指示,同时坚守岗位,随时关注事态的发展,协助领导做好后续处理工作。

5．做好值班报告

突发事件处理工作结束后,思妍再向领导报告相关情况,必要时可形成书面值班报告送审,以便领导准确、全面地了解事件,文字资料还可归档保存。思妍值班期间处理完分厂火灾突发事件后,详细写了一份值班报告,值班报告的填写如表 4-10 所示。

表 4-10　值班报告

编号：20141001　　　　　　　　　　　　　　　　　　　　　　　值班人：李思妍

报告事项	分厂遭遇火灾		
来人、来电、来函单位	分厂来电	时间	2014 年 10 月 1 日上午 10：05
姓名	李四　　职务　　仓库管理员	电话	38 *****
内容摘要：分厂仓库管理员李四于 2014 年 10 月 1 日上午 9：50 到仓库巡视,发现仓库冒烟,起因是昨晚仓库值班人员王一丢下烟头所致,仓库碎布被点燃,引起火灾			
拟办意见：打 119 报警,同时组织分厂附近居住员工救火			
经理批示：			
处理结果：2014 年 10 月 1 日上午 10：10 消防员到现场,分厂附近居住员工 20 多人到现场支援,协助扑火,10：30 扑灭大火,经济损失约 6 万元			
报告单位：辉鹏服饰有限公司			

6．安全巡查

14：30,思妍对公司大楼进行安全巡查,巡查时需做到以下几点。

（1）按规定巡逻线路,对所辖区域进行巡检,重点是关键区域、重点要害部门、监控系统盲区,消除一切安全隐患。

（2）对所辖区域的门窗、保险柜等进行安全检查。

（3）所有辖区内与安全有关的设施设备、房屋建筑、标牌标识、广告灯箱等发现安全隐患,必须进行记录和处理。

思妍在巡查时,发现三楼行政部大门未锁,她把门锁好,并把情况记录在值班日志上。

7.填写值班日志

除了安全检查发现的问题,思妍将今天的值班情况都登记下来,填写值班日志表如表4-11所示。

表4-11 值班日志表

时 间	2013年10月1日8～12时	值班人	李思妍
承办事项	1．9:00,方圆公司市场部经理张武来访; 2．9:40接到总经理电话,通知各部门经理10月8日上午9:00召开经理紧急会议; 3．10:05接到电话,分厂遭遇火灾; 4．11:30开始在公司大楼进行安全巡查,发现三楼行政部大门未锁	代办事项内容	无
		接班人签名	
处理结果	1．9:00～9:30接待方圆公司市场部经理张武并带其参观公司,填写《外来人员登记表》和《接待记录》; 2．9:40～10:00,对总经理来电进行电话记录,确定会议地点,并通知各部门经理开会; 3．10:05～11:00处理分厂遭遇火灾突发事件,填写值班报告; 4．11:30,巡查时发现三楼行政部大门未锁,把门锁好		

8.交接班

12:00,下一位值班人员小苏来交接班。思妍值班结束后,应有完备的交班手续。

(1)必须当面交接,不能委托他人进行交接。

(2)交清值班记录,说明在班内出现的问题及处理方法。

(3)值班人在值班记录上签名,确认记录内容。

交接班结束后,秘书思妍就完成了值班工作,下班回家了。

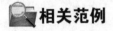 相关范例

值班安排表范例

具体情况见表4-12和表4-13。

表4-12 信息化建设管理中心中心机房夜间值班表

序号	值班人	联系电话	值班时间	总联系人
1	李天目	1377 **** 718	2014.04.13～2014.04.19	
2	王先国	1391 **** 892	2014.04.20～2014.04.26	
3	孙 生	1381 **** 466	2014.04.27～2014.05.03	朱夕曙 (1385 * * * * 680)
4	冯 炜	1395 **** 840	2014.05.04～2014.05.10	
5	刘大哲	1367 **** 873	2014.05.11～2014.05.17	
6	彭奇奇	1358 **** 435	2014.05.18～2014.05.24	
7	周 凯	1395 **** 757	2014.05.25～2014.05.31	

续表

网络公司联系人	电工联系人	空调联系人	带班领导	带班时间
金顾明 (1391＊＊＊528)	唐传宝 (51667877)	苏宁刘师傅 (1305＊＊＊619) 或唐传宝 (51667877)	梁淮平 (1370＊＊＊815)	2014.04.13～2014.04.26
			褚琳宁 (1395＊＊＊268)	2014.04.27～2014.05.10
			仲惠圣 (1385＊＊＊781)	2014.05.11～2014.05.31

信息化建设管理中心
2014 年 4 月 12 日

注:值班时间:晚 18:00 至次日 8:00。

表 4-13　会长、副会长、监事长、副监事长值班表

周 星期	第一周	第二周	第三周	第四周	第五周	第六周
星期一	黄焕明 沈仁智	陈淑卿 许毅红	许木杰 薛树徽	黄伟煌 蒋志鹏	陈铁铭 许建成	贺迎芳 林和平
星期二	王清伟 邱毅力	顾亚理 吴永生	李文派 张惠莲	苏玉荣 龚少晖	池振瑞 陈锦福	卓镇明 黄灿辉
星期三	林建生 张和辉	张建华 李永基	叶跃松 潘淳华	吕孙勇 李　强	黄亚河 郭英兰	黄瑞福 周少明
星期四	林金宗 吴永长	李金坤 黄伟平	王　强 吴小明	邱晓峰 蔡希伦	段汉民 许华芳	吴培辉 苏庆灿
星期五	邹剑寒 李风翔	陈有鹏 庄　挺	康辉阳 骆耀明	上官维民 陈建华	黄庆祝 林智勇	孙卫星 林秀娟

注:值班人员职责:①处理当日重大工作;②接受企业投诉;③走访会员企业;④了解、指导商会日常工作;⑤代表商会参加相关会议。

思考与练习

一、问答题

1. 值班工作的相关制度有哪些?

2. 如何绘制值班安排表?

3. 值班工作有哪些任务内容?

4. 交接班工作应注意哪些问题?

二、实训题

1. 利用节假日到学校传达室、行政办公室参与值班工作,体验秘书处理值班任务的工作要点。

2. 编写一份春节期间十天的值班表。

要求：

（1）值班人员中要有负责人和具体值班人；人员姓名自拟。

（2）值班地点清楚。

（3）值班时间必须是全天的，要求清楚明白，一目了然。

（4）简单写明值班内容，内容请结合公司性质自拟。

3. 模拟操作：模拟值班人员值班时，1个电话进入，1名访客到来，3封信件送达，1名私人访客到来，领导临时交办处理一个文件，接到电话装配车间电路短路起火的消息。

三、案例分析

1. 某县工商局办公室徐秘书星期天值班，下午5点，接了一个紧急电话。电话内容是：局里的一辆面包车与外单位的一辆大卡车相撞，面包车的司机及车内三人重伤，车损严重，不能开动，特请求局里急速处理。徐秘书做好电话记录后，思考出了四种处理方法：一是等到第二天上班时，向领导汇报后，再按照领导指示去办。二是立即向主管领导汇报，请领导亲自到现场处理。三是自己立即到现场去做紧急处理。四是先用电话方式联系有关部门，然后再向领导汇报。

问题讨论：以上案例中徐秘书的哪种做法妥当？具体应当怎样做？

2. 秘书小张深夜正在值班，忽然接到保卫室的电话，说一自称厂长亲戚的陌生人要进入办公禁区，有紧急事情需要办理，秘书小张该如何处理？

3. 王晓是鹏辉服饰有限公司的秘书，也是值班办公室成员。鹏辉服饰有限公司实行的是专职性值班，三班倒制度。下午15:00王秘书来到值班室值班，上一班的小冯正在处理一份文件，是总经理17:00要用的材料。与小冯交接工作完毕后，小冯下班走了，王秘书继续处理文件。14:30完成，王秘书在值班记录上填写值班的基本信息，14:45把文件送到总经理办公室。此后，又收到四封邮件，接待了两位访客。王秘书都在值班记录表和接待记录表上详细地记录。20:00时，王秘书在公司巡查了一遍，检查了没有人办公的办公室里的门窗是否锁好，填写值班记录。23:00时，下一班值班人员来到，两人交接完工作，王秘书下班。

从以上案例中分析值班工作有哪些内容？

4. 一天凌晨0:40，值班人员小吴发现公司仓库冒烟，立即到仓库查看，发现确有火情，便向值班带班领导张某报告。凌晨0:50，张某打电话到经理家，称仓库发现冒烟，问是否打电话119报警。经理指示要报警，同时，张某打电话给董事长，汇报火情。宝贵的时间就在这东请示西汇报过程中悄悄地溜掉了，24分钟后，值班人员才打119报警，1:05，消防部门接到报警，火速赶来，等到消防人员将大火扑灭，公司仓库此时已被大火足足烧了40分钟，这场大火将仓库所有的物资烧毁殆尽，让公司蒙受了巨大损失。

你从这个案例中得到了什么启示？说说小吴和张某错在哪里？

学习情境二
合作意愿沟通

通过市场信息的收集与处理,企业往往能发现商机,进而需要找合作伙伴。在合作前,企业之间首先要进行合作意愿沟通,包括 A 公司发文给 B 公司表达合作意愿、B 公司收文并处理,A、B 公司双方根据需要使用印信等。此处的发文,是指本公司向外发出文书的过程;收文,是指本公司收取并办理外来文书的过程。收发文是企业与外界交往的桥梁,是企业与外界日常沟通的主要渠道,也是秘书日常的主要工作之一。伴随着收发文工作而来的是印信管理,即印章和介绍信的管理,它们是企业商务交往的凭证。在本学习情境中,编者根据秘书的工作日志安排和商务交往中双方合作意愿沟通的流程设置了秘书的四个工作任务,即信息收集与处理、发文处理、收文处理、印信管理,旨在通过这四个任务的训练,掌握相关技能。

任务五　信息收集与处理

知识目标

- ◆ 了解信息收集的范围、渠道和方法。
- ◆ 掌握信息分类的方法。
- ◆ 了解信息开发的类型和方法。
- ◆ 掌握信息编写的要求。
- ◆ 了解信息传递的方向和形式。

能力目标

- ◆ 能够进行信息收集和整理。
- ◆ 能够进行信息分析、加工和传递。

案例启示

一次领导办公会上，管设备的副厂长提出技术改造方案，以提高企业的竞争力，要求把刚刚收回的一大笔资金，重点投放到购买机械设备上。管财务、管生产的副厂长都表示支持。当厂长正要拍板决断时，卢主任说他想向各位领导汇报一个新情况，供领导们参考。

"我先说几条信息请领导们参考：第一，我国粮食进入市场后，粮价上调的趋势十分明显；第二，国际上几个主要粮食进口量大的国家今年均遭自然灾害，国际性粮食歉收趋势已定；第三，供应我厂工业粮食的原料产量区今年都遭受了严重的水灾；第四，今年又是乡镇企业发展很快的一年，这些乡镇企业不少是利用其资源优势从事投资少、见效快的食品和酿酒业，都将以粮食为原料。根据以上情况，我预计，近期粮价必上涨，而且上涨幅度较大，可能每公斤上涨 0.2～0.5 元；我厂每年工业原料用粮 10 万吨，按每公斤原料用粮上涨 0.3 元计算，每吨将上涨 300 元，10 吨是3000 元，全年就是 3000 万元！因此，我认为当务之急是在粮食涨价前购进原料，这样可以降低成本，提高竞争力，获得可观的经济效益。然后再把获得的盈利投入技术改造；由于经济实力增强了，我们进行技术改造的起点可以更高些，最好能达到国际先进水平。这样，就为我们的产品参与国际市场竞争打下了坚实的基础……"

经过反复比较、分析、论证，厂领导最后一致同意采纳卢主任的建议：先购进粮食原料，再进行技术改造。后来的事实证明，卢主任的预测是完全正确的，他的方案使企业获得了巨大的利润，整整多赚了 1 亿元！

案例分析：在竞争日益激烈的市场环境下,信息作为资源已经成为企业制胜的重要因素,在企业商务活动中发挥着重要的作用。信息是领导决策的基础和依据。卢主任充分认识到了信息的重要性,善于收集和整理信息,为推动上司决策作出了重大的贡献。

📁 任务引入

任务背景：上司上班时交代思妍,针对目前国内外市场的中国民族服装热,公司有意向与韩国广田百货有限公司合作开发韩国的中国服装市场,让思妍收集相关资料,尽快给他答复。

任务：如果你是秘书思妍,请为上司收集相关信息,并将收集的信息进行整理,拟写信息摘要,及时上交上司参考。

⬤ 任务分析

在实施任务前,要明确信息收集的内容,了解信息收集的渠道,掌握信息收集的方法,再选择合适的方法,利用各种信息渠道全面收集相关信息。对收集好的信息,要进行信息的分类和筛选,选取有用的信息,摒弃无用或无效的信息。此外,还要了解信息开发的类型及方法,对筛选整理好的信息要进行信息编写、拟写信息摘要交给上司。

💾 相关知识

一、信息收集的范围

商务活动中,秘书应收集的信息范围包括以下几种。

(1)市场信息。如产品供应商,产品价格,同类产品的规格、性能和特点,产品的消费需求,市场竞争情况方面的信息。

(2)客户信息。如客户的资信、经营方式、经营范围和经营能力、市场营销特点、市场占有率及客户的有关背景方面的信息。

(3)作业信息。与企业的日常管理和商务活动有关的信息,如会计信息、商品进货信息、库存信息、销售信息、质量信息及企业人力资源分配与使用信息等。

(4)金融信息。如金融动态,汇率变化,证券市场行情,贸易对象国的利息率、汇率、投资、信贷等信息。

(5)贸易信息。如市场消费动态、供需趋势;各种贸易机会,如各种订货会、商品交易会、展销会、博览会的信息;新技术、新产品信息;劳务市场信息;竞争企业与生意合伙人的信息等。

(6)政策、法律信息。如现有国家的政策、法律、规定,包括国家的产业政策、税收政策、信贷政策、工商法规、劳动及社会保障法规等。

二、信息收集的渠道

秘书要拓宽信息收集的渠道,充分利用各种有利条件,多渠道、广泛地收集信息,常见的信息收集渠道主要有以下几种。

1. 大众传播媒介渠道

大众传播媒介包括广播、电视、报纸、期刊及其他文献载体,是现代社会获取信息的重要途径。大众传播物辐射面宽、信息含量大、时效性强。如今大量市场情况和动态的信息是通过出版发行系统、广播影视系统和互联网等公开传播的。

2. 调查渠道

调查是有目的、有重点、主动收集信息的重要方法。如有目的、有计划地进行市场调查,陪同领导出差,利用考察和实地调查等时机亲临现场,通过各种途径和方式,直接收集第一手资料,挖掘信息内容等。

3. 关系渠道

关系渠道包括业务往来关系、横向人际关系、纵向人际关系等渠道。

秘书应善于在人际关系交往中捕捉新情况、新动态、新信息。如利用交谈、来信、来访、来电了解第一手资料,在上级主管部门的指导、监督工作中把握新动向,在会议、会谈中收集信息,在有关收文、承办文书、电报中获取有价值的信息。

4. 贸易交流渠道

利用各种贸易交流机会,如展销会、贸易会、洽谈会了解情况,索取信息材料,在相互交流中获得能满足需求而又相对集中的信息内容。

5. 图书馆

图书馆是信息的宝库,能提供借阅书籍、报刊、杂志、文献及访问计算机媒体等服务。

6. 联机信息检索渠道

联机信息检索是将用户终端与检索中心(计算机)用通信线路直接连接,用户通过终端输入提示、指令,使信息中心的多元计算机联合运行,从众多数据库中直接找出信息提供给用户的信息检索过程,如国外的国际联机检索系统、欧洲大型联机检索系统等。联机检索可快速收集信息网中所提供的各种信息。

7. 供应商和客户

供应商可提供的信息有产品目录、广告材料等。客户能提供的信息有调查表形式的市场信息、服务的反馈信息等。

8. 信息机构渠道

信息机构肩负着信息传播中介的使命,成为信息源的集散地,是人们获取、利用信息的主要场所。秘书可委托信息机构定向收集相关信息。

三、信息收集的方法

1. 观察法

观察法是人们直接用感官或借助其他工具认识客观事物,获取信息的方法。观察法简单、灵活,利用观察法能获得较为客观的信息,但获取信息量有限、深层次信息少,对紧急而偶然的工作行为和循环周期很长的工作行为不易观察。运用观察法收集信息要求秘书具备较强的观察力和洞察力。

2. 询问法

询问法是信息收集者通过提问请对方作答以获取信息的方法。有面询、电询、书询等形式。询问法灵活、实用,双方直接交流,能获得语言信息和非语言信息,获得信息价值大,但费用高、时间长。询问法要求秘书具备较高的询问技巧。

3. 阅读法

阅读法是通过阅读书刊、杂志等获取信息的方法。阅读法获取信息方便,获得信息量大、涉及面广、适用性强,但书刊、杂志的信息来源杂乱,有可能失真,要注意鉴别真伪。

4. 问卷法

问卷法是由收集者向被收集对象提供问卷并请其对问卷中的问题作答而收集信息的方法。问卷法收集的信息便于定量处理和分析,节省人力、费用和时间,效率较高,但问卷的质量及回收难以保证。

5. 网络法

网络法是通过互联网所提供的服务获得信息的方法。网络法不受时间、地域的限制,获取信息广泛、迅速、时效性强,但信息来源广杂,真实性和可靠性无法保障,需要鉴别,同时需要秘书具有良好的计算机操作能力。

6. 购置法

购置法包括订购、现购、邮购、代购等,主要购买与收集信息目标有关的数据、报刊、专利文献等。购置法能获得大量系统化、专业化的信息,信息来源广,但费用高,且需要花费较多的时间和人力对信息进行筛选鉴别。

7. 交换法

交换法是将自己拥有的信息资料与其他单位的信息资料进行交换,实现信息共享的方法。与本单位有业务往来的公司及行政单位,对本单位的工作有指导作用的科研院所,均可建立信息交换网络,在信息上沟通有无。

四、信息分类的方法

1. 字母分类法

字母分类法即按照作者姓名、单位名称、信息标题等的字母顺序分类组合。一般按第一字母顺序排列前后次序,若第一字母相同,则按第二字母顺序排列,以此类推。字母分类法的分类规则容易掌握，操作简单，不需要索引卡，能与其他分类法结合使用。但某个字母下排列的信息较多时，查找费时，且大型系统使用时，很难估计每一字母需要的储存空间。

2．地区分类法

地区分类法即按信息形成所涉及的地区或行政区域等特征，将信息分为各个类别，按字母的先后顺序排列。地区分类法便于查找具有地区特征的信息，信息按照国家、省份、城市、区、县的名称和字母顺序排列，使有关地区的所有文件资料集中存放，然后再按其他问题分别立卷。

3．主题分类法

主题分类法即按照信息内容分类的方法。主题分类法能使相关内容信息集中存放，信息能按逻辑顺序排列，方便检索，但分类标准不好掌握，当标题不能很好地反映主题时，归类不易准确。

4．时间分类法

时间分类法即按信息形成日期的先后顺序分类的方法。如果信息的形成时间相同，则按信息形成单位级别大小排列。时间分类法可做大型信息系统的细分，一个案卷内部的信息也可按时间排序。

5．数字分类法

数字分类法即将信息以数字排列，每一通信者或每一专题给定一个数字，用索引卡标出数字所代表的类别。索引卡按所标类目名称的字母顺序排列，放在索引卡的抽屉中，当要查找某信息时，先从索引卡中按字母顺序找出通信者或专题名，得到信息的数码，再在相应的文件柜中找出标有该数码的案卷。为了方便查找，可编制按姓名字母顺序排列的索引，每个姓名对应一个数码。数字分类法适宜计算机储存，适合于大型信息系统。

五、信息开发的类型

按照对信息加工的层次，可分为一次信息开发、二次信息开发和三次信息开发。

1．一次信息开发

一次信息即原始信息，如会议文书、企业单位的技术文献、产品目录、备忘录、内部报告、信件等。一次信息具有直接参考和借鉴的价值。一次信息开发主要是将无序信息转变为有序信息，提高信息利用率，如剪报、外文文献编译等。

2．二次信息开发

二次信息开发是对一次信息进行加工整理后所形成的新信息，提供信息线索，便于人们对信息进行概括了解。它是对新信息进行加工而得到浓缩的信息，容纳的信息量大，可以在较短的时间对较大范围内的信息有概括的了解。其主要的开发形式有目录、索引、文摘、摘要、简介等。

3．三次信息开发

三次信息开发是在一、二次信息的基础上，通过分析概括而形成更深层次的信息。它的作用在于从零星无序、纷繁复杂的信息中梳理出某种与特定需求相关的内容，解释某种规律性的认识,并最终形成书面报告,从而为决策服务。三次信息是高度浓缩的信息,提供评价性、动态性、预测性的信息。其主要形式有简讯、综述、述评、调查报告等。

六、信息开发的方法

1. 汇集法

汇集法即围绕某一主题,把一定范围内的信息按一定的标准汇集在一起。

2. 归纳法

归纳法是将反映某一主题的原始信息材料集中在一起,加以系统地综合、归纳,以完整、明晰地说明某一方面的工作状态。归纳法要求分类合理,条理清楚,综合准确,因而要求加工者有较强的逻辑思维能力和文字表达能力,防止信息在归纳中产生变异。

3. 纵深法

纵深法即"打破砂锅问到底"的方法,从纵的方面,按原始信息资料提供的某一主题层层逼近,或按某一活动的时间顺序,或按某一事件的历史进程生发开去,以搞清问题的来龙去脉。这种方法既需要利用各种最新信息资料,也需要充分利用早以储存的信息资料,进行对比分析,以揭示某一事物发展变化的特征。

4. 连横法

连横法即按照某一主题,把若干不同来源的信息进行横向连接,作出比较分析,形成新的信息材料。

5. 浓缩法

浓缩法即压缩信息材料的篇幅,达到主题突出、文字精练简明的效果。

6. 转换法

转换法即把原始信息资料中出现的不易理解的数据转换成容易理解的数据。使用转换法要注意两点:一是要找出合适的转换对象,转换对象之间要有可比性;二是转换的结果要通俗易懂,不能越转换越深奥,使人不得要领。

7. 图表法

图表法是将有一定规律的数据制成图表,使人一目了然,既便于传达,又便于利用。

七、摘要的拟写特点

摘要又称概要、内容提要。摘要的写作特点有以下几点。

(1)篇幅短小。

(2)简明、确切地记述信息重要内容。

(3)不加评论和补充解释。

八、信息传递的方向和形式

1. 内向传递及其形式

内向传递是为了进行协调与合作,在单位内部进行信息交流。其具体形式有信件、备

忘录、通知或告示、传阅单、企业内部刊物等。

2．外向传递及其形式

外向传递是为了日常工作中有效利用各种媒介,如通过印刷媒介的报纸、书籍、宣传资料和电子媒介的广播、电视、网络等向公众传递信息,宣传企业的经营政策、业务发展、产品销售情况,树立企业形象,增进社会公众对企业产品及服务的了解和认可。其具体形式有信件、新闻稿、新闻发布会、报刊简短声明等。

任务实施

一、收集信息

1．明确收集信息的内容和范围

秘书要以服务单位的具体工作为目标,确定收集信息的范围,按照具体工作活动的需要,有针对性地收集原始数据信息。由于目前国内外市场的中国民族服装热销,公司有意与韩国广田百货有限公司合作开发韩国的中国服装市场,针对这项具体工作,秘书思妍在上司决定合作前应收集的相关信息资料主要有:

(1)韩国服装国际市场信息。

(2)国际金融信息。

(3)中国民族服装目前在韩国的贸易信息。

(4)韩国广田百货有限公司的企业信息。

(5)韩国对服装进口产业的政策、法律法规。

(6)中国对服装出进口的政策、法律法规,等等。

2．选择合适的信息收集渠道

信息收集的渠道非常广泛,主要有大众传播媒介渠道、图书馆渠道、联机信息检索渠道、供应商和客户渠道、贸易交流渠道、信息机构渠道、关系渠道、调查渠道等。秘书思妍要根据工作的目的选择合适的信息收集渠道。针对该任务的背景可以判断,贸易交流渠道、调查渠道中的实地调查、供应商和客户渠道中的客户提供信息三种方式都不可行,思妍可选择如下切入点进行信息收集。

(1)企业网站。随着越来越多的企业建立网站,收集信息工作变得更为便捷,更富有成本效益。借助企业网站,可以轻松地获得有关企业的许多最新数据,特别值得注意的是企业新闻发布稿,一般企业的新闻发布稿内容详尽、丰富,有助于秘书从中获得"可操作信息"。

(2)互联网及联机信息检索。除了从对方的企业网站收集信息外,秘书还可以利用互联网搜索引擎比较完整的信息链(如百度等)收集其他相关信息。由于互联网上有许多搜索引擎,可使你快速找到信息的系统,因此互联网已成为企业信息收集的重要途径。利用联机信息检索,也能从众多数据库中直接找出信息。

(3)报纸、杂志及其他文献载体。报纸、杂志等大多有经济栏目、法律栏目等,可提供大量的商务信息和最新政策法规资讯。秘书思妍可利用报纸、杂志等途径的经济、法律栏

目选择适合该活动目的的信息,也可参考经济、法律等类型的杂志、文献,如《法制日报》、《世界经济文汇》等。

为了快速获得信息,秘书思妍平时可为企业订购相关的经济类、法律类、行业类的杂志、报纸,日常做好与本企业相关信息的收集工作。

(4)关系网和信息机构。秘书思妍也可以通过业务往来关系或人际关系获得信息,如在与海关、商检、工商等部门的业务往来中,不失时机地了解相关法规、条例;利用在韩国居住的亲戚、朋友等人际关系打听当地信息等;还可委托信息机构定向收集相关信息,但要注意控制成本。

3. 选择合适的信息收集方法

针对该任务,秘书思妍可运用网络法、阅读法、询问法、购置法进行信息收集。

二、筛选信息

1. 对收集的信息进行鉴别,判断信息的价值

信息收集的渠道广泛,收集的信息大多杂乱无章,许多信息未经核实,可能包含有虚假信息和信息垃圾,所以秘书思妍对收集的信息可以运用如下方法鉴别信息的可信度和价值量。

(1)看来源。不同来源的信息,重要性不尽相同。一般来说,秘密或内部资料比公开资料的可靠性高;技术档案、科技报告、技术标准、专利文献比一般科技书刊可靠性高;科技书刊比新闻小品的可靠性高;从专业研究机构来的资料比一般社团的资料可靠;官方来源比私人来源的资料可靠性高;最终报告比进展报告的可靠性高;著名大学、著名科研单位、著名出版社的出版物信息可靠性高;国内知名专家、学者、教授、工程师撰写的文章所提供的情况可靠性也较高。

(2)看标题。信息的标题一般可以反映信息的内容和价值,秘书思妍可根据标题判断信息资料是否与需求相符,通过认真分析标题,确定信息价值的大小。

(3)看正文。

① 初选。先浏览全文,初步确定是全部选用,部分选用,还是不用。

② 判断价值。初选后,对拟用信息进行认真阅读,判断价值的大小。

③ 核对。判断信息有价值后,再核对内容是否准确、完整、表述清楚。

2. 对信息进行取舍

秘书思妍应从资料信息的来源、标题、正文中判断信息的价值,对信息进行严格的选择,从中挑选出能满足需求的、对工作有指导意义、与业务活动密切相关、对工作具有借鉴作用、参考价值的信息,舍去与反映信息主题无关、虚假、过时、重复、缺少实际内容的信息。

三、对筛选后的信息进行分类

1. 根据信息的内容,选择分类方法

采用何种分类方法,应根据单位业务工作的需要确定,秘书思妍可按信息的不同内

容、来源、时间、性质和作用,根据一定的规范要求,使信息条理化。

在该任务中,秘书思妍应选择主题分类法和时间分类法结合使用。

(1)先使用主题分类法分类。从秘书思妍收集的相关信息资料内容和范围来看,信息的主题比较明确,可先将相关主题内容的信息集中存放。为了全面、准确地反映主题,便于利用,可根据信息标题和主题词按多级主题分类。信息最重要的主题名称作为首要因素,次要的主题作为第二个因素,依此类推。

(2)再使用时间分类法排列。因为该任务的信息结果注重时效性,为了方便下一步信息编写的需要,按各主题分类排放好的信息,应再按照时间顺序进行排列。

2.对信息进行辨类和归类

秘书思妍应先对信息资料进行主题分析,分辨其所属类别,然后按照分类方法将其归类,使信息条理化。

四、拟写信息摘要

通过各种信息渠道收集的原始信息,丰富而庞杂,如果不进行深入的开发整理,“一揽子”提供给领导,领导者的精力、时间和关注点就会被纷繁的原始信息所淹没,不利于决策和提高工作效率。这就要求秘书对大量的、零散的、随机的、个别的信息进行加工、提炼和概括。

拟写摘要就是以书面形式,对信息进行有序化的处理,是把筛选、加工过的信息按照要求写成信息文稿,挖掘信息的深层次价值的过程。秘书人员通常在工作中拟写的信息材料包括摘要、简报、可行性方案、图表、快讯、调查报告等。

根据该任务背景,秘书思妍需将筛选分类好的信息编写一份摘要呈送给上司。

1.根据信息分类结果,给每类信息拟写对应的信息摘要

秘书思妍应根据信息分类结果,拟写每类对应的信息摘要,即:韩国服装国际市场信息摘要,国际金融信息摘要,中国民族服装目前在韩国的贸易信息摘要,韩国广田百货有限公司的企业信息摘要,韩国对服装进口产业的政策、法律法规信息摘要,中国对服装出进口的政策、法律法规信息摘要。拟写每类信息摘要时,思妍可采用如下操作步骤。

(1)浏览信息,熟悉信息内容。

(2)分析材料,筛选所需的信息内容。即分析信息内容,辨别各种信息的性质,筛选出自己所需的信息,将有用的信息分解为要素,理清主次。

分析材料时要注意:

① 一定要选择能够表现主题的、富有代表性、典型性、前瞻性的材料;

② 要特别注意鉴别信息材料的真伪,如果把错误的信息材料提供给上司做决策参考,则很可能会给企业带来损失;

③ 注重信息的时效性。

筛选信息内容应注意:

① 联系上下文,抓明示信息;

② 捕捉隐含信息;

③ 选取与上司决策联系较密切的信息。

（3）提炼要点，即对已选定的材料的要点进行摘取和概括。提炼要点有以下两个小技巧。

① 如果筛选的信息出现现成的概括要点的某个词语或短句，可以采取"直接摘取"的方法，把文中的重要词语或短语摘取出来；

② 如果筛选的信息涉及的范围大，要点不清晰，则需要分清干扰信息和所需信息，然后把所需信息抓住关键语句进行概括，提炼出要点来。

（4）组织材料、综合概括。即对摘取的要点内容按照一定的规律有条理地进行组织，使之成为完整的整体。为了压缩信息资料的文字篇幅，达到凝练主题、简洁行文的目的，成文时应对组合的材料进行综合概括，文字要推敲润色，尽可能做到记述简明、确切。组合要点内容材料时要注意以下三点。

① 根据要点内容材料的特点、性质、形态、作用及相互关系，将它们有机地组织搭配；

② 要点内容材料要互相支持，防止矛盾、排斥；

③ 要点内容材料要互相联系，防止简单的罗列、拼凑。

2．将信息摘要汇总成一个文档

秘书思妍拟写完每类信息的对应信息摘要后，应将其汇总成一个文档，方便上司阅读，为上司决策提供参考。

五、将编写好的信息摘要呈送给上司

上司在布置任务时交代秘书思妍收集相关资料，并要求尽快答复他。由此看出，此项工作是上司关注的、重要的、时间较紧迫的事情。秘书思妍完成了信息收集、整理和编写工作后，应及时把编写好的信息摘要呈送给上司。呈送信息摘要时，秘书思妍可以将完成的电子版信息摘要以电子邮件的方式传递给上司，也可以将电子版信息摘要打印出来，以上交文件的方式直接呈送给上司阅读。

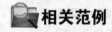 **相关范例**

信息分类范例

1．字母分类法

秘书思妍在为上司整理客户名片，她根据客户单位名称的字母进行排序。分类信息结果如下：

A

安利服饰有限公司总经理　王全

B

博林有限责任公司总经理　杨桃

C

彩虹制衣有限公司总经理　张三

X

雪龙服饰有限公司总经理　彭亮

相思制衣有限公司总经理　李小

它们的首字字母顺序是：A—B—C—X,后两个公司首字字母相同,就按第二个字母排列,所以"龙"在"思"前面。

2．地区分类法

销售部秘书林燕在为上司整理销售市场行情,她根据产品销售的地区进行分类排序。分类信息结果如下：

2013年鹏辉服饰中国销售市场行情信息

广东省服装市场销售行情

福建省服装市场销售行情

江西省服装市场销售行情

海南省服装市场销售行情

四川省服装市场销售行情

……

3．主题分类法

秘书思妍在为上司整理竞争对手康因服饰有限公司的信息资料,她根据主题进行分类排序。分类信息结果如下：

康因服饰有限公司的信息资料

康因服饰有限公司的资信信息

康因服饰有限公司的经营信息

康因服饰有限公司的组织信息

康因服饰有限公司的产品信息

康因服饰有限公司的营销信息

康因服饰有限公司的客户信息

……

📑 思考与练习

一、问答题

1．公司的产品出现了质量问题投诉,总经理通知市场部尽快收集相关信息,分析质量投诉的原因。如果你是该公司市场部的秘书,那么你会如何收集信息？重点收集哪些信息？

2．秘书应如何筛选信息？

二、实训题

1．宝洁公司进入中国市场后,一直把纳爱斯集团作为重要的竞争对手。请你通过正式的渠道为宝洁公司收集纳爱斯集团的信息。

秘书实务(第2版)

2. 请你收集一家公司的员工(可以以班级同学模拟员工)信息,编写一份公司员工手册。

三、案例分析

1. 思妍是鹏辉服饰有限公司的总经理秘书,她会定期对本市其他服装企业的网站进行查询。一天,她在本市另一家服装企业的网站上看到了一则消息,该企业将在下周举行的本市服装博览会上举行促销活动和新产品发布。她立即将这则消息汇报给总经理。公司立即召开研发中心和市场部会议,决定调整自己的博览会展览方案,并决定把原计划下月中举办的新产品发布会提前到服装博览会前一天晚上举行。这一举措,果然率先争取了大客户,占得了市场先机。

思妍为公司决策作了什么贡献?作为一名秘书,平时工作中应如何做好信息收集工作?

2. 总经理一天三次电话询问办公室信息秘书小王,了解南方市场的销售情况。小王一连打了好几次长途电话,总公司南方办事处主任都不在家,得不到答复。总经理要外出办事,临出门还叮嘱小王及时了解南方市场的情况,只要南方销售形势好,便可调整下一季度的生产任务,使企业再上一个台阶。

小王中午也没有休息,终于打通了长途电话,接电话的正好是南方办事处吴主任。

"吴主任吗?我是总公司办公室王秘书。总经理急需了解你们的销售情况。"

"我们的销售形势大好啊!我正忙着与港商洽谈10万套西服的出口合同呢!面料和样式与上次一样。"

"那太好了!能成功吗?"小王问。

"估计问题不大!意向书已经草签,今天下午四点进一步洽谈细节,然后签订合同。"吴主任说。

"那我下午四点半等您的准确消息。"

"四点半我还有个应酬。我让办事处小李给你回个电话。"

小王刚放下电话,总经理的秘书小刘又打来电话问南方的销售情况。

"吴主任说,南方形势大好,正在与港商洽谈10万套西服的出口合同。"小王兴高采烈地说。

"成功的把握大吗?"小刘问。

"吴主任说,今天下午四点正式签约。面料和样式与上次一样。"

"那就是说,只有签约的手续了?"小刘又问。

"是的。"小王肯定地说:"我接到签约回电后马上告诉你。"

小刘接电话后,在总经理写字桌的记事本上写道:"办公室小王接到南方办事处吴主任电话,与港商洽谈出口10万套西服合同,面料和样式与上次一样。今天下午四点正式签约。3月25日小刘记录。"

下午五点二十分,总经理回到办公室,急忙翻阅记事簿,看了小刘的记录后非常高兴。他拨通电话,要求采购员按上次要求购进面料,通知设计部门做好准备,维修部门抓紧维护设备,生产部门准备另外招收一批熟练技工……时间就是金钱,总经理抢在时间前面调

68

兵遣将，一直忙到晚上七点半还没有吃饭。

下午四点半，办公室小王一连接到北方办事处、西北办事处的两个长途电话，一直打到下午五点半。刚放下电话，上海的男朋友又打来长途，商量结婚物资采购和蜜月旅行路线，一直谈了两个多钟头，柔情蜜意中连吃饭的事也给忘了。直到男朋友挂断电话，小王才想起南方办事处的重要电话还未接到。这时已快八点了，她一拨通南方办事处，小李开头一句就吼道："怎么搞的？我拨了几个钟头电话，总是占线，你的电话拨不通，总经理的电话也拨不通？"

"合同签了吗？"小王来不及解释，打断小李的话问道。

"签个屁！生意让深圳一家公司抢去了。人家更有优势，吴主任气得高血压病也犯了，住院去了。"

小王赶快拨总经理的办公室电话。总经理办公室无人接，小刘也下班了。她又把电话打到总经理家里，家里说他没回来。最后，好不容易在大富酒楼里找到了总经理。

"什么？谈判失败？"总经理一听，手里的酒杯也落地了。他知道高档面料已经购进，现在只有压在仓库里……

重大的经济损失不可避免，总经理、吴主任、小王、小刘、小李像害了一场大病。公司的前途，个人的去留，使他们忐忑不安……

问题讨论：这个案例给秘书在传递和处理信息时提供了哪些借鉴？

3. 鹏辉服饰有限公司黄总经理，要求到任不久的张秘书将全国同行业中十大公司最近三年内每年的营业额、利润指标、资金周转率等准确数据，在半小时内送到总经理办公室，作为研究市场动态、制订本公司经营策略的参考依据。二十多分钟后，一份按要求打印的清晰表格摆到了总经理面前，表后还附有简要的对比分析。看完表格后，总经理的脸上露出了笑容，看来他对这位新秘书的工作效率十分满意。

请问：张秘书为什么能得到领导的赏识？

任务六 发文处理

知识目标

◆ 了解领会领导意图的基本途径。
◆ 掌握文书制发的流程和方法。
◆ 掌握印信管理的方法。

能力目标

◆ 能够根据公司和领导意图、按照正确的发文程序发文。
◆ 能够根据公司印信管理要求用印和开具相关介绍信。

案例启示

这是一个真实的案例,屈老初当秘书的时候,陪领导下乡公干。午饭后,领导对屈老说:"给我找张《人民日报》。"屈老立马到总台询问,结果没有,又打电话给当地政府办公室主任,结果也没有,他又跑到邮局和书刊亭去问,也没有。跑了一个小时,问了近十个人,都没在当地找到《人民日报》,屈老只好回去向领导复命,结果看到领导脸上盖着报纸在椅子上睡着了。事后他才知道,原来领导并不是要看《人民日报》,而是习惯了在脸上盖一张报纸睡午觉!

案例分析:这位秘书没有领会领导意图。想要正确领会领导意图,一是要了解领导习惯和做事风格;二是要了解清楚任务及要求;三是不明白的要及时询问,不确定的及时沟通,想当然的要注意确认。

本案例启示我们,做任何事情之前,都应先弄明白办事意图,否则可能办不好事或者是好心办坏了事。发文也一样,领导意图是起草文稿的关键性因素。如果把握不准领导的思想和意图,所起草的文稿就会差之毫厘,谬以千里,达不到领导的要求,起不到应有的作用,不仅白白浪费了时间和精力,还会贻误工作。

任务引入

任务背景:中国辉鹏服饰有限公司获悉韩国广田百货有限公司实力雄厚并喜欢中国民族服饰,为了与该公司达成合作意向并进入韩国市场,公司总经理让秘书思妍尽快与对方取得联系,以达成合作意向。

作为中国辉鹏服饰有限公司的总经理秘书,请根据公司和总经理意图、按照正确的发

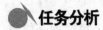

文程序向韩国广田百货有限公司制发相应的文书表达合作意愿。

任务：领会公司和总经理意图，按照正确的发文程序制发该文书。

任务分析

发文并不像我们想象得那么简单，并不是写好稿子打印出来再发给对方就行了，它有自己的规范流程。作为总经理秘书，在撰写文书前要注意领会公司和总经理的意图，弄明白到底要你干什么，然后才能下笔撰写。在撰写文书时，要注意选对文种，明确告诉对方你的目的，需要他怎么做。文书初稿拟好后，应严格按照文书的制发程序发文。

相关知识

一、领会领导意图

秘书作为领导的参谋，无论是起草领导的讲话稿、拟制各类文书，还是完成领导交办的事情，首要的问题就是要完整正确地理解、领会领导的意图。所谓领导意图，是指领导在布置工作、下达任务、发出指令时的本意或精神实质，希望达到的某种目的或标准。如果对领导的意图理解不透，把握不准，体现不好，就很难按照领导的旨意完成任务。因此，正确理解、领会和把握领导的意图，是秘书人员的基本素质，也是发挥好参谋助手作用的重要前提。

1. 领会领导意图的基本途径

在实践中，可通过以下几种方法去理解和把握领导的意图。

（1）从主动询问中掌握。受领某项工作任务前，秘书要主动向领导请示、询问，了解领导对某一阶段、某项工作、某个问题的考虑和想法，尽量少走弯路。这是把握领导意图的主要途径。

（2）从平时言谈中捕捉。领导的思想、主张，大都是通过言谈阐发出来的。平时，无论是跟随领导检查工作、参加会议，还是处理日常事务，对领导的发言以及主要观点和主张，都要准确记录下来。对领导口头交代的事项，也要注意反复领会。尤其是领导在各种非正式场合的谈话，平时比较零碎的看法、意见等，一定要"善闻其言"，细心收集。这些思想虽然可能一时用不上，但它往往是形成领导意图的重要过程和内容，把握它就能为及时、准确捕捉领导意图打下基础。

（3）从日常行为中发掘。行为是思想的客观反映，领导的意图必然会通过一定的行为方式表现出来。因此，对领导不仅要善于"听其言"，还要善于"观其行"，注意从领导的行为表现中发现其思想和主张。从某种意义上讲，善不善于"察言观色"，体现了一个秘书人员素质能力的高低。

（4）从阅文批示中揣摩。无论是领导亲自撰写的文稿，对各种文件、报刊的批示，还是为下级人员草拟材料提出的修改意见，往往都是领导对某一问题的思想和观点的反映。悉心研究领导的这些批文、批示，也能从中把握其思想，洞察其意图。

（5）从综合分析中领悟。即通过将领导在各种场合、时机流露出的零碎的"思想火

花"汇总串连,连贯分析,梳理领导的意图。偶然中往往隐藏着必然,把一个个偶然的思考连贯起来,便会产生串连效应。

2. 注意完善和深化领导的意图

秘书通常有三种:第一种是既能领会领导意图,又能表达领导意图;第二种是能够理解领导意图,但表达不出来,反映不出来;第三种是既不能理解领导意图,也不能反映领导意图。职业秘书要力争做第一种类型的秘书,当好领导的耳目和外脑,通过努力做到"三加两减",即加长领导的手,加大领导的脑,加亮领导的眼;减少领导的工作量,减少领导的工作误差。

在工作中,常常会遇到这样的情形:由于工作忙、头绪多,领导在交代意图时,只说了一些零碎的观点或者初步的设想。作为领导的参谋人员和得力助手,秘书应当充分发挥自己的聪明才智,正确理解和把握领导的意图,要学会完善领导的意图,发展领导的意图,"矫正"领导的意图。也就是说要进一步深化领导意图,并根据时间的发展、主客观条件的变化,使领导意图不断得到丰富和完善,遗漏的予以弥补,偏差的予以校正。

领会领导意图,要求秘书必须会联系有关背景、条件进行思考。日常工作中,党和国家大政方针的出台,上级的指示和要求,本单位本公司实际情况的变化发展,都可以使领导萌发一些观点。反过来说,领导的意图也往往可以从这些背景条件中找到"注释"。所以,秘书要紧密联系领导交代意图的背景条件,弄清来龙去脉、前因后果,善于举一反三,触类旁通,以便深刻地领会好领导意图。特别是在理解重要问题时,要多问几个"为什么",多联系背景条件进行分析、综合、提炼、概括,得出符合领导意图的结论,为深化领导的意图提供保证。领会贯彻领导意图的过程是一个动态过程,领导意图一旦付诸实践,就要做好跟踪调查工作,经常向领导反映执行的进程、成效和经验,尤其对暴露出来的问题和不足,要及时反馈给领导,以便领导及时了解情况,对自己的意图进行修正、充实和完善。实践证明,贯彻中之所以出现雷声大、雨点小,使领导意图走样甚至落空的情况,大多与跟踪调查不够,信息反馈不及时有关。

3. 领会领导意图应注意的问题

准确领会领导意图,应注意防止和纠正以下问题。

(1)受意时不能一知半解。在接受任务时,有的秘书人员实际上并没有真正弄清领导的本意,但怕领导说自己理解能力弱、工作能力差,担心给领导留下不良印象而不敢向领导询问明白,更不敢提"为什么",而违心地回答"明白"、"是"。由于受意模糊不清,往往理解领导意图就会陷入困境,甚至"卡壳"。之所以有时"出力不讨好",甚至让领导生气,出现落实结果与领导意图"南辕北辙"的难堪局面,很重要的原因就是一开始并没有完整准确地领会领导意图。

(2)理解时不能生搬硬套。有的人在理解领导意图时,习惯于照话直录,机械套搬,从表面孤立地理解,也有的人拘泥于只言片语,片面地咬文嚼字。由于理解不全面、不系统,缺乏连贯思维和综合思考,往往只能依葫芦画瓢,挖掘不出深层次的东西,只能生产出"半成品"。要创造性地领会好领导意图,就要努力提高思维层次,拓宽思维渠道,善于集思广益,不断积累学习,否则难以向领导交上满意的答卷。

（3）贯彻时不能唯命是从。有的秘书在理解领导意图时缺乏正确分析和深思熟虑，有顺风倒的现象，把自己放在被动的位置，领导说什么是什么，建议不敢提，问题不敢指，见解不敢说。表面上看是对领导负责，实际上是对领导不负责。作为一名秘书，在执行指示的过程中，发现领导的意见不全面、不正确，在领导没有改变意图时，绝不能消极怠工，但也不能不负责任地照抄照转。要从实际情况出发，在不违背指示原则的基础上，提出自己的看法和建议，研究出符合实际情况的具体方案，完善领导的思想，为领导补台。秘书有建议权，该用时要用足，不能明知不对，少说为佳，更不能怕说错了挨领导批评。多数领导都是喜欢广开言路，博采众长的，只要问题提得准，方法适度，多数领导是会虚心接受的。

（4）处置时不能固执己见。有的秘书在领会领导意图时，为领导服务的思想不够牢固，不管领导好恶，喜欢用自己的"口味"取舍，把自己的意志强加于领导身上。更有甚者，自视自己水平高、能力强，对待领导意图是"你按你的想法说，我按我的想法办"，这就更不对了。当自己的观点与领导意图有分歧时，最好适时地提出有理有据的建议，供领导参考，最后还得由领导定夺，不能先斩后奏、喧宾夺主，更不能我行我素、固执己见。

二、文书的种类

1. 公文的种类

在行政单位中，文书主要是行政公文，种类主要包括：命令、议案、决定、公告、通知、通报、报告、请示、批复、意见、函、会议纪要等。

2. 商务文书的种类

商务文书可划分为两大类：一是商务通用文书；二是商务专用文书。

（1）商务通用文书。商务通用文书有：通知、请示、报告、提案、决定、通报、批复、函、会议纪要等。函在商务领域使用的频率很高，可以分为公函和商函两种，公函和商函在行文格式、行文对象、行文内容上区别都比较大。公函采用一般公文函件格式，多就行政管理方面的问题与相应的党、政、群机构以及企业联系商讨。而商函又叫商洽函，是专用于正在发生商业行为的业务单位，就贸易交往事宜进行专项联系商讨，它采用商函的专用格式，具有法律凭证作用。

（2）商务专用文书。商务专用文书从其作用和写作体例来划分，可分为商务行为规范性文书、商务活动分析性文书、商务活动介说性文书、商务宣传公关性文书四类。

① 商务行为规范性文书。它由对内行为规范性文书和对外行为规范性文书组成。对内行为规范性文书主要有章程、条例、规定，例如公司组织章程、企业集团董事会工作条例、股票发行办法、股份有限公司内部细则、财务人员守则等；对外行为规范性文书主要指意向书、协议书、合同等契约性文书，如中外合资意向书、投资协议书、海外合资经营企业合同等。以上各种文书具有两个共同特点：一是就其内容来说，它们都是对各种商务行为进行约束和规范；二是就文书体式来说，它们都采用条式文书体式予以表述。

② 商务活动分析性文书。它主要包括市场调研报告、市场预测报告、经济活动分析

报告、可行性研究报告、企业咨询诊断报告、事故调查报告、质量检查分析报告等。上述各种文书同样具有两个共同特点：一是就其内容来说都是对商务活动前或后的情况进行研讨分析；二是就其文书体式来说，它们都采用议说性文书体式予以表述。

③ 商务活动介说性文书。它主要包括产品说明书、商品介绍、计划、方案、总结、述职报告以及各种填制性文书等。上述各种文书也具有两个共同特点：一是就其内容来说都是对商务活动的某一物品、某一事件或某一过程进行介绍和说明；二是就其文书体式来说，它们都采用叙说性文书体式予以表述。

④ 商务宣传公关性文书。这一类文书使用频率高，使用范围广，包括各种各样的经济新闻，形形色色的广告词以及五花八门的礼仪性文书。其共同特点就其内容来说，都是为树立企业的良好形象而进行的对外、对内的宣传、联络；就其表述形式来说，它们都采用装饰性语体，即采用描叙性文书体式予以表述。

任务实施

一、领会公司和总经理意图

做任何事情之前，都应弄明白意图，否则会办不好事或者是好心办坏事。但是怎样才能领会好公司和总经理的意图？我们可以从三方面着手：一是了解公司顶层特别是总经理的习惯和做事风格；二是听清楚、看明白公司及总经理的任务及要求；三是不明白的及时询问，不确定的及时沟通，想当然的注意确认。

如果思妍是新秘书，任务又下得紧，则"了解领导习惯和做事风格"在此时基本不能用，因为这一点主要靠平时观察和向老秘书请教，此时领会公司和总经理意图主要应从听清楚总经理的交代、及时询问、及时沟通和确认自己理解的总经理意图着手。

在这个任务中，公司和总经理的意图很明确，就是让思妍拟写一份文书，表明公司有意与韩国广田百货有限公司合作，并可提供中国民族服饰。

二、明确发文流程并按流程发文

发文流程一般为：拟稿、审核、签发、缮印、校对、用印、发文登记和分发。这一程序具有很强的确定性与不可逆性，作为秘书必须严格遵行。

1. 拟稿

拟稿即草拟文书，是发文的第一道程序，也是提高文书质量的关键性基础工作，是秘书在领导决策过程中承担的一项重要的参谋性工作。

业务性文稿，一般由相关业务部门撰拟，或由业务主管部门代拟；综合性文稿，一般由综合部门、秘书部门撰拟；重要文稿或特殊文稿，亦可由领导指定专人撰拟。在此任务中，总经理将撰写任务交给了秘书思妍，那么思妍就应当负责拟稿。

(1) 选择文种。制发文书，是文件形成的重要阶段，是文书运转的一个极为重要的环节。制文水平的高低，直接影响到文书的质量，影响文书的指导效果。要制发文书首先必须写出文书，而写文书必须找准该用哪种文书，因为文种不同，所起到的作用也不同。

选择文种应注意符合发文目的、符合制发单位的权限,要考虑收发文公司之间的关系。本任务秘书思妍应该选用商务通用文书中的函——商洽函。

(2) 拟写商洽函。在商务活动中,商洽函适用于商业单位之间就贸易交往事宜进行专项联系商讨。就国内格式而言,商洽函一般包括标题、抬头、商洽缘由、商洽事项、结尾、发文单位、发文时间等,文书管理正规的大型公司还会标注自己的发文字号。但要注意的是,韩国的文书格式与我国文书有所不同,撰写时格式应该有所调整。但是同样要向对方简要介绍自己和公司,要写明行文的目的和原因、需要询问和商议的具体问题与事项;文尾可以提出希望或要求,如"请复文"、"望予合作"等。

值得注意的是,行政单位和管理规范的公司要求拟稿时书写在按统一标准制作的"发文稿纸"上,如表6-1所示。拟稿完成后,分别填写有关栏目,署上拟稿部门和拟稿人的姓名,即可送秘书部门负责人校核。

表6-1　发文稿纸

辉鹏服饰有限公司发文稿纸				
文件标题:				
发文字号:		缓急:		密级:
会签:		签发:		
主送:				
抄送:				
拟稿部门:		拟稿:		核稿:
印刷:		核对:		份数:
附件:				
主题词:				
(正文)				

2. 审核

审核又称校核、核稿。为了保证文稿质量,各部门起草的文稿,在送总经理审批、签发之前均应经秘书部门负责人或有经验的秘书负责审核。审核是一项重要的工作,是保证文稿质量的一道重要关口。

通常情况下,校核文稿的内容包括以下"十看"。

一看是否需要行文;

二看内容是否符合党和国家的方针、政策和法律法令,政策是否保持连续性,提法是否同已发布的有关文件相衔接;

三看提出的措施和办法是否符合实际,切实可行;

四看内容涉及的部门是否经过协调,意见是否一致;

五看文字表达是否概念准确、简明扼要、条理清楚、语法规范;

六看是否符合规定的审批、签发手续;

七看格式是否符合要求；

八看文种选择是否适当；

九看秘密等级、紧急程度、主题词标注是否贴切；

十看发布范围是否合乎实际。

审核的作用，是为了保证文稿在政策上、文字上、格式上都不出差错，同时为总经理签发做好准备，节省总经理修改的时间。

本函校核的重点有五点：一是看文种选择是否恰当；二是看内容是否符合党和国家的方针、政策和法律法令；三是看提出的措施和办法是否符合实际，切实可行；四是看文字表达是否概念准确、简明扼要、条理清楚、语法规范；五是看文书格式是否符合要求。

3. 签发

校核过的文稿，要经过总经理最后审阅签发，才能产生法律或法定效力，才能印成正式文件发给受文单位。签发文稿，通常有如下五种方式。

（1）个人审签。一般性请示、报告、批复，由主要负责人审签；业务性文书，由分管该项业务的负责人审签。

（2）集体审签。凡重大的方针制订、重要的工作部署，经高层集体讨论后，由主要负责人签发。

（3）大会审签。职工代表大会的决议、会议纪要，经大会全体代表投票或举手表决通过后，由大会主持人签发。

（4）授权审签。主要负责人因公外出，由主持日常工作的副职审签。

（5）会同审签。以几个部门名义起草的文稿，由相关单位负责人会同签发。负责人们签发过的文稿未经原审签人同意，任何人都不能再随便改动。如果发现文稿中有不妥的地方，则应先向审签人提出，经同意后再作修改。

本函涉及两地公司合作，关系到公司的发展前景，行文前肯定经过总经理的深思熟虑和决策层的集体讨论，故需由主要负责人即总经理签发。若公司上层为董事会，总经理上头还有董事长，此函应由董事长签发。

4. 缮印

缮印是指对定稿或签发稿的誊抄和印制。缮印工作必须以签发稿为依据，要严肃认真、细致准确、清晰规范、确保质量。缮印的形式有缮写、打印、铅印、胶印、复印等。

手工缮写是传统的文件制作方式，但只适合对份数少的函件进行誊清。目前缮印文件一般采用打印、铅印或激光排版方式印制。这样可以批量制作，且质量较高。

缮印的文件是最后的成品，将对外发生效力，因此，质量好坏直接影响文书处理的效用。为保证做好缮印工作，必须注意以下几点。

（1）缮印文件必须以签发的定稿为依据，忠于原稿，不能擅自改动，同时要保护好底稿。文字、标点、符号、文面格式、段落、层次均不能改动，若有不当，应经过秘书或相关部门同意才能改。

（2）缮印文件要在指定时间内完成印刷，并要建立登记制度。

（3）缮印文件要尽量避免末页无正文的现象。

(4) 缮印机密文件,应指定专厂并有专人负责,注意安全,防止失密泄密。不能让外人随便翻阅文稿和印刷的文件,对印刷文件的底板、废页、清样要及时监销。

因为本函是商洽函,仅需印制一两份,故可采用打印方式印制。

5. 校对

校对是指以签发文稿为依据,对缮印文件的底版或清样进行校订、核对的工作,校对是保证文件质量的重要环节。

校对的主要任务有以下几点。

(1) 依据定稿进行校对,校订清样上的错字、漏字、多字,同时规范字体、字号等。

(2) 依据定稿,检查版式、标题是否端正,页码是否连贯,行、字距离是否匀称,版面是否美观。

(3) 依据定稿核对引文、人名、地名、数据、计量单位、专业术语是否有误。

(4) 依据定稿检查版式是否与文种格式统一,有无需调整和改版之处。

6. 用印

用印是在印制或誊清的文件上加盖公章。通常情况下,外发的文书不经用印,一律无效。用印应注意以下几点。

(1) 用印要以负责人的签发文字为依据,经核对无误后始得用印,未经负责人签发的文件不得用印。

(2) 用印的份数应以负责人批准印制的份数或常规印制份数为准,不得随意私自增加,防止将印章错盖在漏印的空白纸上。

(3) 盖印章应有严格规范,不能模糊歪倒,印章下应骑年盖月,上不压正文,印迹应端正、清晰、整洁。

(4) 用印情况应有正式记录。用印应填写《用印登记表》,以备日后查考。

7. 发文登记

发文登记就是在发文前,对所制发的文件标题、文号等进行记载,以备查证,如表 6-2 所示。

表 6-2　发文登记单

序号	日期	发文号	密级	文件标题	主送单位	份数	归卷情况	备注

8. 分发

分发文书是一项十分细致的工作,一般只发组织,不发个人。有时因工作特殊需要,也可发给有关负责人,但他们只有使用权而无长期保存权,更不能据为私有。分发文书要注意及时发出和传递文书。一般分为区域内传递和区域外传递。区域内传递主要是通过收发室或文件交换站进行传递,发文的方法可以通知相关单位、部门前来领取,也可以由秘书亲自送上门。区域外传递,主要是通过机要部门、邮电部门或专人投递。不管是哪种

传递,在传递的过程中,都要严格遵守保密规定,以确保文件的安全。

由于韩国广田百货有限公司和中国辉鹏服饰有限公司分别在两个国家,距离远,故秘书思妍应采用区域外传递,即通过邮电部门投递,或给对方发送电子邮件,二者中,以发送电子邮件为好。传递过程中,要确保文件的安全。在发送了邮件或电子函件后,秘书思妍还应打电话提醒对方注意接收,在三天内再次打电话确认对方是否收到了函件。确认函件收到后,发文处理任务完成。

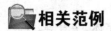 相关范例

范例一   **舒兰市招商引资商洽函**

尊敬的先生(女士):

您好!

吉林省舒兰市是一座风景秀丽的发展中城市,地处长白山脉向松嫩平原过渡地带,南接化工之城吉林,北连黑龙江省省会哈尔滨,幅员 4557 平方千米,人口 67 万。为省辖县级市。农业经济发达,盛产水稻、玉米、大豆、小杂粮,是国家重要商品粮基地和国家绿色食品生产基地;水资源丰富,有松花江、细鳞河等大小江河流经市内;工业基本形成了以医药化工、机械加工、食品加工、建材、采矿能源为主的门类较为齐全的工业生产体系。境内褐煤、煤矸石、草炭、球黏土、花岗岩、硅石等非金属矿产资源丰富,品位高、质量好,适于批量开发;经济动植物品种繁多,利用价值高;且具有良好的投资环境和四通八达的公铁运输网络,邮电通信事业发展迅速,宽带数据业务已安装入户。年供电能力 3.1 亿千瓦时,直接与东北输变电网相接。我市招商引资项目以农副产品精深加工、医药化工、建材业、汽车配件工业、畜牧业养殖加工、矿产资源开发等方面为主,拥有一批起点高、规模大、市场前景看好、科技含量高、投资回报快的项目。

我们通过信息渠道了解到贵公司的业务范围与我市发展产业有很大的共同之处,双方存在较大的合作空间,若您或您的公司正在寻找新的盈利项目、新的利润增长点,我市可为贵公司提供一切便利条件和优惠政策,共同开发项目,实现共同发展,达到双赢的目的。我们恳切期盼贵公司在百忙之中与我们联系洽谈,我们期待着与您相互沟通和真诚合作。

与您的合作将是我们的荣幸,失去我们您将失去一次商机!

联系地址:吉林省舒兰市招商局(吉林省舒兰市人民大路 255 号)

联系人:黄××

联系电话:0432-82×××××

舒兰市将以优惠的政策,优良的环境,优质的服务向海内外一切有识之士敞开欢迎大门。热诚欢迎您来舒兰旅游观光,洽谈贸易,兴办实业,共图发展。

顺颂商祺!

吉林省舒兰市招商局

二〇〇三年四月二十日

范例二　　　　　**关于商洽代培酒店保安人员的函**

×× 酒店[2004]×× 号

×× 培训机构培训部：

　　获悉贵机构将于 ×××× 年 9 月 20 日开办酒店保安人员进修班,系统讲授有关酒店业务技能以及保安人员的必备知识和技巧。由于敝酒店新开业,大部分保安人员没有经过系统的专业学习,业务素质较差,有待提高。现贵机构开办进修班,为我们的保安人员提供了一个非常难得的学习机会,敝酒店拟派 12 名保安人员随班学习,委托贵机构代为培养。有关代培一切费用,敝酒店将如数拨付。可否,盼予函复。

×× 酒店人力资源部

×××× 年 ×× 月 ×× 日

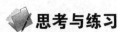 **思考与练习**

一、问答题

1. 发文的流程是什么?

2. 如何进行文书的缮印?

二、实训题

学院拟向雅雅电子有限公司发文联系学生专业实习事宜。请选择文书种类并进行拟稿和发文。

三、案例分析

1. 某公司总经理要求秘书部门在一周内将工作意见拟好并发文。A 秘书接受任务后,为了抢时间、争速度,按领导意图拟好了稿,交给本业务部门的负责人审核后,就送到打字室进行缮印。结果是,打印出来的一百多份"工作意见"全部作废,耽误了文件的准时下达,造成了不应有的浪费。

请评价：该秘书的做法有何不妥?

2. 冠邦公司办公室主任交给小苗一份文件,让她尽快缮印发出。小苗立即拿着文件到打字室缮印。缮印人员问小苗印多少份,小苗说："哟,我忘了问主任了,就印 50 份吧。"文件印好后,小苗拿着印好的文件去盖章,印章管理人员看着小苗手中厚厚的文件说："我只能按照批准的份数盖印,多余的文件不能盖章。"结果,多余的文件就没有用了。

请分析：该秘书的做法有何不妥?应该如何进行缮印?

3. 小苗有一份公司年度总结要校对。她觉得两个人读校能更快一些,于是请办公室新来的小王与她一同校对,小苗读原稿,小王看校样,很快他们就把文稿校对完了。小苗高兴地拿着校对好的文稿给办公室主任再看看,可主任看着看着眉头便皱了起来,小苗连忙问："主任,有什么问题吗?"主任说："怎么有两个人名,音对字不对,这不是闹笑话吗?"小苗探过头去一看,果然是错的。

请说明：为什么小苗她们会校对错误呢?应该如何进行校对?

任务七 收文处理

知识目标

- 了解并掌握签收和拆封的操作步骤和注意事项。
- 了解并掌握登记、分发、传阅的操作步骤和注意事项。
- 了解并掌握拟办、批办、承办和催办的操作步骤和注意事项。
- 掌握文书接收的流程和方法。

能力目标

- 能够根据正确的收文程序收文并进行处理。
- 能够正确收发信件。

案例启示

　　小王是某外资公司秘书。一次,他不小心误拆了法国籍总经理的私人信件,信里写的是总经理极其不愿他人知晓的隐私,这可如何是好呢?

　　小王当时想,既然事情已经发生了,就要勇于面对,不可藏匿不交,更不可私自拆毁。误拆信件只是工作事故,而藏匿或拆毁则是道德甚至是法律问题了。当务之急是先解决问题,然后再分析原因。于是他紧急采取了如下做法。

　　(1) 发现误拆,当即停止阅读,并保证不把已看到的内容告诉任何人。

　　(2) 把信纸按原样折叠好,放回信封。

　　(3) 取一张便士贴,上面写上: Sorry, opened by mistake,并签上自己的姓名。然后将这张便士粘贴在信封上。

　　(4) 在每天规定的呈送邮件的时间里,把这封错误开拆的信放在其他邮件中间,一并送入总经理室。如办公室无人,当面向总经理道歉;若办公室有其他人则在过后道歉。

　　通过这一方式,小王虽然受到了总经理的严厉批评,但最后也得到了总经理的谅解。

　　案例分析:秘书人员在平时收文的过程中难免会出现失误,比如误拆私人信件、错发信件部门等。作为秘书,要注意区分收到的是公务信件还是私人信件,一般情况下,公务信件是打印的,而私人信件是手写的;公务信件的信封是白色的,私人信件的信封是多种颜色的;公务信封往往印有单位的名称和地址,而私人信封往往是公开出售的。为了更好地区分信件的类别,秘书在平时要留意哪些人经常给领导写私信,这些人的来信即便没有标明信件的性质,也不能贸然拆开。当拿不准是公务信件还是私人信件的时候,应请领导来定夺。如果无意拆开了不应该拆的信件,应该立即在信件上注明"误拆"字样,并封上信件。

任务引入

任务背景:中国辉鹏服饰有限公司获悉韩国广田百货有限公司实力雄厚并喜欢中国民族服饰后,吩咐秘书思妍给对方发了一封商洽函,表达了公司希望与韩国广田百货有限公司合作的意愿。

任务:今天,公司收到了韩国广田百货有限公司的回文,请秘书按照收文工作流程和要求对此文进行处理。

任务分析

收文处理的基本任务是及时、准确、有效地收取、传递、保管、处置各种文书,为公务活动提供适用的信息。秘书人员收到来文时,首先应判断来文是否要拆封,并填写"收文登记簿";再判断该文书是办件还是阅件,填写"文件处理单";然后将拟办意见填写在"文件处理单"和"拟办意见"栏内;填写好后呈领导批办,再根据领导批办意见承办,之后是在办理的过程中对承办部门进行催办,如有必要,还要进行注办,即把办理结果填写在"文件处理单"中的"办理结果"一栏中。

相关知识

一、收文处理的流程

1. 签收

企业办公室的文件来源有三点:一是企业管理机关来文,如工商行政管理局;二是客户来文;三是兄弟公司来文。类型主要有:正式文件、电报、电子信件、信函、内部刊物、资料、其他文字材料等。并不是所有的文件都需要履行签收的手续,只有重要的文件并且对方单位有要求的才签收。

签收一般由机要秘书或指定的专门人员负责,签收机密文件和各类信函,是一项具体而细致的工作。秘书收到文件时,应先逐件进行清点,主要是看投递单上的数目与实际收到件数是否相符。确认相符后再逐项进行检查,一查文件是否是发送给本单位的;二查收件单位或个人是否明确;三查封口是否破损;四查送件人在投递单、《签收登记簿》或《送文登记簿》上所登号码、机密封号与信封号是否一致。清点检查无误后在对方的投递单、《签收登记簿》或《送文登记簿》上签字并注明日期;急件应明确收到文件的年、月、日、

时、分。注意,签收即表示认可,签收后如出现差错,应由签收人负责。

2. 拆封

拆封又叫启封。一般由专门指定的秘书负责。未经同意,其他人员不得拆封。许多秘书认为信件的拆封是非常简单的事情,可是如果在拆封时没有注意到信件的安全或者没有注意信件拆封的权限,可能会引起不必要的麻烦。通常情况下,信封上没有"亲启"或"机密"字样时,秘书人员方可拆阅。不能拆封的私人信件和机密信件应该送交本人及有关人士。

拆封时,应将信件竖起轻弹数下,以使信件内的物件落到下面,防止信笺、支票、重要物件等留在信封口的边缘而被剪坏。然后使用开封刀、剪刀、信封开启器等开启信件,小心取出里面的物件并仔细检查信件内的物件是否齐全。如果接收的信件是报刊、小册子等印刷材料,拆封时要注意整洁,一般应把邮件上的所有包装纸除去,再把来件理齐摊平。

3. 登记

收文登记如同会计记账一样,非常重要。其意义在于:第一,便于管理与保护文件,防止积压和丢失。第二,便于查找。第三,便于对文件进行统计和催办。第四,可作为核对和交接文件的凭证。

在行政文书中,凡是上级来文、下级请示件、同级呈送件、"三密"文件材料,都要逐一进行登记,企业也可以参照此做法。登记可以采用簿式、卡片式、联单式、计算机登录式。一般可以按"上级文件"、"下级文件"、"需承办文件"、"一般性文件"4 个类别分类登记。登记的内容包括:收文序号、收文日期、来文单位、文件标题、文号、密级、份数、分发单位及其份数、领导批示、承办情况、催办情况、终结处理、归卷号及备注等。

4. 分发

分发是指文件拆封登记后,按照文件的内容、性质和办理要求,及时准确地将来文分送给有关领导和部门阅读处理。在收到信件后,秘书应先按信件的归属部门进行分拣,将这些分类的信件核查无误后,才能送往领导办公室或者分送各部门。在分送时,应注意区别来件的轻重缓急,以便领导或其他相关人员可以先阅先办最重要的信件,如电报、挂号信或专递信件,应该将这些信件放在其他信件的上面(可以用急件、要件、例行公事、广告等专用的信件夹来将信件归类)。分发时也要履行登记手续,不能因为公司小或者人员熟悉就省去这个步骤,因为保证文件送达是秘书的责任,有时收文人会因为种种原因造成文件的丢失或者是忘记已经收到文件,这样会造成责任不清,给工作带来障碍,也会给秘书的人际关系带来不必要的麻烦。因此秘书送文时一定要将《内部签收登记簿》带上,给相关部门、人员送文时应要求其在《内部签收登记簿》上签上名字。

5. 传阅

秘书收到来文,需要在分发前分析其是办件还是阅件。对于办件,需要进一步处理,例如承办、落实或者回复;对于阅件,要求各部门传阅。传阅多为两种情形:一种情形是有些文件需要有关人员了解情况;另一种情形是领导在文件上做了批示,为了互通信息、交换看法、商定事务、作出决定,也需要其他有关领导或部门阅知、办理。秘书在传阅文件的过程中还应注意以下事项。

（1）严格传阅范围。在阅件范围内的人员，一个不能漏阅；不在传阅范围内的人员，一律不允许传阅。秘书人员应要求阅件人填写《文件传阅登记单》，如表 7-1 所示，以便掌握传阅情况。

表 7-1　文件传阅登记单

收文号	收文		来文单位	文件标题	文号	密级	传阅情况	转出	销毁	存档	备注
	月	日									

（2）禁止应阅人之间横传文件。应阅人之间横传文件不仅容易导致漏阅文件，还容易导致文件丢失，难以分清责任，特别是密件丢失，将会给企业带来重大损失。因此，文件传阅建议以秘书为中心进行辐射式传阅。

（3）调控传阅速度。在坚持一定传阅顺序的基础上，秘书要根据文件缓急程度和应阅人工作安排情况，精心安排、适当调控，加快文件传阅速度。

（4）检查清理文件。传阅文件退回后，秘书要认真清理检查，查看传阅文件有无破损、有无缺页现象；查看应阅人员是否都已阅文；此外，还要对传阅退回文件情况进行全面记录标注，以备日后查核。

6. 拟办

拟办是指秘书或主管的业务部门对来文应如何处理提出初步的意见，供领导批办时参考。这是发挥秘书人员的参谋、助手作用，减少领导花在文件堆里的精力和时间，同时提高工作效率的有效措施。

来文中需要提出拟办意见的有：上级主送本单位需要贯彻落实的来文；本单位各职能部门送来的请示性文件；所属单位送来的并需答复处理的请示性文件；平行或不相隶属的单位主送本单位并需办复的商洽性文件。

7. 批办

批办是指单位（部门）的领导对需要办理的重要文书进行批示，主要批示执行、办理的原则与方法，并签署姓名与日期。

批办要及时、迅速，批示的意见要明确具体。对只需阅知的，要批示传阅或传达的范围以及时限要求；对需要贯彻执行的，要批示贯彻执行的具体方案与意见；对需要办理和答复的，要批示承办单位或人员及承办时限和要求；若需两个以上单位会同处理，还应指明主办单位；对紧急、重大或难以处理的文书，应送请单位领导亲自批办。批办后，秘书应及时将文件退交拟办部门。

8. 承办

承办是指有关部门或人员根据领导的批示意见，对文件内容和要求进行具体办理。承办是文书处理的核心环节，因为文书只有通过承办才能发挥作用，达到行文的目的。承办时，承办人员应认真研究文书内容和批办意见，准确领会领导意图，明确领导对文书办

理的基本想法和要求,然后再按要求办理相关事宜。对文书人员来说,承办主要是对需要办复文件的承办,即草拟回复性文书。

9. 催办

催办即对文书办理进行督促与检查。一般分为对内催办和对外催办,对内催办主要针对收到的文书,对本机关各承办部门的文书处理工作进行督促与检查;对外催办主要针对本单位的发文,向受文单位进行催询与检查。秘书可根据缓急程度和办理时限要求进行督促检查。紧急文书跟踪催办,重要文书重点催办,一般文书定期催办。催办可以通过电话、发函和上门方式进行,也可以约请承办部门来人汇报办理情况。不论哪一种,催办后都要及时填写《催办记录单》。

10. 注办

注办的主要作用是备忘待查,为日后查考提供依据。注办由承办人随手完成,即随着承办活动的进行随时将反映承办情况的一些内容记录在《文件处理单》相应的栏目内。内容通常包括:是否办复、复文号及复文日期;召开会议的名称、与会范围、决议与结果;电话沟通时对方的受话人、通话内容与日期;现场办公的参加者、解决问题的方法措施与结果;主要阅件人、承办人姓名、签注日期等。

11. 督办

督办是指秘书将领导批示、交办的事情,加以检查督促和逐项落实,使问题得到及时、合理的解决。对于无人过问或解决不力的重大问题、重要事项,秘书人员在听到、看到、查到后,都要及时报告和主动建议,按照领导的批示,通知有关部门予以办理,并督促落实。

二、收文处理的原则

收文处理应遵循以下三项原则。

第一,统筹规划,妥善安排。对文书要分清主次缓急,有计划有步骤地进行办理,确保紧急、重要的文书优先迅速办理。为使承办工作井然有序,主次分明,承办人员应将需办理的文书,分别置于"急要件待办"、"一般件待办"、"办结"等几个卷宗之内,每天按时检查,做到心中有数,以免使待办的文书积压。一般文书处理的时限是:特急件,应随收随办,在当时或当天办理完毕;急件,仅次于特急件的办理时限,也应随收随办,最迟不超过3天;限时处理的文书,以规定时间为限,不应迟缓;未明确规定办理时限的一般文书,也应根据文书的性质与重要程度,规定出具体的办理期限,尽快办理,最迟不超过7天。

第二,因地制宜、因时制宜。对来文的处理,要从本地区的实际出发,做到因地制宜、因时制宜。

第三,监督检查,责任到人。对收文实行岗位责任制,加强监督检查,严格评比,奖惩分明,以加强承办人员的责任心,保证办文质量,提高办文效率。

三、电子文件的收发

为了提高工作效率,节约纸张,不少企事业单位已开始利用网络开展通过密钥收发电子公文的服务。为了保证文件收发的安全,防止泄密,电子发送的文件应是不涉密的文件、报表等,例如不涉密的内部明电、会议通知、事务性工作、翻印类文件和政务信息等。需要注意的是,除报表、非正式通知外,电子文件发文亦需履行发文程序"手续",同时印制出纸质文件送办公室存档。

秘书或指定的电子文件收发员要确保每天上午、下午各两次上网下载电子文件,防止出现迟收、漏收、不收等现象。收到文件后,应及时在《来文登记簿》上登记并立刻回复邮件,这是对来信者的礼貌,以让对方知道你已经收到了邮件,然后再及时交相关负责人拟办。在接收电子邮件时还需注意以下五点。

(1) 区别发件人的地址、优先级和安全等级。

(2) 下载附件(attachment)时应注意杀毒,排除木马等病毒。

(3) 不开启来路不明的电子邮件,立即删除不明邮件。

(4) 不开启来路不明的电子邮件附件(含 Word、Excel、网页链接、图档等)。

(5) 不任意开启邮件内容中的不明链接,不转寄串联式电子邮件。

由于电子文件具有结构复杂、易更改、易流失、非直读、与载体可分离以及强烈依赖信息技术等诸多特性,故电子文件的管理工作面临诸多难题。为了保障归档电子文件的真实、完整、长期可读与安全备份,实现可持续发展,最好能通过所在地的档案馆开展电子文件在线接收业务。

任务实施

中国辉鹏服饰有限公司收到了韩国广田百货有限公司的回文,办公室秘书慧枫从拿到信件开始,应该按照以下流程和要求处理此文。

一、签收和拆封信件

韩国广田百货有限公司的回文是辉鹏服饰有限公司一直在等候的,是事关双方合作的重要来文,需要签收。收件的秘书在签收前要仔细核对来文单位、件数和封口,确认无误后,才能在对方的送文簿上签字或盖章。签收后,收件秘书还应判断来文是否需要拆封。若需要拆封,拆封时通常要注意三点。

(1) 鉴别公务信件和私人信件,只有公务信件可以拆封,私人信件应由信件主人拆封。

(2) 拆封时,不要剪坏了内部的文件。

(3) 拆封后要看清封内的文件是否全部取出。文件上注明的附件,必须核对清楚。如果缺少附件,应该在文件外封套上注明。

由于公司之前是安排秘书思妍负责联系对方并给对方发送商洽函的,所以回文亦应由总经理秘书思妍进行拆封,收件秘书慧枫不能拆封。

值得注意的是:广田百货有限公司远在韩国,可能会直接以电子邮件或传真的方式回文,这时,由秘书思妍直接收文,收文后可直接对来文进行登记。

二、对来文进行登记

文件拆封后,秘书思妍要逐件将收到的文件登记在《收文登记簿》中。收文登记簿样

式如表7-2所示,其作用是:

(1)可以明确责任,防止遗失。

(2)可以保证文件管理有条不紊,便于运转中催办、查找。

(3)可以起备忘录的作用,便于统计。

表 7-2　收文登记簿

序号	收文日期	来文单位	来文标题	发文字号	密级	附件	份数	承办部门	签收	备注

三、对来文进行分发

对来文进行分发通常是办公室秘书的工作,而不是总经理秘书的工作。但是与广田百货有限公司的联系一直由总经理秘书思妍负责,所以此次对该回文的分发可以由秘书思妍来负责。秘书思妍在分发文件时要注意以下几点。

(1)明确文件是否需要分发。分送件主要包括办件、阅件和简报。上级单位、主管单位阅件在一般情况下按照分送范围分送;其他文件、简报等可按非固定范围分送有关领导和相应部门。广田百货有限公司的回文属于办件,需要分发。

(2)分发要及时、准确。在分发文件前,秘书要对文件进行分类,将文件分为紧急件、重要件、私人件几大类,可分别归入规格一致但是颜色不同的专用文件夹内,然后分发给各主管上司或部门处理。

(3)履行分发登记手续。在文件分发过程中,要分出办件和阅件,办件要填写《文件处理单》,阅件要填写《文件传阅单》,二单均附于文件前,随文运转。

韩国广田百货有限公司的回文事关公司的业务发展,属于重要件,需要直接送给交办此事的主管上司即公司总经理处理,送交给总经理后秘书思妍应及时填写《文件处理单》。

四、对来文进行传阅和拟办

对于韩国广田百货有限公司的回文,秘书思妍送给交办此事的总经理阅读、批示后,应根据总经理批示的意见进行处理,如分送其他高层阅读、召开专门会议、再次根据公司意图发文联系进一步合作事宜等。若总经理批示分送其他高层阅读,秘书要注意填写《文件传阅登记单》以掌握传阅情况。

由于韩国广田百货有限公司的回文事关双方合作,需要进一步联系或合作,因此,其回文属于办件,需要办理,秘书思妍需要结合单位实际请相关部门(如市场部)负责人提出拟办意见。对于秘书思妍而言,一定要先认真阅读来文,注意文书内容和发文单位的要求,熟悉有关政策、规定和公司业务,必要时可通过电话、信件等与韩国广田百货有限公司联系,以进一步获得具体信息,之后再根据文件的内容要求和公司实际情况提出或协助相关部门提出拟办意见,并填写在《文件处理单》的"拟办意见"栏内。注意拟办意见要符合政策规定和公司的实际情况,要简明扼要、切实可行。

五、填写《文件处理单》

《文件处理单》附在需要办理的文书前,并在文书的左上方订上骑马订,放入文件夹中随文运转。对于办件,应注意及时根据文件信息填写《文件处理单》的有关项目,如共收份数、收文号、办或阅人签名等;当总经理批示了办理意见时,应填入"批办意见"中,并署上批办人的姓名和日期;当办理完毕时,应填写"办理结果"。《文件处理单》如表7-3所示。

表7-3　文件处理单

共收　　份	收文号:	办、阅人签名:
已分发给		收文时间:
拟办意见		
批办意见		
办理结果		

六、根据上司批办意见进行承办

1. 明确上司意图,落实好工作

通常情况下,总经理为韩国广田百货有限公司的回文填写了批办意见后,秘书思妍应取回该文,然后认真领会批办意见的"精神",再按照总经理批办意见及时交承办部门承办。由于之前总经理将此事交给秘书思妍去办,所以承办人应是思妍本人。

2. 具体承办

由于企业双方都有意进一步合作,秘书思妍在承办时主要是做好双方的联络沟通工作,并促成此合作。这种沟通可以通过电话、电子邮件等进行。沟通内容主要是对方的具体意向、希望双方如何合作、希望了解的相关信息、何时可以会面商洽具体事宜等;还需要提出己方的具体意见和要求,如希望前去拜访该公司,同时考察当地市场和商谈具体事宜等。

在具体承办的过程中,要注意工作完成的时限,要尽可能做到迅速、高效,必须做到件件有着落,事事有结果。另外还要注意的是,如果此事是交给其他部门办理,那么任务交到相关部门后,秘书不能认为自己的工作已完结,至此再不理不问,应该在承办的规定时期内监督承办部门的工作是否按时进行,并通过打电话、发邮件、亲自上门等方式来进行催办。催办是工作是否能按时完成的重要环节。

3. 注办

待合作事宜完成后,秘书思妍应进行注办,即把办理结果填写在《文件处理单》中的

"办理结果"一栏中。

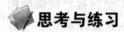
思考与练习

一、问答题

1. 收文处理的程序是什么?
2. 如何处理办件和阅件?

二、实训题

远智公司秘书今天收到关于企业安全检查的通知,请按收文程序对该文件进行收文和处理。

三、案例分析

1. 天地公司管文书收发的小张,一贯严格执行交接手续。一天,经过清点、对号、查看封口,发现无问题后,她签收了一批外来文书。但是,在启封、登记过程中,她发现有一份属某某单位的机密文件被混装在普件中。这是她多年工作中遇到的第一次,她不知该如何处理。退回去吧,又怕节外生枝,说自己看了机密文件,惹出麻烦来;不退吧,也不妥。后来她将此事报告了办公室主任,通过正常方式将文件退给了发文单位。

请分析:秘书小张的做法是否正确?并说明收文的要求是什么?

2. 大华公司总经理指示行政部季主任:查一下去年给锻接车间的"批复"件中规定他们今年减少生产 WWⅡ-6 组件的具体数字是多少。季主任吩咐文档室查找,结果管文档的工作人员查遍了去年所有文件也未找到,仅查到锻接车间"要求减少生产 WWⅡ-6 组件"的请示。工作人员回忆,当时移交文书时,就曾提出过未见"批复"件,但时间一长,也就不了了之。因该文件最后一直未能查到,有关人员,包括办公室主任,都受到了相应的处分。

请分析:上述文件失踪问题出在哪一环节?

任务八 印信管理

知识目标

- ◆ 了解印章的类型。
- ◆ 了解印章使用和保管的方法与一般原则。
- ◆ 了解使用介绍信、证明信的一般原则。
- ◆ 了解介绍信、证明信的基本格式和写法。

能力目标

能够根据公司印信管理要求用印和开具相关介绍信、证明信。

案例启示

深圳MG服饰(中国香港)有限公司总经理岳梅由于必须前往澳洲考察服饰毛料市场,于是将原定在8月15日与广州××单位签订业务合同的工作委托给总经理秘书刘晨。按照与对方的约定,刘晨必须在8月15日当天携带公章前往广州××单位会议室签订合同。总经理岳梅临出发之前将公章交与秘书刘晨,再三强调不能随便交与"第三人"保管。

8月15日,刘秘书与王司机如约到了广州××单位,××单位的秘书林爽热情地迎接了他们,还非常热情地想接过刘晨的公文包和手拎的文件。刘晨礼貌地拒绝了,并且感谢林爽的热情接待。

会议室签订合同的过程愉快而顺利,刘晨代表岳总经理签下了之前与对方谈好的秋冬两季劳保服、西服以及领带、领结的三份生产合同,各一式四份,然后小心地盖上公司的印章。对方单位对刘晨认真、严谨的工作态度非常赞赏。

岳总经理回到公司后,刘晨向总经理概要地汇报了签订合同的过程,将公章完好地交给总经理并将合同交与总经理过目,总经理对刘晨露出满意的微笑,夸其印章管理到位,工作非常出色。

案例分析:此案例中的刘秘书在印章管理工作方面达到了总经理的要求,做到了"章不离身",顺利地完成了合同签订任务,既保证了公司的利益,又给合作单位留下良好的印象。

任务引入

任务背景:按公司安排,总经理秘书思妍负责发文与韩国广田百货有限公司联系合

作事宜。现在,韩国广田百货有限公司已经来文表示愿意与辉鹏服饰有限公司合作。为了能够充分了解合作对象,了解韩国市场,公司决定派出市场部经理王明、公关部经理刘燕和精通韩语的行政部秘书王亮前往韩国广田百货有限公司考察并详谈合作事宜。

任务 1:请按照正确的发文程序,在经过审核并打印好的商洽函上用印,并做好印章管理工作。

任务 2:请为前往韩国考察的市场部经理王明一行开具介绍信或证明信。

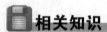

任务分析

印信是指各级各类组织的印章和介绍信等行使职权的凭证和对外联系的标志,代表了一个单位的权力和利益,通常由公司的行政秘书专人管理,一旦出现问题可能会给单位带来重大损失,所以秘书人员有责任将印信管理作为一项十分重要的工作,严格按规定使用和保管。

相关知识

一、印章

1. 印章的作用

(1)标志作用。只有得到法律认可的机构或人员才备有印章,印章以印文的形式标明其法定名称(全称),对外联系工作以印章作为标志。此外,印章还是密封的标志。

(2)权威作用。人们习惯把“印把子”比作权力的象征,这是法律赋予印章的权力。

(3)法律作用。单位具有法人资格,其印章是单位的标志,故按法定程序制发、用印后的公文和凭证就具有法律效力,在刑事诉讼中负有法律责任和法律义务。

(4)凭证作用。各种各样的文件、凭证、证据等,不盖章对外一律无效。

2. 印章的外形与类别

秘书部门掌管和使用的印章主要有单位的公章、部门印章、业务专用章和负责人印章四种。

公章是一个机关、单位或社会组织的正式印章,是其具有合法性的标志,是行使其职权的凭信。我国的公章一律为圆形,外资企业则有圆形和椭圆形或方形之分。圆形为国内公章,椭圆形或方形的为国际公章。圆形公章的规格有明确的规定,国务院公章直径为6cm,省一级政府的公章为5cm,县一级政府的公章为4.5cm,其他企事业单位的公章为4.2cm。椭圆形或方形的国际公章可比照圆形公章规格刻制。印章所刻名称是机关、单位的法定名称,印文用中文宋体或楷体等,自左向右环形或自左向右横行,一般用全称,如法定名称字数太多,为印文清晰起见,也可用简称。国际公章印文应用外文,也可中外文并刻。如印章并刻中外文,一般是外文居右上方,中文居左下方,且须用繁体字。公章一般由上级制发,如需自行刻制,必须报经公安机关批准,并在指定的地方刻制。

部门印章代表着一个部门,由单位统一刻制,通常为圆形。

专用章是为了某种专门业务刻制的印章,如“财务专用章”、“合同专用章”等,它不代表机关、单位,只反映某项专门内容和一定的业务权力。专用章可以是圆形,也可以是椭圆形、方形、菱形或长方形。刻制专用章也须报公安机关批准。

负责人印章也叫手章,是机关、单位主要负责人的图章和签名章,它代表法人,象征职权,因此具有权威性。有些文件、事项或手续,如银行借贷、财务报告和决算、签订合同等,除盖公章和专用章外,还须盖负责人印章才能生效,因此负责人印章也属公务章范畴,要有专门的人保管和使用。负责人印章必须报上级备案方可启用。它的规格、样式可以自定,但不得大于公章。

3.印章的刻制

机关单位印章的规格、尺寸、文字、图案等应严格按国家有关规定,不得擅自更改。印章的刻制是印章工作的一个重要环节。不论刻制哪一级单位的印章都要出示上级单位批准成立该单位的正式公文。刻制印章时,必须先由本单位申请(申请表如表 8-1 所示)、开具公函,并详细写明印章的名称、式样和规格,经上级单位批准后,再到单位所属地区的公安部门办理登记手续,得到批准后方能刻制。注意,印章必须在持有公安部门颁发的特种行业营业执照的刻字单位制作,不得擅自刻制。在刻制过程中,要严格保密。

表 8-1　印章刻制申请表

日期	部门	经办人	申请印章名称	材质	形式
申请理由及适用范围:		印章样式:			
管理人:					
部门领导: 　　　年　月　日		总裁办、中心一级领导: 　　　　　　年　月　日			公司主管领导: 　　　　年　月　日
备注:					

4.印章的启用

选择好印章的启用时间后,印章的使用单位应该提前向有关单位发出正式启用印章的通知,注明正式启用日期,并附印模,同时报上级单位备案。印章的颁发机关和使用单位要把印章启用的相关材料和印模立卷归档,永久保存。在印章启用通知规定的启用日期之前,该印章是无效的,只有在规定日期到来后,印章才有效力。

5.印章的停用

正式印章停用或作废并启用新印章时,要发旧印章作废、新印章启用的通知。作废的旧印章印在"印模栏"内,用红色;启用的新印章印在"方框栏"内,用蓝色,表示刚刚启用。

6.废印章的存档和销毁

销毁废旧印章,必须报请企业负责人批准,销毁时要有主管印章的人员监销。所有销毁的废旧印章都要留下印模并保存起来,以备日后查对。

二、介绍信与证明信

开具或拟写各种信函文件,是企事业单位办公室或行政部的日常工作之一。秘书及各相关人员常开具的信函有介绍信和证明信；常拟写的信函有慰问信、邀请函和聘书等。

1. 介绍信

介绍信是机关团体、企事业单位的人员与其他单位或个人联系工作、了解情况、洽谈业务、参加各种社会活动时使用的一种专用书信。

（1）介绍信的种类

介绍信大致分以下三种：一是打印成文、不留存根的印刷介绍信，如例文1；二是打印成文、带存根的印刷介绍信，如例文2；三是用一般公文书写的介绍信，如例文3。

① 不带存根的印刷介绍信

【例文1】 ××市××局介绍信

_____负责同志：

兹介绍_____同志前往你处联系_____事宜，请接洽并予协助。

（有效期_____天）

××市××局（盖章）
××××年××月××日

② 带存根的印刷介绍信

【例文2】

介绍信（存根）
_____字_____号
_____等_____名同志，前往_____联系_____事宜。
年　月　日

介绍信

_____字_____号

兹有_____等_____名同志，前往_____联系_____事宜，望接洽并予协助。

此致

敬礼！

××××（盖章）
年　月　日

③ 书信式介绍信

【例文3】 介绍信

××公司负责同志：

今介绍我所副研究员何平、高级工程师华锦二位同志前往贵公司洽谈有关合作的具体事宜，请予接待。

此致

敬礼！

××实用技术研究所（盖公章）
××××年××月××日

（2）介绍信的内容

由以上例文可知，介绍信包括以下内容。

① 上款。指对方单位的名称或对方负责人的称呼。上款要单独起一行，顶格书写，称呼后加冒号。

② 介绍事项。包括：持介绍信者的姓名、年龄、身份，如被介绍的不止一人，则须注明人数，然后写接洽、联系什么事情，有什么希望和要求。当事项涉及一定保密范围时，还须注明联系人的政治面貌、职务、级别等。

③ 落款。写开具介绍信的单位名称和开具介绍信的日期，并加盖公章。

④ 附注。一般写介绍信的有效期限。

2．证明信

证明信是证明一个人的身份、经历或一件事情的真实情况的专用书信。证明信通常被称为"证明"或"证明书"。

证明信从内容上可分为以组织名义出具的证明信和以个人名义出具的证明信；按格式可分为固定形式的证明信和非固定形式的证明信；按证明信的用途可分为证件式证明信、材料存档式证明信和证明证件丢失等情况的证明信。

（1）固定式证明书信

【例文4】   证 明 信

×校办字×号

兹证明我校××同志（男），因公到＿＿＿＿＿＿＿＿＿，请解决交通、住宿问题。

特此证明

×××× （盖章）

××××年××月××日

（2）证件式证明信

【例文5】   证 明 信

我厂工程师×××同志，技术员×××同志，前往湖南、广东、安徽等省，检查并修理我厂出产的××牌热水器，希望有关单位给予帮助。

特此证明

××省××市×××厂（公章）

××××年××月××日

（3）材料存档式证明信

【例文6】   证 明 信

××大学党委：

××××年××月××日来信收到。根据信中要求，现将你校××同志的爱人××同志的情况介绍如下：

××同志，现年××岁，中共党员，系我校中文系教师。该同志及其家庭历史以及社会关系均清楚。该同志对教学工作认真负责，近年来多次被评为市模范教师。

特此证明

××省××市××大学党委（公章）

××××年××月××日

（4）个人出具的证明信

【例文7】

××局负责同志：

王××原为我校中文系××级学生，曾担任学生会主席职务，在校期间，该生遵守学校各项规章制度，没有参与任何不利于安定团结的活动。

特此证明

证明人：李××

××××年××月××日

任务实施

一、用印

在本情境中，秘书思妍已经按照发文程序制作好了发给韩国广田百货有限公司的商洽函，由于这是以企业名义发出的函件，所以必须加盖企业印章方有效。管理印章的秘书需要按照以下步骤给打印好的商洽函用印。

1. 申请用印

使用单位公章，申请用印人应填写《用印申请单》，如表8-2所示。该单必须经本单位的主要负责人或经主要负责人授权的专人签名批准，否则不得用印。目前不少企事业单位用印由办公室主任批准或遵循本单位领导所确认的用印惯例。

表8-2　辉鹏服饰有限公司用印申请单

文件标题			
发往单位		份数	
用印日期		用印申请人	
批准人		备注	

2. 检查批准用印的签字

使用印章时必须经过申请并得到批准，作为印章的管理人员，用印时，秘书应首先检查需要盖章的商洽函是否有相关负责人批准用印的签字。未履行手续或手续不全时，不得用印。即使是盖职能部门的印章，也必须由本部门的主要负责人审核签名批准。

3. 审阅、了解用印内容

用印人员不能不看需要盖章的文件的内容就盲目盖章。检查需盖章的文件的内容，主要看其是否属于本单位公章的用印范围。属于不合理用印的，应予以制止。如发现带有弄虚作假成分的或与实际情况有较大出入的文件，以及内容、观点、文字有毛病的文件，应及时向相关负责人反映。如有不明确的情况，也应请示相关负责人核准后方能用印。

任务中需要盖章的商洽函是秘书思妍根据领导意图撰写的，已经领导审核，经申请和确认有主管用印的负责人签名后可以盖章。不过在盖章前，建议思妍还是要再一次认真审阅自己撰写的商洽函，然后再盖章。

4．盖章

需要盖章的函件经过上述审查后,可按要求加盖印章。盖章时要注意以下几点。

(1)盖章时精神要集中,用力要均匀,以使盖出的印章端正、清晰、美观,便于识别。注意,印章文字不能盖歪或颠倒。

(2)凡是在落款处加盖的印章都要端正地盖在成文日期的上方,做到上不压正文,下压成文日期年、月、日中间三个字(视印章大小而定),俗称"骑年盖月"。

(3)用印时还要注意所用的印章应与发文单位或部门的名称、文件的使用范围相一致。

(4)用印时,应当使实际盖印的文件数量和"用印申请单"上的份数完全一致。

(5)防止污损。使用印章要注意轻取轻放,避免破损,同时注意经常刷洗,以保持图案和印文的清晰。

5．用印登记

管理印章的秘书每次用完印后都要进行登记,登记项目包括:用印日期、内容摘要(用印事由)、批准人、用印部门、承办人、监印人、用印数以及留存材料等项。不同的公司用印登记单内容不完全一致,表8-3仅供参考。

表 8-3　辉鹏服饰有限公司用印登记单

用印日期	内容摘要	批准人	用印部门	承办人	监印人	用印数	留存材料

秘书需要注意的是,使用正式印章要在办公室内进行,一般不能将印章携带出企业以外使用,无论在何时,印章都不能脱离印章管理人员的监督。若因特殊情况需要携带印章在企业以外使用,携带者一定要保护好印章的安全并严密监督用印。在一般印刷厂套印有企业印章的文件时,也应由印章管理人员在现场监督。

二、印章的管理

掌管印章是秘书或秘书管理部门的一项重要的日常工作。秘书管理部门掌管和使用的印章主要有单位的公章、部门印章、业务专用章和领导处理公务的签名章(即负责人印章)四种,在管理和使用时应严格遵照国务院颁布的《关于国家行政机关和企业、事业单位印章的规定》有关要求,并注意以下几点。

1．印章的保管人员和放置的地方

印章必须由单位负责人指派专人负责保管和使用,通常情况下由单位秘书人员保管,严禁擅自使用或外借。印章一般放在企业的机要室或办公室,并存柜加锁。经管人员不得将锁存印章的钥匙委托他人代管,也不得将钥匙插入锁孔后离去,以免印鉴被盗,造成严重的损失。

2．保管印章的注意事项

(1)建立印章保管登记册或登记卡,如表8-4所示,载明印章名、印文、印模和保管人姓名。

表 8-4　辉鹏服饰有限公司印章登记卡

登记日期：		登记号码：		名称：	
印模		种类：		形状：	
		用途：			
		制成日期：　　年　月　日		印章材质：	
		废止日期：　　年　月　日		废止理由：	
管理人： 责任人：		备注			

（2）明确印章保管人的责任，保证印章的正常使用和绝对安全，防止印章被滥用或盗用。

（3）按保密要求，印章管理人不得委托他人代取代用。

（4）保管印章要牢固加锁，防止被盗。用完印章后要随手锁好，不能图省事而将印章随意放置在办公桌上或敞开保管柜。对于印章被盗用而产生的后果，保管人员负有法律上的责任。

（5）一旦发现保管的印章有异常情况或丢失，应该保护现场、报告领导、查明情况、及时处理，必要时，应该报告公安机关协助查找或报告公安机关备案，并以登报或信函等形式通知有关单位，声明遗失或作废。

三、开具介绍信或证明信

1. 开具介绍信

介绍信是用来介绍被派遣人的姓名、年龄、身份等情况的专用书信。介绍信的管理者通常就是印章的管理者。要为前往韩国考察的市场部经理王明一行开具介绍信，首先需要他们填写企业介绍信签批单，经所属主管批准后，才可以为其开具介绍信。

（1）审核

开具介绍信，要履行签批手续，以防止个人滥用介绍信，同时使企业领导掌握情况。在开具介绍信前，秘书要严格审核使用介绍信者的合法身份与事由。

（2）撰写介绍信

介绍信的格式和写作可以参考本任务中的"相关知识"。注意在撰写介绍信时，用信人的姓名、身份、人数、事由要一一写清楚，防止他人冒用和伪诈；企业名称要用全称或规范化的简称；介绍信内容要明确具体，不能含糊笼统；要填写介绍信的有效时间和持信人的真实姓名、身份，不能为达到目的而随意提高持信人的地位和身份，弄虚作假；介绍信要有编号和骑缝章，要写明签署、用印的时间；存根内容要和介绍信的正文内容相符；持信者姓名应与身份证一致。

（3）盖章

秘书要对开出的介绍信负责，在检查无误后才可以盖章。带存根的公函介绍信要分别盖骑缝章和文末落款章。同时，若有留存材料，还要检查留存材料是否安全。盖章后，应将介绍信发给需用人。

公司不允许开具盖有公司公章的空白介绍信或证明,如因工作需要或其他特殊情况确需开具的,必须经公司主管领导书面批准,并严格登记、实行追踪管理。领用人员必须填写《空白纸加盖公章明细表》,如表8-5所示,定期向管理部门递交已使用的介绍信的复印件,并准时将未使用的空白介绍信交回。

表8-5 空白纸加盖公章明细表

序号	申请部门	申请人	内容	份数	领取人签字	签字	承诺返还日期	备注

(4)注意事项

① 负责管理介绍信的秘书人员,应严格执行介绍信签批手续,严禁发出空白信,否则出现问题将无处查对。

② 一份介绍信只能用于一个单位。

③ 严禁持信人将介绍信转借给他人使用。

④ 因情况变化,介绍信领用人没有使用介绍信时,应及时退还;未及时退还的,秘书人员要及时收回。收回后,应将其贴在原存根处,并写明情况,以免丢失。

⑤ 若发现介绍信丢失,领用人应立即反映,以便及时采取相应措施。

⑥ 介绍信存根应妥善保管,并按保管要求及时归档,保管期五年。

⑦ 注意整理留存材料。秘书人员应把用印留存的材料进行编号整理,对其中具有查考价值的,要在年终整理立卷时归档保存。

2.开具证明信

开具证明信的步骤同开具介绍信,也需要秘书审核后才能撰写并盖章。秘书思妍若要为前往韩国考察的市场部经理王明一行开具证明信,可以选用本任务"相关知识"中的"材料存档式证明信"写法。该证明信由标题、上款、正文、落款组成。

(1)标题。在第一行中间写"证明信"或写明"关于派遣王明等三人前往韩国考察的证明"。

(2)上款。即称呼,顶格写上需要证明的单位名称,之后加冒号。

(3)正文。此为证明信的主体部分。另起一行空两格写明被证明事项的全部事实,语言要准确、简明扼要。写完所证明的事项后,另起一行空两格写"特此证明"。

(4)落款,即署名和日期。在正文右下方署上证明单位(或个人)的名称(姓名),并加盖公章或私章,否则证明无效。

需要说明的是:在此任务中,秘书思妍如果给王明一行开具了介绍信,则不需要再开具证明信。但不论是撰写介绍信还是证明信,都要认真负责,对被介绍人、证明人或需要介绍、证明的事情实事求是,做到字必有据、用语准确,切不可含糊其辞,模棱两可。撰写时不能用红笔、铅笔或圆珠笔,要用毛笔、钢笔、签字笔或计算机打印;要做到书写工整,字迹清楚,不随意涂改,如有涂改需在涂改处加盖公章或印上证明人的指纹,否则视为无效。盖章后要对所拟的介绍信、证明信进行登记,留有存根或底稿,以备查考。邮寄介绍

信或证明信,应使用挂号方式,以免丢失。

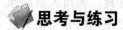**思考与练习**

一、问答题

1. 开具介绍信有何要求?
2. 如何保管和使用印章?

二、实训题

给制发的《关于向某某市广广百货有限公司合作供货的商洽函》盖章。

三、案例分析

1. 某单位要刻制一枚新公章,秘书小王通过熟人私下刻制了一枚新公章。短时期内,新老公章混用。秘书小张的知心朋友小李,自称要盖两个单位公章,小张随手把公章交给了小李,小李把公章拿出了办公室。

请指出小王在刻制和启用新公章方面存在的问题;以及小张在公章使用方面存在的问题。

2. 秘书小张的知心朋友小李,自称要一张介绍信,小张二话不说,撕了一张统一印制的介绍信,盖个章就交给了小李。

请指出小张在介绍信使用方面存在的问题。

3. 请结合案例分析:小刘为什么会对印章如此丢三落四?他该如何保管印章?

小刘是某公司的总经理秘书,平时工作积极认真,深得总经理信任。总经理把公司的公章交给她保管,从来没出过差错。一天,小刘正在做事,一个久违的老朋友打电话过来了。小刘知道总经理不在,就放心地跟朋友聊起来。正聊得开心,某部门经理小解拿着文件来找她盖章,小刘示意他自己盖。小解走到旁边的沙发旁,在茶几上盖了公章;小刘见她盖完了,随口说,你先放在那儿吧,于是小解把公章放在茶几上自己回去了。这时有个工人搬着一箱稿纸进来,小刘让他把箱子放在茶几上……

下午,总经理回来了,让小刘给一份合同盖章。小刘才发现公章不在抽屉里了。她想起来上午小解在茶几上用过,赶忙过来找,却没有看见;忽然又想起有工人进来过,她心里一着急,冲进去对总经理说:总经理,不好了,公章被人偷走了!总经理大吃一惊,连忙问清楚事情的来龙去脉。他让小刘先别着急,自己走到茶几旁一看,公章正躺在沙发下面呢。事后,总经理对小刘进行了严厉的批评。

学习情境三
我方前往考察

　　商务考察是企业经营活动中的一项必不可少的活动，"百闻不如一见"，通过亲身体验和深入考察，可以直接掌握更多相关的有效信息，有利于帮助企业在瞬息万变的商场中知己知彼，有利于对客户作出正确的分析和归类，有利于及时有效地作出正确的商业决策和避免在商业活动中给企业带来损失。

　　秘书在商务考察中应承担商务考察前的安排和商务考察后的资料整理、考察报告撰写、费用报销等后续工作，确保商务考察的顺利进行。考察后的资料整理可参照本书"任务十八　文书整理、立卷与归档"部分内容，考察报告撰写列入公文写作课程，此处不重复介绍。因此，本学习情境根据秘书在商旅考察中承担工作的先后顺序设置了两个任务，即安排商旅考察和费用报销，旨在通过两个任务的训练，掌握秘书商务考察服务技巧。

任务九　安排商旅考察

知识目标

- ◆ 了解韩国风俗习惯。
- ◆ 熟练掌握出国手续的办理方法。
- ◆ 熟练掌握商务旅行计划和旅程表的制订方法和原则。

能力目标

- ◆ 能够办理出国手续。
- ◆ 能够制订商务旅行计划和旅程表。
- ◆ 能够准备好差旅文件和相关物品。

案例启示

　　辉鹏服饰有限公司经理与川岛公司经理就某合作项目安排了约见,预定在某日下午 14:30 开始。辉鹏服饰有限公司秘书小王预订了约见前一晚直飞川岛公司所在地大阪的机票,但辉鹏服饰有限公司经理认为自己工作很忙,前一晚还有其他安排,恐怕不能飞往大阪。于是秘书改订约见当天上午 8:00 的机票(因为当日上午只有这一次航班),但是由于辉鹏服饰有限公司经理晚上工作得太晚,而早班飞机又较早,所以最终没能赶上班机。于是,该公司经理只能立即买飞往相邻城市的机票,再乘大巴赶到地处大阪的川岛公司。由于迟到,川岛公司经理不悦,认为辉鹏服饰有限公司对该项目的合作缺乏诚意。最终,辉鹏服饰有限公司失去了与川岛公司合作的机会。

　　案例分析:本案例警示秘书在为上司做出差准备时,一定要细心周到。由于秘书小王没有做好多方面准备,致使经理在洽谈时迟到,从而使公司失去了商机。如果我们是秘书小王,在约定见面时间前应查看上司的工作安排,预定一个上司较为宽松的时间,但与对方商定时间时一定要咨询上司本人意见。在没有其他办法、时间又比较紧的情况下,如案例中的订了"约见当天上午 8:00 的机票",则必须在第二天早上提醒上司,别让其错过飞机起飞的时间。

任务引入

　　任务背景:韩国广田百货有限公司来文向辉鹏服饰有限公司表达了合作意愿,为了能够充分了解合作对象,了解韩国市场,公司决定派出市场部经理王明、公关部经理刘燕

和精通韩语的行政部秘书王亮前往韩国广田百货有限公司考察并详谈合作事宜。

任务:作为秘书,请为市场部经理一行安排好此次商旅考察并做好相关工作。

任务分析

此次商旅考察的目的地是韩国,为做好差旅安排,秘书首先要了解韩国的风俗习惯和异地时差的计算方法等相关知识。在进行差旅安排时,秘书需提前一个月着手办理出国手续。在办理出国手续的过程中,秘书要注意收集差旅信息、建立旅行资料库,再根据收集的信息制订商务旅行计划,交上司审定后,落实具体事项,进而制订商务旅程表,并在上司出差前全面检查差旅准备情况。

相关知识

一、韩国风俗习惯

韩国是单一的朝鲜民族,通用朝鲜语(亦称韩国语),信奉佛教、基督教、天主教、道教等多种宗教,风俗习惯独特。以下是几种常见的韩国风俗、礼节。

(1)崇尚尊老敬老,对长者必须严守规矩。如与年长者同坐时,坐姿要端正,要保持一定姿势;用餐时,不能比长者先动筷子;抽烟时必须得到长者的允许等。

(2)与人见面时的传统礼节是鞠躬并握手。握手时,或用双手,或用右手,用双手时一般左手搭在右手的腕部或肘部;女人一般不与男人握手,鞠躬致意即可。

(3)一般情况下,韩国人对他人爱用尊称和敬语,常称呼对方职务。相处时,应少谈时政,多谈艺术文化等。商务活动中常用语言为韩语、英语和合作对象国语言,拟订合同喜欢用三种语言,在法律层面,三种文字具有同等效力。

(4)韩国人非常讲究事先的预约,遵守时间,十分重视名片的使用。

(5)韩国人见面时,一般以咖啡、不含酒精的饮料或大麦茶招呼客人,客人不能拒绝。

(6)韩国人生活在有"暖炕"设备的居室,不能穿鞋进屋,因此走进韩国家庭客厅或韩式餐厅应脱鞋,同样,不穿袜子拜访亲朋会被认为不懂礼貌。

(7)韩国传统餐桌是矮腿小桌,宾主都应席地盘腿而坐,饭碗放在左边,汤碗放在右边,并排摆设。用餐时,不宜边吃边交谈,不要随便发出声响,不能端起碗用餐,与职务高、年长的人喝酒应侧身。

(8)韩国人的饮食习惯不爱吃羊肉、肥猪肉、鸭肉,不喜油腻,菜肴烹调过程中一般不放糖和花椒;走在大街上吃东西,被认为是粗鲁的。

(9)韩国人的民族自尊心很强,反对崇洋媚外,倡导使用国货。因此应邀到家里吃饭、赴宴或交往时送礼品,最好选择鲜花、酒类或传统的民族工艺品等,最好不要送日本产品,一般不当场拆开包装。

(10)在韩国搭乘计程车要收取10%的小费,饭店则在账单内附加10%小费。

(11)韩国人珍爱白色,不喜欢用红笔写名字。在结婚典礼等喜庆场合送礼金时,必须放在白色的礼袋里。

（12）韩国人忌讳数字"13"，由于受汉字文化圈的影响，韩国最不吉利的数字为"4"，因为"4"与"死"字的发音相似。此外，韩国人对"私"、"师"、"事"等有所顾忌，因为它们的发音都与"死"相同。

（13）访问韩国，最好不要安排在 10 月，因为这个月假日最多，另圣诞节前后两周也不宜走访。

（14）韩国政府规定，木槿花是国花，松树为国树，喜鹊为国鸟，老虎为国兽。韩国公民对国旗、国歌、国花必须敬重。不但电台定时播出国歌，而且影剧院放映演出前也应放国歌，观众须起立。外国人在上述场所如表现过分怠慢，会被认为是对韩国和韩族的不敬。

（15）照相在韩国受到严格限制，军事设施、机场、水库、地铁、国立博物馆以及娱乐场所都是禁照对象，在空中和高层建筑也不得照相。

（16）在韩国，在街上抽烟是不合公众道德的行为；在室外没有烟灰碟的地方也应禁烟；即使不是禁烟区，在人员较密集的场所也应禁烟；此外，在办公室、地铁、机场也应禁烟。

二、时差计算方法

秘书在为上司做好出国准备的时候还要了解时差的计算。

国际上规定，以英国格林尼治时间（GMT）为标准时间。这样两半球就分为东八区和西八区，东八区时间比 GMT 早，西八区比 GMT 晚。调整时差对于乘坐国际航班的出行者是必不可少的。通俗的计算方法是以经线划分，即格林尼治以东，每 15 度减 1 小时。表 9-1 是部分主要国家的时差表。

表 9-1　部分主要国家时差表

英国（GMT）	法国＋1	中国＋8	韩国＋9	澳大利亚＋10	美国（纽）－5	加拿大（太平洋沿岸）－8
1:00	2:00	9:00	10:00	11:00	前一日 20:00	前一日 18:00
8:00	9:00	16:00	17:00	18:00	3:00	0:00
17:00	18:00	次日 1:00	次日 2:00	次日 3:00	12:00	9:00
21:00	22:00	次日 5:00	次日 6:00	次日 7:00	16:00	13:00

🔧 任务实施

辉鹏服饰有限公司决定派出市场部经理王明、公关部经理刘燕和精通韩语的行政部秘书王亮前往韩国考察，王秘书要为两位经理安排此次商务旅行考察行程。王秘书至少应提前一个月左右进行出差申请并为市场部经理王明、公关部经理刘燕和自己办理出国手续，还要事先了解旅行信息，制订商务旅行计划和旅程表，为此次差旅做好妥善安排。

一、申请出差

在辉鹏服饰有限公司确定好前往韩国考察并与广田百货有限公司洽谈的计划后,秘书王亮在出差前应根据公司的相关规定,填写《出差申请单》(见表 9-2),并交相关负责人审核签名。《出差申请单》中必须填写清楚出差事由、出差地点、出差计划时间和计划费用等情况。出差前,秘书须将《出差申请单》交行政部登记,作为考勤依据。具体申请流程为:

出差人员填写出差申请单 → 部门主管审批签字 → 部门经理审批签字 → 总经理审批签字

表 9-2　辉鹏服饰有限公司出差申请单

申请日期:				编号:	
申请人			部门		
出差事由					
出差地和业务单位				出差时间	
费用预算	交通费				
	住宿费				
	业务招待费				
	总预算额				
部门主管			部门经理		
总经理					

二、办理出国手续

要到韩国去考察,王秘书首先应弄清楚办理去韩国考察的护照和签证的地点和手续,并提前一个月左右去办理相关手续,因为申请之后出国人员还要去领事馆面试。

1. 撰写出国申请

在写出国申请时,要填写出国的事由、出国路线(外国公司所在国名称)、出国日程安排,日程内容包括出国的时间、在国外活动的时间和地点、回国时间等。申请文后面要附上出国人员名单和外国公司所发的邀请函(副单),出国人员名单要写清姓名、年龄、性别、职务、职称等内容。如有韩国广田百货有限公司的邀请函,办理手续时要带上原件。

2. 办理护照

办理护照时需携带主管部门的出国任务批件、出国人员政审批件、所到有关公司的邀请书、正面免冠半身照(护照证件照要求:一式四张半年内正面免冠彩色半身证件照(光面相纸);护照相底色必须是白色或淡蓝色;照片上人像清晰,层次丰富,黑白照片、翻拍照片或用打印机打印的照片不受理;规格尺寸要求:48mm×33mm,头部宽度为 21～24mm,长度为 28～33mm,不得超出规定尺寸;不能戴帽饰或者有色眼镜(盲人除外)拍照,如果是公职人员不能穿制服拍照)等。因公出国人员的护照应到外交部或其授权的机关办理;因私出国人员的护照,由公安部授权的机关办理。

拿到护照后,秘书应认真检查姓名、出生年月、地点是否填写正确,并在签字格上签名。办理护照的时间至少要提前1个月,因为有时可能会因某些材料不合格而花费更多的时间,此外还要给办理签证预留充裕的时间。

3. 办理签证

我国政府规定,因公出国的中国公民出入国境凭有效护照,可不办理签证;而持因私普通护照出入国境的中国公民必须办理有关的签证。

因公出国的人员前往国家的签证可到前往国驻我国大使馆或领事馆,直接联系申办签证,或是委托权威的可靠的签证代办机构(如中国旅行社总社签证代办处)代办,也可以委托前往国家的对方公司到前往有关国家的使(领事)馆办理。

4. 办理黄皮书

黄皮书即预防接种证书,因其封面通常为黄色而得名。是世界卫生组织为了保障出入国境人员的身体健康,防止某些疾病传染流行所要求的证明。

出国人员在办理了有效护照和签证后,应持单位介绍信到所在地的卫生检疫部门进行卫生检疫和预防接种,并领取黄皮书。拿到黄皮书后,应该认真进行查验,查验内容包括填写的内容是否符合本人情况,如姓名、出生日期和性别是否正确,医生的签字、检疫机关的盖章是否清晰,应该接种的项目是否填写等。

5. 办理出境登记卡

在办妥上述各项手续后,王秘书应携带出国人员的护照、户口簿、居民身份证办理临时出国登记手续。

6. 办理保险

办理保险可以通过代理人直接由保险公司安排,该保险适用于意外事故,如医疗及行李丢失等。

三、收集旅行信息

在为上司办理出国手续的同时,王秘书还应进行旅行信息的收集,以便拟订商务旅行计划。

1. 判断商务旅行的类型

商务旅行的类型主要有:洽谈业务、参观访问、出席会议、实地考察等。此行主要是实地考察和初步洽谈业务。

2. 收集旅行信息

(1)收集各种交通时间表

交通时间表包括航班表、火车时刻表、轮船时刻表、列车时刻表等。这些时刻表可以从售票点获取,也可以从互联网上查询。网上查询可以随时获得最新的时刻表,王秘书可以将这些网页收进自己的收藏夹中,需要查询时,打开收藏夹点击相应网页很快就可以查询到。王秘书也可建立纸质载体的旅行信息库,将收集到的相关资料保存在事先准备的旅行信息资料案卷中,以便随时查阅,但要注意随时更新。

(2) 收集关于旅馆的信息

到外地进行商务旅行需要住宿,王秘书要为两位经理和自己预订宾馆,故要收集各地宾馆的相关信息,如某座城市各种档次的宾馆、住宿价位及条件、联系电话以及预订业务等。出差时,就可以很快地为上司预订好相应档次的宾馆。

(3) 收集城市地图

出差目的地的城市地图是王秘书必须获取的旅行资料。通过城市地图可以清楚了解到该城市的交通路线、宾馆分布、会议中心、商业区、风景点等跟出差有关的旅行信息。

(4) 收集出差地的风土人情、民族特点、文化背景等

出差到目的地,如果能对当地的风土人情、民族文化特点等有所了解的话,对市场考察、商务洽谈和业务联系会有很大的帮助,尤其是出国考察,这是必须掌握的一项信息内容。

(5) 收集洽谈业务的相关资料

业务资料是商务人员展现自我的有效装备,故商务出差一定要带上商务考察所需的全部工作资料。如果是去推销商品,需要将样品、产品说明书、同类商品厂牌目录、商品价目表、统计资料和图表、买主名单一览表、企业介绍及公众舆论对本企业及企业产品的评价材料、合同等资料准备好。如果是开会,则需要随身带好所有会议文件及演讲材料等。此行是考察市场、初步洽谈和寻求合作,所以是建立关系、相互了解的阶段,我方需收集的业务资料主要有:

① 对方公司资料,包括对方的产品、公司运营、公司实业、公司声誉等。

② 本公司的材料,包括本公司的情况、背景、专长和绩效等。

③ 拟合作项目意向资料,包括市场调查准备资料、项目基本介绍、合作初步意向资料等。

3. 建立旅行资料库

收集好信息后,王秘书应把收集的信息资料分类整理,建立旅行资料库,资料库可以采用电子版和纸质两种形式,并做好备份。建立旅行资料库可以为日后做出差准备提供信息和参考,省去查询的时间,但是平时要注意及时对资料库进行更新。

此次差旅王秘书随行前往,资料库资料应分详略准备两份,一份完全版由王秘书自己掌握;另一份业务版视情况需要交两位经理查阅。若秘书不随行,需提前将资料库中的日程安排、业务资料等部分重要资料交出差上司,并把整个资料库提前交给相关随行人员。

四、制订商务旅行计划

1. 了解公司差旅规定

每个公司对差旅费用、交通、食宿等都有一定的等级标准规定,因此,在制订商务旅行计划前,应熟悉公司有关差旅规定。

2. 与对方公司接待人员联系,了解对方的接待计划

一般情况下,到哪里活动,活动就由哪方公司安排。因此,王秘书应该了解清楚韩国广田百货有限公司对我方的接待计划,这样才能有针对性地制订我方的商旅计划。当然,我方

在联系过程中可提出意见,双方的沟通很重要,只有加强沟通才能更有效地完成商旅任务。

3. 制订商务旅行计划

商务旅行计划包括以下六项内容。

(1) 日期。是指某年、某月、某日、星期几。

(2) 时间。一是指旅行出发、返回的时间,包括因商务活动需要到两个或两个以上的国家或地区的抵离时间和中转时间;二是指旅行过程中各项活动或工作的时间;三是指旅行期间就餐、休息的时间。

(3) 地点。一是指旅行抵达的目的地(包括中转的地点),目的地的名称既可以详写哪个国家、哪个地区、哪个公司,也可以略写到达的公司名称;二是指旅行过程中开展的各项活动或工作的地点;三是指食宿地点。

(4) 交通工具。是指出发、返回的交通工具和商务活动期间使用的交通工具。

(5) 具体事项。是指商务活动内容,如访问、洽谈、会议、宴请、娱乐活动等;也包括私人事务活动。

(6) 备注。记载提醒经理注意的事项,如抵达目的地需要中转、中转站的名称,休息时间、飞机起飞的时间或转机的时间;或某国家为旅客提供的特殊服务;或展开活动时要注意携带哪些有关文件契约,应该遵守对方的哪些民族习惯等。

商旅计划的内容及编制可参考表9-3。

表9-3 赴韩国考察差旅计划

日 期	时 间	交通工具	地 点	事 项	备 注
11月24日 (星期一)	7:00~7:30	公司派车	广州	从公司出发到机场	李标司机送
	8:20~16:50	国航 CA1310	飞机上	从广州机场飞往韩国	
	18:20~19:00 (首尔时间)	广田百货车辆	仁川	从机场到×××酒店	韩方接
	19:30~21:00		酒店	与广田百货有限公司人员会谈并共进晚餐	
11月25日 (星期二)	9:00~9:30	广田百货车辆	仁川	从酒店到广田百货有限公司总部	韩方接
	9:30~11:30		广田百货	到广田百货有限公司洽谈、参观	
	12:00	广田百货车辆		共进午餐	
	—	—	仁川	考察仁川的中国服装市场	做记录、填写考察表
11月26、27日 (星期三、四)	—	—	其他城市	考察其他主要城市的中国服装市场	—
	—	—	—	—	—
11月28日 (星期五)	15:10~21:10 (北京时间)	国航 CA132	飞机上	回中国广州	
	21:30~22:00	公司派车	广州	从机场回家	刘民司机接

4. 提交上司审查

差旅计划制订好后,要向上司和出差的两位经理报告,上司审查无异议后复制三份,一份给出差人员,一份存档,一份秘书保留。

5. 与对方公司联系落实并确认

经上司审定后,须提前1～2周与对方公司进行接洽,将行程计划告知考察公司并由对方最终确认。

6. 完成计划书

在得到上司和对方公司的确认后,商旅计划书完成,王秘书可按照计划预订车、船、机票和房间,做好文件和差旅相关物品的准备。

五、预订车、船、机票

出差选择怎样的交通工具主要取决于三个方面的因素:一是上司个人习惯和爱好;二是公司的财务制度;三是时间是否紧迫。作为商务人士,只要目的地有机场,一般来说飞机是比较好的交通工具,但乘坐飞机价格比较高,故要考虑公司的财务制度是否允许乘坐飞机和上司本人是否愿意乘坐飞机。乘坐火车的价格相应要低,但是路上花费的时间要长得多,而且对于一个携带了重要资料或物品的商务人士来说,火车的安全程度要比飞机差一些。这些因素王秘书都应认真考虑,并在征求上司本人的意见之后作出选择。

辉鹏服饰有限公司此行到韩国,考虑公司制度和交通工具的便利性,飞机是最好的交通工具。若出发地没有机场,需乘车到达临近城市登机,再乘机到韩国,王秘书需做好车票和机票的预订工作。

1. 预订票务

(1) 订购车票可以采用电话或传真的方式在订票中心订购,也可以直接到售票窗口购买。但最好用书信或传真形式购票,这样既可以做到有凭有据,又可以避免遗忘。预订车票时要告知订票中心出发地点、到达地点、日期、车次等内容。根据差旅计划,王明经理一行将由公司派车送往机场,故王秘书不需要订购车票。

(2) 订购机票可以在国内各航空公司及其官方网站、售票代理点办理,也可在外国航空公司驻我国的办事处购买。预订机票时要告知订票中心乘机时间、航班次、座位档次、乘机人姓名、乘机人的身份证号码。注意:购买国际机票需要出示护照。

2. 取票

不管是送票上门还是自行取票,王秘书拿到机票后,都要对票面进行查验。查验的内容主要是姓名、款项、车次、座位、到达地点等,如姓名的拼音是否与本人护照或其他有效证件中的拼音相符,全部航程的每班航班是否都有乘机联,每一联的黑粗线框内是否与原旅行计划相一致,每个航班起飞和降落的时间、机场名称是否正确,是否在定座栏内填好"OK",是否有涂改或填写不清楚的地方,是否盖有公章等。

到达地点如果有对方公司安排接站,拿到机票后即可以以书面形式通知对方我方的航班、到达机场名称和时间、前往的人数等。

六、预订房间

1. 选择住宿酒店

商务出差住什么档次的宾馆或酒店,秘书要从三个方面来考虑:一是上司的爱好;二是公司相应的财务制度;三是业务的重要程度。通常情况下,入住的酒店应选择在交通便利,离交往公司较近的地方。考虑到我方对韩国仁川并不熟悉,建议请对方推荐入住的宾馆、酒店。

2. 预订房间

(1) 征求两位经理的意见,两位经理同意入住该酒店后,可以进行预订。

(2) 可以通过网络、800 免费电话或旅行社来预订酒店,也可以请韩国广田百货有限公司帮忙预订,若乘坐航班的航空公司也提供旅馆预订服务,也可以通过航空公司预订。

(3) 提供住宿者的信息,如姓名、抵达时间和大概离开时间、需预订房间的类型及有何特殊要求。特殊要求如需要标间还是套房,多少楼层等。房间一般应尽量预订高楼层,这样会更加安全和安静,当然也可提出要求代客泊车和电话号码保密服务等。

(4) 保证预订:如果预订需要有保证或确定,王秘书要事先声明,以便酒店保留房间。如果要取消预订,必须在酒店结账的时间前通知酒店方,否则当晚就得收费。所以王秘书要提前询问酒店的结账时间,并及时告知两位经理。

(5) 确定预订:预订房间后,一定要拿到酒店确认预订的传真或其他书面形式的证明,以便到达后确保有房间可住。注意:确认预订的书面证明一定要记得放在经理出差携带的文件袋里面。

(6) 预付房费:很多国外宾馆是先付费的,在无补充消费的情况下退房无须办理任何手续,只需在规定时间离店即可。在商旅活动中,酒店支持预先付费的最好先在国内以银行转账的方式预付,既方便入住,又可避免携带过多现金、支票等。

七、预支差旅费

1. 预算差旅费

差旅费一定要准备充足。王秘书在出差前要明确商务差旅中哪些费用是由接待方出,哪些需要自己方支付,这样才好计划要带多少钱和采用什么形式带。若公司采取预支差旅费制度,王秘书可预支差旅费,但需事先申请费用并得到批准。

2. 申请费用

通常在第一步骤申请出差得到批准后,秘书应将有授权人签名的《出差申请表》提交至财务部门,经财务部门同意申报后,才可填写借款单(见表 9-4)领取现金或支票。借款单需写明借支理由和借支用途、借支金额等。借款单一式三联,第一联作为付款凭证,由财务部门留存;第二联交给借款人存执,报销时作为财务部门的回收凭证;第三联报销后退还借款人。借款流程如下:

出差人填制借款单 → 直属部门主管审核签字 → 直属部门经理审核签字 → 总经理审批签字 →

财务经理审批签字 → 出纳人员审核借款

表 9-4　借款单

日期：　年　月　日

部门名称		借款人								
借款用途										
借款金额(大写)			拾	万	仟	佰	拾	元	角	分
部门负责人		主管								
总经理										
财务部										

申请费用时需注意以下几点。

(1) 在商旅活动发生前,申请人需提交《费用申请报告》或填写《费用申请表》,表格中应详细说明需要使用经费的人员、时间、用途、金额等情况,并由申请人本人签字确认。

(2)《费用申请报告》和《费用申请表》二者各有优劣,报告形式可以充分说明该次活动的具体情况,但是不够清晰、规范;表格形式比较规范,但是涵盖面可能不足。各公司可根据自身情况选用报告形式或表格形式。

(3)《费用申请报告》或《费用申请表》必须送交公司指定的授权人审核,并签字批准。

(4) 此项工作可以在出差申请得到批准后进行,也可以放在出国手续办理好后的出差前几天办理。

3. 选择差旅费的携带方式

差旅费可以采用现金、旅行支票、信用卡等方式携带。到经济发达的大城市出差,可以少带现金,因为用信用卡、支票更安全、更方便。

在国外消费,很多人都喜欢随身携带大量现金。这种做法最大的隐患就是安全性差,一旦丢失或被窃则难以找回。因此,国外商务旅行可以考虑使用旅行支票,它不仅可在全球各大银行和兑换点兑换成现金,还能直接在商场、酒店等场所付账,而且它没有使用期限,一次没用完下次可继续使用。

八、了解外汇信息,办理兑换

为使旅途消费顺畅,王秘书需要提前兑换好外汇。在中国国内可以到中国银行、中国建设银行、中国工商银行、农业银行四大国有银行的支行一级营业点兑换。兑换外币要根据国家规定的数额兑换,如果能换一点零钱更好,因为到达目的地后有零钱会比较方便,比如在街上打电话、去洗手间、乘坐公共汽车或地铁等都会用得上。

注意,旅行支票必须在银行购买,它既可以在购汇后直接办理,也可以持有效身份证及相关证明,用外币现钞或现汇购买。

旅行支票有多个币种，其中美元版的最大面值为 1000 美元，最小为 20 美元，一张 20 美元面值的旅行支票相当于 20 美元的现金。假如旅行支票不慎丢失或被盗，可以办理挂失、理赔和紧急补偿，从而确保资金不受损失；一旦发生事故，还可以向该旅行支票的发行机构申请紧急医疗援助。

九、准备出差用品

王秘书出差前除了要为自己准备出差用品外，还要为两位经理准备旅行用品。准备两位经理的旅行用品时，王秘书可将出差用品按类列成清单，经经理审核后再为其准备，这样既可以充分尊重经理的意愿，又可以避免落下东西。一般情况下，上司商务旅行需携带的物品有以下几项内容。

1．商务活动所需的资料、文件

如演讲稿、谈判提纲、合同草本、意向书草稿、备忘录、报价资料、工程图表、公司宣传资料、对方公司的背景资料、领导层人事资料等。

2．办公用品

如笔记本电脑、空白的和装有资料的 U 盘、光盘、移动硬盘、笔和笔记本、印有公司标识的信笺和信封、邮票、快译通等。

3．旅行资料

如所去地方的地图或交通图、介绍信、通知、旅程表，与此次商务旅行相关的人的通信录、旅馆预订的确认凭证等。

4．个人用品

个人用品包括机票（车票、船票）、身份证、工作证、手机、手机备用电池及充电器、照相机或摄像机、信用卡、旅行支票、现金、换洗衣物、洗漱用品、常用药品等。关于衣物等，王秘书要做的不是具体整理，而是根据经理的商务旅行日程建议他应该带何类服装。比如，经理要去参加广田百货有限公司的欢迎宴，那么他可以穿职业便装，不过他还是需要带一套深色西服，以便第二天与广田百货有限公司洽谈的时候穿；或许还需要带运动装、泳装等。

5．准备礼物

商务活动不必送贵重礼品，准备一些有公司标识的小礼物和有中国特色的工艺品比较好，当然在准备礼物时也要注意当地的民族风俗和禁忌。

十、制作旅程表

当把具体准备工作落实下来以后，王秘书就可以着手制订商务旅程表了。

1．与对方确定详细的日程安排

旅程表不是出访者一方就能制订的，一般是双方先商议出访的时间、会谈的主要内容、考察的重点对象等事宜，然后由接待方拟订旅程表，发给出访方，看是否需要增减，经过出访方的认可，旅程表才能正式定下来。出访方秘书可据此制订自己的旅程表，并添加

秘书实务(第2版)

一些更具体的内容,例如整理上司出差所需的全部资料,并把它们放入上司的公文包中,可以在旅程表中提示资料放置在何处。如果上司对什么场合穿什么衣服深感头痛,不妨在旅程表上加上一项——每日着装,放在每日活动安排之后,明确写上类似于"今日上午着装:西服"这样的提示。这样的旅程安排要提前复印一份让上司带回家,以便让他的家人知道,便于整理行装时参考。

2. 把落实下来的具体项目补充到商务旅行计划中,形成旅程表

旅程表是按预订的计划和上司的要求与意见制订的,其内容比旅行计划更详尽、具体,如航班班次、出发和抵达的时间、当地接站人的姓名、确定的酒店名称、会晤者姓名、所在地名、准备好的文件资料摆放位置、使用的时间,等等。如表 9-5 所示。

表 9-5　赴韩国考察商务旅程表

日　期	时　间	交通工具	地点	事　项	备　注
		广州—仁川			
		2014 年 11 月 24 日至 28 日			
11 月 24 日 (星期一)	7:00～7:30	公司派车	广州	从公司出发到机场	李标司机送,电话(133＊＊＊＊＊＊＊＊)
	8:20～16:50	国航 CA1310	飞机上	从广州白云机场飞往韩国首尔仁川机场	11:30 到达北京首都国际机场中转,停留 2 小时,换乘 CA125 到首尔仁川机场。到达时间为首尔时间 17:50
	18:20～19:00 (首尔时间)	广田百货车辆	仁川	从仁川机场到×××酒店	朴素善秘书接,电话:＊＊＊＊＊＊＊＊＊
	19:00～19:20		仁川大酒店	休息	酒店电话:＊＊＊＊＊＊＊＊
	19:30～21:00		仁川大酒店	与广田百货有限公司理事等会谈并共进晚餐	着职业便装,相关礼节查看资料袋中的"资料 1"
11 月 25 日 (星期二)	7:30～8:30		仁川大酒店	早餐	7 点起床,7:30 准时用餐
	9:00～9:30	广田百货车辆	仁川	从酒店到广田百货有限公司总部	着深色西服,打领带。携文件袋(内有相关文件)
	9:30～11:30		广田百货	到广田百货有限公司洽谈、参观	需用 01 号～03 号文件
	12:00	广田百货车辆	祥丰食府	工作午餐	
	—		仁川	考察仁川的中国服装市场	做记录、填写考察表,需用 04 号文件
11 月 26,27 日 (星期三、四)	—	—	其他城市	考察首尔、釜山、安东等主要城市的中国服装市场	—

112

日　期	时　间	交通工具	地　点	事　项	备　注
—	—	—	—	—	—
11月28日（星期五）	15：10～21：10（北京时间，首尔时间14：10起航）	国航CA132	飞机上	仁川机场到广州白云机场	16：15到达北京首都国际机场中转，停留2小时，换乘CA1309到广州白云机场。停留期间在首都机场用晚餐
	21：30～22：00	公司派车	广州	从机场回家	刘民司机接，电话（135＊＊＊＊＊＊＊＊）

3．将旅程表打印出来供经理使用

旅程表一式三份（或几份），一份存档，一份给经理及其家属，秘书留底一份。

十一、出发前检查

1．检查准备的资料

（1）检查目的国的背景资料是否齐全。对目的国的文化、风俗、礼仪、基本国情有所了解，可以使我们在国际交往中既不失尊严，又彬彬有礼，不卑不亢。因此王秘书应该建议两位经理学习一些基本的国际礼仪和出访常识，这将对与外国同行的交流起到积极的作用。

（2）检查笔记本电脑和有关文件资料是否齐全。对于存在笔记本电脑里的有关资料，一定要备份；对其中的机密文件、资料，还需要加密。注意，与此次公务无关的资料绝不要带上，以免泄露商业机密。

2．检查各种证件

出发前，王秘书一定要检查自己和经理的各种证件是否带齐，如护照、签证、邀请信、黄皮书、出境登记卡、飞机票以及其他材料，一样也不能少。

3．处理随行物品

乘飞机可以免费托运一部分行李，通常头等舱可以托运40公斤，经济舱可以托运20公斤，超出规定的部分要交超重费。贵重物品（钱、信用卡、支票、各种证件、贵重首饰、通信簿、数码相机、摄像机等）不要放在托运的行李里，以免失窃或丢失。行李箱要结实、带拖轮，要在箱子上面贴上中外文姓名和目的地，同行三人的行李最好有统一的明显标志。

随身手提包的重量不受限制，但是体积不能太大，否则行李架放不下。注意，一人最多带两件手提行李，过多占用行李架就侵犯了其他旅客的利益，服务员也会干涉。若随行携带有液体、指甲刀、水果刀等物品，一定要放入托运的行李中去，否则安检的时候会被没收。

为了保证不落下重要的东西，王秘书可以把应带的东西分类并列表打印出来，制成《旅行用品行装一览表》，两位经理和自己各持一份。

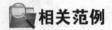
相关范例

签证发给申请表

APPLICATION FOR VISA

（韩国大使馆签证处下载）

公馆(申请)编号

照片 Photo 35mm×45mm	1. 姓 Surname		汉字姓名		
	2. 名 Given Names				
	3. 出生日期 Date of Birth 年 月 日	4. 性别 Sex □ M □ F	5. 国籍 Nationality		6. 出生地 Place of Birth
7. 护照号码 Passport Number	8. 种类 Classification 外交·因公· 因私·其他· DP OF OR	9. 签发日 Date of Issue	10. 签发地 Place of Issue	11. 发给机关 Issuing Authority	12. 到期日 Expiry Date
13. 结婚与否 Marital Status □ 已婚 Married □ 未婚 Single		14. 配偶者姓名 Spouse's Name		15. 配偶者国籍 Spouse's Nationality	
16. 职业 Occupation	17. 单位名与住所 Name and Address of Present Employer			18. 单位电话号 Business Phone Number	
19. 入国目的 Purpose of Entry (Explain Fully)		20. 入国预定日 Probable Date of Entry		21. 预定滞留期间 Desired Length of Stay	
22. 现住所 Home Address		电话号码 Phone No.			
23. 韩国滞留地 Address in Korea 电话号码 Phone No.			24. 访韩事实 Previous Visit (If Any)		
25. 过去是否得到过签证 Have You Ever Been Issued a Korean Visa? □ Yes □ No 何时 When? 何地 Where? 签证种类 What Type of Visa?					
26. 过去是否被拒签过 Have You Ever Been Refused a Korean Visa? □ Yes □ No 何时 When? 何地 Where? 签证种类 What Type of Visa?					
27. 旅行费用支付者 Who Will Pay For Your Trip?				28. 过去是否取消过签证 Has Your Korean Visa Ever Been Cancelled or Revoked? □ Yes □ No	
29. 最近 5 年间旅行过的国家 Countries Where You Have Lived or Traveled During The Past 5 Years					
30. 同伴家族 Accompanying Family	国籍 Nationality	姓名 Name	性别 Sex	出生日期 Date of Birth	

31. 韩国担保人联络处 Guarantor or Reference in Korea	姓名 Name	住所 Address	电话号码 Phone No.	关系 Relationship

I declare that the statements made in this application are true and correct to the best of my knowledge and belief, that I will observe the provisions of the Immigration Law of the Republic of Korea and that I will not engage in any activities irrelevant to the purpose of entry stated herein Besides, I am fully aware that any false or misleading statement may result in the refusal of all visa, and that possession of a visa does not entitle the bearer to enter the Republic of Korea upon arrival at the port of entry if he/she is found inadmissible.

申请日 Date of Application	申请人署名 Signature of Applicant

공 용 란 For Official Use Only

접수번호		접수일시			
승인번호		처리과		결	
사증종류	복수/단수	담당자		재	
체류자격					
체류기간					
고지사항					

🔷 思考与练习

一、问答题

1. 北京时间正午 12 时是韩国的几时？是新加坡的几时？是美国东部的几时？是法国的几时？

2. 出国手续有哪些？

3. 商务旅行计划包括哪几项内容？

4. 商务旅行需准备哪些文件资料？

二、实训题

1. 腾达公司丰润总经理接到欧洲某公司的邀请函,拟于下个月 30 日和业务部经理张平安及总经理助理郑强前往欧洲进行商务考察。他的秘书林丽为他的出国做了充分的准备,除了办理好了所有的出国手续外,还为上司制订了详细的旅行计划和旅程表、预订好了机票和宾馆房间。考虑到丰总平时不太注意着装,而且特别爱穿牛仔裤和运动鞋,林秘书还在旅程表上注明了在什么场合下应该穿什么样的服装。但因丰总是首次出国,对于出国的一些事宜并不是很懂,所以还是出了点小问题。到了巴黎后,丰总发现宾馆位于郊外,虽然号称四星级,可是实际上设施很旧。第二天,他们约客户到宾馆见面,宾馆的大厅里总是有不少的旅客坐在那里,丰总担心在这样的环境中与客户见面会有消极影响,于

是决定让客户到自己的房间去。可是客户听说请他们到房间里去,神色有些犹豫。总经理助理郑强赶快向丰总建议,大厅旁边有一个咖啡厅,很安静,可以到那里去,丰总征求对方的意见,他们欣然同意了。

请根据以上提供的信息,模拟制订出秘书林丽为丰总制订的旅行计划和旅程表。

2. 大宇公司黎辉总经理将于 12 月 3～5 日从上海出差到广州,出席全体分公司经理会议及全体销售部经理会议。另单独会见分公司经理李海民、客户王康林先生、拜访多年合作者麦琪威夫妇并共用晚餐。

请为黎辉总经理制订一份商务旅行计划。

三、案例分析

穆兰大学毕业后,在一家公司当秘书。一次,公司汪经理要到外地出差,穆兰为他预订了机票,是星期六上午 11 点的飞机。星期五的下午,穆兰拿到了机票,把它交给了汪经理。汪经理叮嘱穆兰说:"我晚上有个应酬,怕明天早上起晚了误事。我太太这几天回老家了,麻烦你明早 8 点以前给我打个电话提醒我。"可是星期六早上汪经理睁开眼睛时,已经是 8 点半了。不知为什么穆兰没有打电话来,汪经理急急忙忙赶往机场。到了机场后,汪经理找不到机票,他才想起来昨天把机票放在办公室的抽屉里了。他赶快给穆兰打电话,想让她把机票给送来,可是没想到穆兰的手机关机了。汪经理只好匆匆赶回办公室。等他取了机票回到机场,已经错过了登机的时间,他只能改签下午的航班,之后他亲自通知了接待方出发时间的变动,以免对方到机场空跑一趟。汪经理出差回来后,问穆兰那天干什么去了,穆兰说因为是星期六,所以早上起晚了,忘了叫汪经理起床这件事,也忘了开手机。

请分析:这位秘书的做法存在什么问题?

任务十　费用报销

知识目标

◆ 了解零用现金的管理知识。
◆ 了解商旅费用报销的内容和程序。

能力目标

◆ 能够提交费用申请报告或填写费用申请表。
◆ 能够根据公司差旅报销规定及时报销差旅费用。

案例启示

　　一天,贾秘书决定把经理前几天出差的费用报销了。她把费用单据和填好的出差报销单拿到财务部门,出纳发现费用中的一项是事先没有申请批复的,不能报销,于是就把其他的费用支付了现金交给贾秘书。贾秘书回来检查记事本,发现这笔没有报销的费用在发生之前经理就曾打电话让她申请备案,但贾秘书自己忘记了。怎么办? 上司的费用不能不报销呀! 贾秘书灵机一动,她找了个借口填制了一份《零用现金凭单》让经理签字,用零用现金支付了这笔费用。

　　(案例来源:刘森.商务秘书实务与训练教程案例集.成都:西南财经大学出版社,2007)

　　案例分析:贾秘书报销费用的程序不规范。首先,她没有及时按照上司的交办预先申请某项费用,以致后来无法报销。其次,费用无法报销后应该及时告知上司,不能隐瞒不报。第三,零用现金仅使用于支付本市交通费、邮资、接待茶点费、停车费和添置的少量办公用品费,不能用来支付差旅中的其他费用,更不能打着零用现金报销范围内的项目来套取现金用于支付上司没有报销的差旅费用。

任务引入

　　任务背景:辉鹏服饰有限公司派出了市场部经理王明、公关部经理刘燕和精通韩语的行政部秘书王亮前往韩国广田百货有限公司考察并详谈合作事宜,从韩国归来后,秘书王亮对此次去韩国考察的出差费用进行报销。

　　任务:请根据公司相关差旅报销规定,为市场部经理王明一行报销此次的商旅考察费用。

任务分析

作为秘书,在上司准备出差时,应根据上司出差目的地和时间的长短,为上司做好差旅费预算,主要是交通费、住宿费、餐饮费和出差补贴等,然后根据预算,填好借款单,向财务部门负责人提出申请,并在上司出发之前把现金准备好。

上司出差回来后,秘书要替上司进行差旅费报销。报销前,秘书应将上司所有出差票据整理好,并按财务部门的要求填写好指定的单据,然后将报销单交财务部门负责人审核签字并进行报销。财务部门会根据出差之前预借的金额和出差发生的实际费用报销差旅费用,多退少补。

相关知识

一、零用现金的管理

1. 零用现金使用的范围

在现实工作中,很难实现使用支票来支付小额费用,一些企业为了解决这个问题,在办公室建立了一笔零用现金(或称作备用金),用以支付本市交通费、邮资、接待茶点费、停车费和添置少量办公用品的费用。零用现金的数额,由企业领导和财务负责人批准。秘书每次取得零用现金后,应将现金锁在保险箱内,并按公司规定负责保管和支付。秘书在接受工作人员报销零用现金时,一定要核实报销者报销的内容是否属于零用现金报销的范畴。

2. 零用现金的管理和报销的流程

零用现金的管理应严格遵照公司财务部门的规定。在平时,秘书应保持办公室有一定量的零用现金,以支付日常办公室开支。当支出的费用到一定数额后或月末,秘书再到财务部门报销并将现金返还零用现金箱中进行周转。遇节假日连续休息时,秘书应对现有的零用现金进行清理,并做好零用现金的安全保管措施。

零用现金报销的流程如图 10-1 所示。

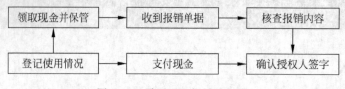

图 10-1　零用现金报销流程图

对于负责零用现金管理工作的秘书来说,在领取和使用零用现金的过程中应注意以下几点。

(1) 从财务部门取得的零用现金,应放入保险箱,并在零用现金账簿上登记收到现金的日期、收据编号、金额等。

(2) 内部工作人员需要使用零用现金时,秘书不仅要要求其整理、提交发生的发票,还要让其填写零用现金凭单,如表 10-1 所示,填写清楚具体花销的项目和用途、日期、金额等。

表 10-1　零用现金凭单

零用现金凭单	编号
项目和用途	金额
申请人签名	日期
审批人签名	日期
账页编号支付	日期

(3) 按现金管理制度,购物必须使用国家规定的票据,票据需注明项目、标准、数量和金额等,不符合要求的票据财务人员有权不予报销,因此秘书拿到领用者提供的票据后,应认真核对领用者提交的是否为有效票据,票据上的用途、内容、金额是否与零用现金凭单上填写的完全一致,确定一致后再将发票等证据附在零用现金凭单后面。

(4) 秘书要认真核对零用现金凭单,确认凭单经授权人审批签字后,方可将现金支付给领用者。

(5) 每支出一笔现金,秘书均须及时在零用现金账簿上登记,如支出现金的日期、用途,零用现金凭单编号、金额、余额等,有的还要在账目上进行分析,了解花销的情况和去向。

二、差旅报销

工作人员国内外出差的费用,经常由秘书办理或协助办理。因此,秘书要熟悉办理信用卡、旅行支票、快汇汇票等的方法。信用卡可以从银行取得,上面列明支款人的姓名、签字、号码和最高支款金额数等内容,这笔金额将从企业的银行账户中扣除。当出差者在国外需要现金时,可以持信用卡去指定的银行支取,通常信用卡上都会有一笔数额较大的金额。此外,出差者可以在银行和一些旅行社购买金额较小的旅行支票。支票使用者在购买支票时应在支票上签字,支取旅行支票时,必须由使用者在支票上再次签字。快汇汇票由秘书购认,可以交给或寄给指定的出差者,出差者可凭这种汇票收取现金或者转让给他人。当出差者回到企业后,秘书要协助他们进行报销;对于出差的上司,秘书则要代他们整理出差票据,再转交财务人员报销有关费用。

1. 商旅费用报销的内容

不能从零用现金中支付的公务费用,例如出差到外地开会的交通费,需要直接到财务部门申请费用和报销结算,我们把这种事先申请、事后报销结算的商务活动中发生的费用称为商旅费用。商旅费用主要包括商务出差、参加外地工作会议以及庆典活动需用的各种费用等。

2. 商旅费用报销的流程

商旅费用报销的流程如图 10-2 所示。

3. 商旅费用报销的注意事项

(1) 费用报销可能存在两种情况:一种是将获得批准的费用申请报告或费用申请表提交财务部门,领取支票或现金,再进行商旅活动,活动完成后凭有效票据核算、报销并销

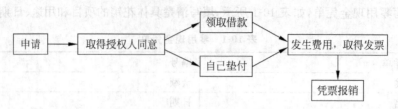

图 10-2　商旅费用报销的流程

账；另一种是申请好费用后，先由申请人垫付商旅费用，完成商旅活动后再凭有效票据报销并领取支票或现金。

（2）进行商旅活动时，无论是使用支票还是使用现金，都要向对方索取相应的有效发票，发票内容中填写的时间、项目、费用等应与实际内容相符。

（3）在进行商旅活动时，如果事前申请的费用不够，应提前向有关领导报告，在得到许可后，超出原申请数额的费用才可以得到报销。

（4）商旅活动结束后，申请者应将发票附在《出差报销单》后面，并亲自提交财务部门，由财务部门对先前领取的现金数额和支出情况进行结算。如果费用是由申请人垫付的，需在提交有效票据和报销凭单后，才能返还现金。

任务实施

从韩国归来后，秘书王亮要及时对此次去韩国考察的费用进行报销。首先，秘书王亮应将出差过程中产生费用的有效票据收集并分类整理好，然后将有效票据粘贴在差旅报销粘贴单上。注意有效票据应按照公司财务部门的要求进行粘贴，例如按票据发生的先后顺序、长短大小或者按照票据的类型等粘贴。有效票据粘贴好后再填写差旅费用报销单（见表 10-2），填写完后把粘贴好的发票附在报销单后面一起到财务部门报销。

表 10-2　差旅费用报销单

报销部门：　　　　　　　　　　年　月　日　　　　　　　　附件共＿＿＿＿张

姓名		职务			出差事由			
部门主管审批		部门经理审批			总经理审批			
出差起止日期自　　年　月　日起至　　年　月　日止共　　　天								

日期		起讫地点	天数	机票费	车船费	市内交通费	住宿费	出差补助	其他	小计
月	日									
合　计										

总计金额：（大写）　　万　仟　佰　拾　元　角　分　　已预支＿＿＿＿＿＿元

财务经理：　　　　　　　复核：　　　　　　　　　　报销人：

若进行商旅活动时事先计划的费用不够,在活动进程中已向总经理报告并获许增加费用,秘书王亮在报销时需向负责报销业务的财务人员说明情况再进行报销。若公司规定外地出差有差旅补助,填写报销单时秘书王亮还要按照公司制度规定的补助标准填写出差补助金额。

具体的报销流程通常如下:

出差人填写报销单 → 部门主管审核签字 → 部门经理审核签字 → 总经理签字 → 财务经理审批签字 → 出纳人员审核报销

若秘书王亮在出差前预借了出差费用,在财务部门结算后,应注意确认财务部门是否冲账(即在财务系统借款记录上注明已还款或取消借款记录),确认冲账后才算报销工作完成。若出差之前预借的金额和出差发生的实际费用不一致,应根据财务部门的结算情况多退少补相应的费用。

若差旅费用是由秘书王亮或其他费用申请人垫付的,财务部门将会在结算后给予相应金额的转账或现金。取回现金后,秘书王亮应根据出差人员支付差旅费用的实际情况和应得差旅补助的情况进行支付,同时注意做好现金签领工作。

相关范例

范例一　　　　　××公司财务费用报销制度

为了加强公司财务管理工作,完善公司的报销程序及规定,合理控制公司经营费用,根据国家有关财务规定及公司对财务规章制度的要求,结合本公司的实际经营情况制订本制度。

一、总则

第一条　费用审批及报销流程。

各项费用开支,必须经部门经理以上人员和财务审核,报总经理批准,并按以下各项费用的报销流程办理。

粘贴相应票据 → 财务预审 → 部门负责人签字 → 系统负责人签字 → 财务部经理签字 → 总经理签字
（未通过）

第二条　费用的报销期限。

(1)日常费用报销(用于零星购物或支付零星费用):每周四前由各部门、各分公司交由财务部门审核,每周四总经理审批办理报销手续,其余时间不予报销。

(2)差旅费报销:所有人员的差旅费报销必须填制统一的差旅费报销单。公司员工出差回来后一周内报销,外地人员于每月5日前连同上月报销单据(以开票日期为准,日期范围为上月1日至月末)交回总部核销。

(3)每次核销必须附差旅费报销单及出差申请报告,每周只允许报销一次(特殊情况除外),差旅费用报销不得跨月;未能按时将报销单据交回总部的,报销费用累计到下月,超过当月20日上交的不予报销。

第三条 通信补助、市内交通费报销实行实报实销及限额报销制。按照级别规定的限额报销,不足限额的按照实际发生费用报销。

第四条 原始凭证有效性的规定。

(1)经办人员在费用支出时,应取得真实合法的原始凭证。以下凭证视为合法凭证,准予报销。

税务机关批准的带防伪水印底纹和全国统一发票监制章的税务发票。

财政机关批准并统一监制的行政事业性收据。

邮政、银行、铁路系统的各类带印戳的收据、支出证明单。

(2)经办人员取得合法凭证时,应按要求规范填写,否则视为无效凭证,不予报销。

(3)经办人取得报销凭证时,凭证内容应填写完整;住宿发票填明起止日期及天数,否则不予报销。

(4)经办人报销支出费用时,报销内容应符合报销凭证的使用范围及性质。

第五条 本制度适用对象为公司全体人员。

二、各项费用的报销制度

1. 借款报销及审批制度

第六条 公司员工因公出差借款或报销,应据实认真填写借款单,由各部门经理审签,总经理确认以后,报公司财务部门审核。借款清账联在报销完毕后退还给借款人。

第七条 员工出差预借差旅费应填写"借款单",并注明借款事由,按规定程序审批后,到财务部门预借差旅费。

第八条 借款人须在公务完毕后7个工作日内到财务部结清借款,前款不清,不予办理后款借支手续。每年12月31日前,除12月下旬借支的款项外,其余所有个人借支的备用金都必须结清归还,逾期不还的,一次或分次从工资中扣回。

2. 公司内部采购报销制度

第九条 各部门、各分公司应该对生产需要的物资定期编写采购计划,交由该系统负责人组织采购。采购发生的费用按照正式发票上显示的金额实报实销。

第十条 各部门、各分公司对于生产急需的物资,由各分公司负责人向公司材料部门提交物资需求申请单,由系统负责人根据公司仓库内相关物资的储备情况决定是否采购,待各分公司返还收到物资的回执单后,由材料部门相关负责人持申请函、回执单及相关费用的正式发票依据报销的程序进行报销。

第十一条 采取预付款方式采购的物资,由采购人员凭采购合同或供应商提供的报价单,填写借款单,经财务部经理审核、总经理批准后办理预付款手续。

第十二条 采购人员在报销时,需由主管部门经理审核,经手人将手续齐全的"报销单"及物资入库单交财务部主管会计审核并进行账务处理,冲销预付款项,并开具收据。

第十三条 采取除预付款方式之外的方式付款的采购物资,在采购物资到厂入库后,由采购人员凭采购合同或供应商报价单、物资入库验收单以及购货发票,交由财务部经理审核,总经理批准后办理报销付款手续。

第十四条 同城采购要求采购人员自借款日起十个工作日内报销;异地采购要求自

借款日起十五个工作日内报销。

第十五条 采购发生的运费,由经手人填写报销单,部门经理审核,财务部门主管会计审核后,实报实销。

3．员工出差费用报销制度

第十六条 本制度所指出差是公司员工受公司主管负责人派遣在公司办公所在地城市以外的地区履行公务。出差员工根据本制度的规定享受相应标准的住宿补贴、伙食补贴和交通补贴;在公司办公所在地城市内履行公务不享受出差补贴、伙食补贴和交通补贴。

第十七条 员工出差分为"长途"和"短途",当天可以往返的为"短途",出差时间在一天以上的为"长途"。

第十八条 公司各部门应严格控制出差人数,并考虑其完成任务的期限,确定合理出差日期,逾期出差应向上一级主管负责人报告,对因公出差人员,按相应标准报销出差费用。

第十九条 公司员工出差应严格履行报批手续,必须填写出差审批表,未经批准不得自行出差,自行出差或因私出差所发生的差旅费均由其本人自行承担,公司不予报销。

第二十条 员工出差地点分为Ⅰ类地区、Ⅱ类地区,其中Ⅰ类地区包括经济特区、北京、上海、天津、南京、广州及其他省会城市;Ⅱ类地区是除Ⅰ类地区以外的城市。

第二十一条 员工出差乘坐交通工具时,公司总经理及常务副总经理可以乘坐飞机、软卧;部门经理级别可以乘坐软卧、硬卧,如有特殊情况必须乘坐飞机时必须由总经理审批;一般员工出差可以乘坐硬卧、硬座,如必须乘坐飞机时需要有关部门主管及总经理审批。

第二十二条 总经理及常务副总经理的出差费用实行实报实销制度,其他员工的出差补贴实行全额包干制,具体包干标准见下表(元/日)。

(1)管理人员的出差补贴

补贴名称 \ 地区类别	Ⅰ类地区	Ⅱ类地区
住宿标准	220 元/天	160 元/天
其他补贴(含出差当地交通、餐费及本市往返机场、车站交通等)	100 元/天	100 元/天
合　计	320 元/天	260 元/天

(2)普通员工的出差补贴

补贴名称 \ 地区类别	Ⅰ类地区	Ⅱ类地区
住宿标准	50 元/天	40 元/天
餐费补贴	18 元/天	18 元/天
合　计	68 元/天	58 元/天

秘书实务(第2版)

第二十三条　普通员工与管理层员工一起出差时,由带班管理人员控制各项开销。

第二十四条　报销凭据必须是出差地实际发生的票据,费用包干部分凭发票报销(发票金额大于费用包干标准的按标准报销,发票金额小于费用包干标准的按实际金额报销)。

第二十五条　出差天数以离开公司之日(含)起至回公司之日(含)止;住宿补贴按实际住宿天数计算。

第二十六条　司机带车出差且当天不能返回的,实行每天住宿、生活补贴包干,不享受交通补贴,标准参见普通员工的出差补贴。

4. 员工探亲费用报销制度

第二十七条　职工按照规定探亲,一律凭办公室批准的探亲申请表报销。探亲结束后,可以于探亲假休完回公司报到的五日之内,到人事部相关负责人处填写探亲报销单,人事专员、财务会计审批后可以实报实销。

第二十八条　探亲路途交通工具的乘坐标准,参照第二十条相关规定执行。

5. 员工本市交通费用报销制度

第二十九条　凡市内办理公务的业务经理及以下人员,特殊情况下需要乘坐出租车的,事先必须取得部门经理的批准,实行实报实销。

第三十条　所有因公报销出租车费用的员工,必须在出租车票背面注明往返地点及用车事由。

第三十一条　员工需要坐公交车上下班的,需向部门经理说明情况,部门经理确定报销限额,并上报总经办批准以后,给予定期报销。

6. 员工通信费用报销制度

第三十二条　因公发生的通信费用实行限额实报实销制度。公司领导的通信费用实行实报实销制;部门经理通信费用最高限额每月 600 元;分公司经理及区域公司经理通信费最高限额每月 1000 元;其他管理人员的报销标准由部门或分公司经理根据员工工作的实际需要确定,总经理批准后,报总经办备档留存实施。因公超出最高限额的报销,需要写出书面报告,交由总经理审批。

第三十三条　报销人员在实际报销时,需要向财务部提交正规的通信费缴费发票。

第三十四条　各部门要严格控制办公室电话的使用,员工除了因公业务需要之外,不得使用公司电话另作他用。

7. 公司业务招待费用报销制度

第三十五条　各部门人员因公接待外单位人员,需要到外面宴请的,须事先取得部门经理、系统负责人同意,否则不予报销。部门需安排接待工作餐的,须经部门经理、常务副总经理批准,计入部门招待费。

第三十六条　各部门人员因公出差确需应酬的,须事前电话请示部门经理同意,限额接待。

第三十七条　招待费发票日期栏必须填写清楚并说明招待事由。

8.其他福利费用报销制度

第三十八条 公司从外地招聘的应届大学生,自到公司报到之日起,5日内凭有效票据报销路费及行李托运费。路费报销参考普通员工出差的相关规定执行。

第三十九条 其他卫生费、住房费等福利费用的报销按照公司的相关规定执行。

三、附则

第四十条 本办法中未作出规定的,按照公司的有关规定办理。

第四十一条 本办法由财务部及总经理办公室制订并负责解释。

第四十二条 本办法自 2008 年 9 月 1 日起执行。

范例二 费用报销单填写模板

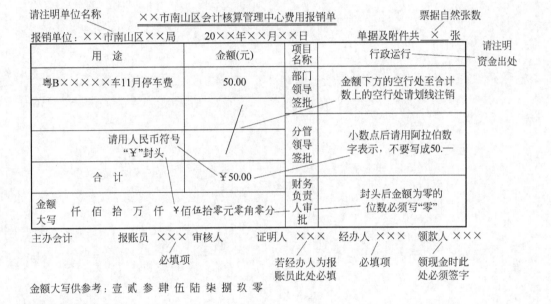

金额大写供参考:壹 贰 参 肆 伍 陆 柒 捌 玖 零

思考与练习

一、问答题

1.差旅报销的手续有哪些?

2.如何填写费用申请表?

二、实训题

广州宏发公司新成立的研发部近期有 5 名员工要去上海出差一周,行政经理袁晓建请你帮研发部列出公司商务出差申请费用以及报销结算的步骤,请按要求操作。

三、案例分析

王小小是金心公司总经理的秘书。总经理要去北京开会,让王秘书给他安排一下行

程和申报商旅费用。王秘书填写了详细的商旅费用申请项目,经总经理审核后,交给财务部,财务部作出同意申报的决定。王秘书电话订购了飞往北京的机票,下午打的前往领票。王秘书把打的费用直接在办公室零用现金中报销,飞机票费用在商旅费用中报销。总经理开会回来,王秘书把总经理在北京发生的,且事先经财务部同意的票据凭证进行整理,附在"出差报销凭单"后面,交财务部领取支票或现金。

　　请分析:王小小在费用报销上的做法是否正确?为什么?

学习情境四

对方前来洽谈

在企业双方有意合作的前提下，合作双方需要通过洽谈协调利益，并选择合适的合作方式。洽谈是人们为了协调彼此之间的关系，满足各自的需要，通过协商而争取达到意见一致的行为和过程。

秘书人员对洽谈会议的组织直接影响着洽谈的结果。做好洽谈接待工作不仅可以传播本单位的文化，塑造本单位的"品牌形象"，还可以扩大效益，架起合作的桥梁。因此，作为秘书人员应做好洽谈接待计划、组织好洽谈会、做好洽谈接待工作，这样才能为洽谈的顺利进行提供保证。

本学习情境根据秘书在对方前来洽谈时的工作流程设置了五个任务，即拟写洽谈接待计划、接站、准备和组织洽谈会、组织参观活动、组织宴请，旨在通过这五个任务的训练，掌握秘书接待和组织会务的技能。

任务十一　拟写洽谈接待计划

知识目标

- ◆ 了解洽谈接待的一般程序。
- ◆ 熟悉接待工作的原则。
- ◆ 掌握接待计划的书写格式、方法、注意事项。

能力目标

- ◆ 能够主动了解来访者的基本情况和来访意图。
- ◆ 能够制订接待计划。

案例启示

　　老王可算是畅想公司的元老了。自打公司成立,他就一直从事办公室的工作。对于如何做好接待工作,他更是经验丰富。根据多年的实践,他总结出一套接待的工作程序:首先搞清领导意图;其次根据领导意图,拟订接待方案;最后将方案交给领导。制订方案时至少要考虑以下内容。

　　①来访客商姓名及其公司名称;②合同项目概况;③客商的目的、要求、人数、性别、身份、生活习惯、到达日期;④工作日程安排及会见、宴会、娱乐活动等的规格、次数、时间、地点;⑤由哪位相应身份的高级管理人员负责这次接待;⑥由谁担任专职陪同人员;⑦由谁担任对口工程技术(或业务)的主谈判,其他谈判人员名单,翻译、后勤服务人员名单。

　　(案例来源:中国高等教育学会秘书学专业委员会.中国秘书岗位资格证书教程.北京:中国人民大学出版社,2006)

　　案例分析:接待方案是秘书完成接待任务的依据。制订接待方案既要考虑现行规定、领导意图,又要考虑来访者的相关情况及各种主客观条件。因此,必须从实际出发,尽量使方案内容周详。案例中老王的经验值得借鉴。

任务引入

　　任务背景:经过辉鹏服饰有限公司到韩国广田百货有限公司的考察和初步商洽,双方建立了友好关系,辉鹏服饰有限公司邀请韩方公司前来参观并正式洽谈合作事宜,韩方

派出社长金美惠、秘书朴素善和市场部部长李宰平前来洽谈,为期三天,双方将在第二天进行双方会谈,第三天韩方回国。

任务:根据实际情况制订韩国广田百货有限公司一行前来参观的接待计划。

◢ 任务分析

拟订接待计划或方案需要考虑各方面的因素,在制订计划或方案之前必须能区分接待工作的内容和种类,明确接待工作的原则。另外,此次接待属于外事接待,所以还需要了解外事接待的一般程序。制订接待计划或方案时要从实际情况出发,先了解来宾的情况和意图、确定接待规格,再草拟接待计划或方案,与有关人员沟通、确定信息,最后报请上司审批。

📁 相关知识

接待工作是企业秘书的一项重要工作。随着社会经济的快速发展,各企业之间信息、技术、资金的交流日益频繁,并由此带来大量的人员流动,上级领导的视察、兄弟单位以及合作伙伴之间参观、学习及业务洽谈的人次也与日俱增。接待是沟通内部上下的"桥梁",是联系外部的"窗口"。从某种意义上说,秘书的接待工作就是单位的门面、喉舌,是单位形象的缩影。接待工作的质量,对本单位的形象起着至关重要的作用。

接待工作看似简单,实则不然,它要求接待人员有较好的口才,做到接待什么人说什么话,能随机应变,善打圆场,及时消除可能出现的困窘局面;在组织能力上善于协调各种关系,能够自如地应付各种局面;在人际上,要求路子宽,熟人多;在业务能力上,要求熟悉本单位的情况,明确自己的本职工作——最好是博学多才,如懂英语、熟计算机、能开车等。总之,接待工作对秘书的综合素质要求相当高,除了掌握接待工作的技巧外,还必须具备良好的个人素质,包括精神状态、言谈举止、着装打扮等。

一、接待的种类

接待是指对来访宾客的接洽与招待。一项完整的接待活动,一般由来访者、接待者、来访意图和接待方式四个要素构成。

接待涉及面广,对象多而复杂。根据不同的对象,不同的来访目的,接待的内容各不相同。根据不同标准,其分类方式也不同,具体如下:

(1)按照来宾的来访意图,可分为公务接待、会议接待、视察与检查接待、参观接待、经营活动接待、技术考察接待和其他接待。

(2)按照来访者的国度或地区不同,可分为外宾接待和内宾接待。内宾接待又可分为对上级单位来人的接待、对平行单位来人的接待、对下属单位来人的接待、对新闻单位来人的接待和对本单位来人的接待。

(3)按照来访者事先有无预约,可分为预约来访者接待和未预约来访者接待。

(4)按照接待的规格不同,可分为高规格接待、同等规格接待和低规格接待。

二、接待的原则

1. 热情大方

对于来访客人，不论其职位、年龄、职业、资历、国籍如何，秘书人员都应平等相待、热情诚恳，使之有一种宾至如归的感觉。接待时，秘书应主动关心客人，详细了解客人的意图和要求；对于来访者的正当要求，应尽量予以满足，不能满足的也要讲明情况和理由，力求取得对方的理解，尽可能为客人提供各种方便，切忌冷漠无理，拒人于千里之外。

秘书在接待中要不卑不亢、落落大方、自然得体，以自己的努力树立"门好进、脸好看、话好听、事好办"的良好风气。

2. 以礼相待

接待工作是一项典型的社交活动，应以礼待人，体现秘书人员较高的文明素养，也体现公司良好的形象。

在接待工作中，秘书人员无论是言谈举止，还是衣着打扮都要符合礼仪规范。对于来访的客人，不管是内宾还是外宾，是本系统还是外系统的，都应做到彬彬有礼、以礼相待。讲求礼仪的同时又注重实效，做到礼仪周到而不烦琐，接待热情而不铺张。

3. 细致周到

接待工作内容非常繁杂，涉及许多部门和人员。这就要求秘书人员在接待工作中开动脑筋，综合考虑，做到细致入微、善始善终，千万不能马马虎虎、粗枝大叶。

接待工作无小事，必须有认真、严谨的态度和细致、周到的作风。秘书人员要处处替来宾着想，时时关注来宾的需要，为来宾做出周到的安排，使其感到方便和满意。

4. 勤俭节约

接待是一项消费型事务活动，接待单位往往要投入一定的人力、物力、财力。秘书人员应厉行节俭，精打细算，坚决抵制讲排场、摆阔气、大吃大喝的陈规陋习和各种不正之风，应本着"少花钱，多办事"的原则，做好接待工作。

5. 安全保密

确保安全和保守秘密是秘书接待工作的重要原则，尤其是高层人士的政事来访，保证安全和保守秘密就显得更为重要了。这里所说的"安全"，包括住宿安全、交通安全和饮食安全等。保密包括会议保密、文件保密和活动安排保密等。

三、接待的规格

接待规格主要取决于接待方的主陪人的身份。从主陪人的角度论，接待规格有以下三种。

第一种是高规格接待，即接待方主要的陪同人员比主要来宾的职务高的接待方式。如上级领导派人员来了解情况、传达意见，兄弟企业派人来商量事项等，都需要高规格接待。用高规格接待可表现主人的热情、重视，这种接待隆重、热烈。

第二种是同等规格接待，即接待方主要的陪同人员与主要来宾的职务相当的接待，这是最常见的接待规格。同等规格接待同样要求接待人员热情、礼貌,不可怠慢来访者。

第三种是低规格接待,即接待方的主要陪同人员比主要来宾的职务低的接待,这种接待规格常见于基层,如上级领导来检查工作,只能是低规格接待。这种接待要量力而行,不要因为自己的低规格接待而出现铺张浪费的现象。

四、洽谈接待工作的一般程序

一项洽谈接待活动,一般有以下几个程序。

1. 收集来宾情况,判断来访者用意

了解来访者的情况和意图是做好接待工作的关键。秘书人员可以通过阅读接待通知、信函、来访者证件、相关网站和有关报道或与来访者进行初步电话交涉或面谈,来收集来访者的相关信息,了解对方的来访意图。

2. 拟订接待方案

一般重要的接待都要拟订接待方案,以作为接待工作的依据和指南。接待方案的主要内容有:接待方针、接待规格、接待日程、接待形式、接待经费、生活安排等。接待方案拟出后,要呈主管领导审批,必要时,要征询来宾意见。

3. 准备接待材料

重要的接待工作,秘书人员需准备有关文字材料,如汇报材料、发言材料和参考材料等。

4. 安排迎接工作

迎接是洽谈接待工作中常见的社交活动。一般应根据来宾的身份、职务、来访目的等因素综合考虑,做出精心的安排。

(1) 接待工作人员应准确了解来宾所乘交通工具的车次、路线及抵达时间,做好迎接安排。

(2) 安排好迎接、陪同人员和译员。

(3) 安排好车辆和客房。

5. 确定日程安排

由接待负责人与来宾商谈,确定活动日程。

6. 安排会见、会谈

会见是双方礼节性的会面,时间较短,话题较为广泛。会谈是双方对重要内容深入交换意见,会谈也可以是指洽谈公务,或就具体业务进行谈判。会见、会谈前,要提前通知有关人员做好安排和准备,主方应提前到达门口迎候。

7. 宴请

宴请是商务交往中常见的形式之一。一批客人原则上只安排一次宴请,陪员应尽量减少,宴请时应根据需要安排打印席位卡。

8. 参观考察

接待来宾一般需要安排参观游览活动。秘书注意要恰当地安排参观游览的时间、路

线、活动等具体内容。通常情况下,工作考察参观由对口业务部门具体负责安排,接待人员具体负责做好相关衔接工作,并重点安排游览景点的参观活动。

9. 生活安排

秘书应根据不同来宾属地的风俗习惯,安排好来宾的日常生活,特别是饮食和娱乐。

10. 赠送礼品

秘书应根据对象选择、赠送礼品和纪念品,每次赠送应记下礼品内容,客人重访时,避免重复赠送。

11. 送行

来宾离开,应根据需要恰当安排送行。送别地点可以视情况灵活作出安排,既可以到车站、机场送行,也可以在客人下榻的宾馆送别。

需要注意的是,如果是外事接待,在遵循上述程序的同时,还要根据国际惯例,灵活变通。

五、接待计划的格式

接待计划的格式和写法如下:

(1)标题。由会议活动名称+"接待计划"组成。

(2)正文。逐项载明接待计划的具体内容,结构安排上一般采用序号加小标题的结构体例。开头部分写明接待的对象、缘由、目的、意义;主体部分写明接待的方针、规格、内容、日程、责任和经费。

(3)落款。署提交接待计划的部门名称。如果文案是由具体承办人员拟写的,由拟写人员具名。

(4)成文时间。写明提交的具体日期。

任务实施

辉鹏服饰有限公司的总经理秘书思妍接到韩国广田百货有限公司前来洽谈的消息后,就应着手准备接待。为了使接待工作有序、高效地进行,她应首先了解清楚来宾的情况和意图,从而制订接待计划。

一、了解来宾的情况和意图

1. 了解来访者用意

秘书必须先了解来访者的意图和目的,才能有针对性地作出接待计划。如果方向不对,计划做得再周全也没有用。

一般秘书可以向有关知情人员了解情况,取得准确信息,例如向前往韩国考察的同事们了解情况,发邮件或打电话到韩国广田百货有限公司了解情况、通过双方来往信函和前一阶段双方的合作意愿来分析此次韩国来访团的来访用意等。在这个任务中,我们已经明确,韩方社长金美惠、秘书朴素善和市场部部长李宰平是前来参观并洽谈合作事宜的。

2. 了解来访者的基本情况

收集、了解来访者的基本情况，是做好接待工作的必要前提。为了更好地接待来客，秘书思妍应收集、了解来访者的基本情况。来访者的情况包括来访者的国别、地区、所代表的机构或组织及其业务范围和发展态势，来访的人数、姓名、性别、身份、职务、民族、宗教信仰、生活习俗，来访者抵达和离开的具体时间及交通工具等。有时还要对主宾的个人爱好、性格、特长等有更多的了解。

以上情况，很多可以直接向对方秘书了解，如果是重要的外宾，上级有关部门会事先通知并提供详细的情况，而大部分接待资料准备工作则需接待单位通过多种渠道和手段收集，收集得越多、越详细，准备工作就越有针对性，接待成功的把握越大。

在本任务中，已得知韩方派出社长金美惠、秘书朴素善和市场部部长李宰平三人到来，而公司到韩国广田百货有限公司考察期间已建立了友好关系，那么关于来访者的国别、地区、所代表的机构或组织及其业务范围和发展态势的信息早已在确定合作伙伴时了解清楚了；对于来访的人数、姓名、性别、身份、职务、民族、宗教信仰、生活习俗、个人爱好等个人基本信息可向来访方秘书询问，或请其提供，出于友好关系和合作需要，对方秘书会非常乐意提供；但是此行双方还需对合作事宜进行深入洽谈，对于对方来访者的性格、特长、谈判优势和谈判所掌握的信息，因为谈判对手的缘故，对方不可能提供，这就需要秘书通过多种渠道和手段进行收集，如利用网络、人际和媒体等。

二、拟订接待计划

了解清楚来宾的情况和意图以后，秘书思妍就要根据接待计划的格式着手拟写接待计划了。接待计划包含以下几点。

1. 拟写接待计划标题

标题由会议活动名称＋"接待计划"组成，如"韩国广田百货有限公司到我公司参观考察及正式洽谈接待计划"等。

2. 拟写引言

接待计划正文开头部分是引言，引言就是对此次接待事项的简要概述，需写明接待的对象、缘由、目的和意义。

3. 写明接待方针

接待方针就是接待工作的指导思想，它体现了接待的目标。接待方针应该根据对方意图、对我方的态度和双方的关系来制订。比如有的接待应热情友好，有的接待应不卑不亢，也有的甚至故意冷落。

在本任务中，秘书思妍根据我方有意与对方合作，双方建立了初步友好关系，对方前来参观洽谈的基本情况，应奉行热情友好、平等合作、不卑不亢的接待方针。

4. 明确接待规格

接待规格往往体现了对来访者的重视和欢迎程度，但也并非规格越高越好，应以适当为原则。确定接待规格，即确定本次接待工作中应该由哪位主要管理人员出面接待、陪同,以及接待时用餐、用车、节目安排等一系列活动的规格等。接待规格应根据接待方针确定,同时还需要考虑来访者身份、地位、影响、对方接待我方时的规格等因素。此外,影响接待规格的还有如下一些因素。

(1)对方与我方的关系。当对方的来访事关重大或我方非常希望发展与对方的关系时,往往以高规格接待。

(2)一些突然的变化会影响到既定的接待规格。如上司生病或临时出差,只能让他人代替,遇到这类情况,必须向客人解释清楚,向客人道歉。

(3)对以前接待过的客人,接待规格最好参照上一次的标准。

针对此任务,因为对方是第一次来访,所以不存在"参照上一次的标准"。考虑到对方是社长亲自带队前来,且关系到我公司的业务发展,双方又已经建立了友好的往来关系,所以秘书思妍应将此次接待规格确定为同等规格接待,由公司总经理做主陪人。若公司上面还有董事会、董事长,应由董事长做主陪。

接待规格的最终决定权在上司那里,秘书仅提供参考意见。接待规格决定了其他陪同人员、日程安排及经费开支。包括谁到机场、车站迎接,谁全程陪同;宴请的规格、地点;住宿的宾馆等级、房间标准等,这些都受到接待规格的制约。

5．拟写日程安排

(1)明确接待内容

秘书思妍应根据洽谈接待工作的一般程序及对方来访目的安排接待内容,包括迎接、会见会谈、宴请、参观考察、赠送礼品、送行等。

(2)根据接待内容拟订日程表

日程表即接待活动的具体时间表,要尽量具体、周详。从迎接、宴请、会谈到参观、游览、送行等事宜都要考虑到,包括日期、时间、活动内容、地点、陪同人员等,一般以表格的形式列出。注意日程安排要紧凑、周密、详尽。日程表样式如表11-1所示。

表11-1　××活动接待日程安排表

日　期	时　间		活动内容	地点	主陪人员	工作人员	备　注
12月8日	上午	9:00～9:50					
		9:00～11:30					
		9:30～12:00					
	下午	14:30～17:00					
		17:30～18:30					
	晚上	18:50～19:30					
		20:00～21:30					
12月9日	上午	…					
	下午	…					

在拟订日程时,秘书应注意根据接待规格确定每项活动的主陪人员、活动的地点和餐饮的等级等。一日三餐的饮食要安排妥当,要考虑和特别照顾客人的饮食习惯和禁忌。由于对方的行程是三天,所以欢迎宴应选择在第一天晚上,会谈应安排在第二天较为合

适,会谈地点可安排在公司会议室或客人住地。对对方的参观不能随便应付,应邀请对方参观公司的生产车间和设备等,最好还能安排游览本地的名胜风景。

6.明确接待人员和组织分工

重要的团体来访,秘书一个人是无法承担所有的准备工作的,因此秘书思妍要根据接待规格和活动内容确定接待人员的构成和数量。这些工作人员要做来访前的准备、来访期间的联络沟通、协调服务等工作。

在接待计划中,要明确各个接待环节的接待人员并对其进行分工安排,以使大家对自己的工作心中有数,让所有相关人员都明确自己在此次接待中什么时间需要做什么事情或配合其他部门做好哪些工作,以提前安排好时间,保证接待工作顺利有序地进行。因此,秘书思妍可成立接待筹备小组。

(1)后勤组,主要负责车辆调度、来宾的接送服务、宾客食宿安排;娱乐安排;参观景点的票务;场所的布置;设备保障;经费预算;参观公司的各项准备等。

(2)秘书组,主要负责会谈期间会务工作和各种接待、会谈文件的准备、起草、印发、清退、立卷归档工作。

(3)公关组,主要负责接待的专业外语翻译、情况介绍、摄像、礼品购买、礼仪公关等服务以及活动后必要时通知有关新闻单位派人进行采访、报道等。

(4)保卫组,负责维护接待场所秩序,保障与会者人身财产安全。

另外,秘书要注意,接待人员的素质直接关系到接待工作的结果,所以对于接待人员一定要精心挑选,最好还要进行接待培训。秘书思妍在选择接待人员时要注意以下三点。

(1)数量限制。以少为佳,不搞人海战术。

(2)身份相仿。在较正规的接待工作中,特别是正规的仪式上,接待人员应在身份、职务方面与来访者大体相似,或专业、部门对口。

(3)职责明确。接待人员要分清任务,包干到人,才能保证各尽其能。

7.列支接待经费

接待经费主要根据接待规格、人员数量、活动内容来预算。秘书思妍列支接待经费内容可参考如下:

(1)工作经费:租借会议室、打印资料等费用。

(2)住宿费用。

(3)餐饮费用。

(4)劳务费用:如加班费用等。

(5)交通费用。

(6)参观、游览、娱乐费用。

(7)纪念品费。

(8)宣传、公关费用。

(9)其他费用。

接待经费有的是由主方提供,有的是由客方自理,有时也可以双方共同承担。计划中对经费的来源和哪方支出都应该具体说明。费用的项目和开支必须清楚、明确,如"租用投影仪费用：3000 流明以下,1200 元/天×1 天＝1200 元"。

三、与有关人员沟通

1. 与本单位相关人员沟通

接待计划或方案中涉及本单位的哪个部门和人员,秘书思妍要事先与其商量沟通,确定安排部门人员接待的时间、地点和任务有无问题。

2. 与对方沟通

重要的涉外接待,其形式和日程要事先通过双方工作人员的沟通商定。所以,秘书思妍与上司初步定好接待形式和接待日程后,要报给来访者,以征求客人意见,看是否需要修改,对于对方提出的实在难以办到的要求,要诚恳地向对方解释,达成谅解。

四、呈上司审阅批准

接待计划拟好后,秘书思妍要呈报上司审阅批准。经主客双方认可并经上司批准后的接待计划,没有特殊情况一般不予以改动。

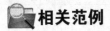 **相关范例**

辉鹏服饰有限公司接待韩国广田百货有限公司的活动计划

经过我公司到韩国广田百货有限公司的考察和初步商洽,双方建立了友好关系,我公司诚邀韩国广田百货有限公司前来考察并洽谈合作有关事宜。韩方派出社长金美惠、市场部部长李宰平和秘书朴素善来我公司洽谈,为期三天。我们将以此为契机,与时俱进,开拓创新,继续扩大生产规模,打入韩国市场,致力推进现代企业管理制度实施名牌战略、争创著名商标。为做好此次接待,特制订以下接待计划。

1. 接待方针

本次接待韩国广田百货有限公司旨在与对方建立良好的合作关系,让本公司产品能在第一时间展示在客户面前,加速我公司业务发展,让世界感受"魅力辉鹏"。根据会谈目的制订接待方针如下:"热情友好,平等合作,不卑不亢,言谈谦和,服务周到。"

2. 接待规格

同等接待。

3. 接待对象:韩国广田百货有限公司代表团

姓　名	性　别	职　务
金美惠	女	社长
朴素善	女	秘书
李宰平	男	市场部部长

4. 行程安排

日期	时 间	活动内容	地 点	主陪人员	工作人员	备 注
12月8日	12:10～13:30	接机	白云机场	秘书王亮	司机钟浩	
	13:30～14:00	入住酒店	翔丰国际酒店	秘书王亮	司机钟浩	
	下午 14:00～15:30	午餐	翔丰国际酒店一楼餐厅	总经理黄林、市场部经理王明、公关部经理刘燕	秘书王亮、司机钟浩	
	16:00	参观公司	公司本部（陈列室、行政楼、A车间）	总经理黄林、市场部经理王明、公关部经理刘燕	总经理秘书李思妍、秘书王亮	
	晚上 19:00	欢迎晚宴	翔丰国际酒店1号宴会厅	总经理黄林、副总经理张智、行政部经理那玲玲、市场部经理王明、公关部经理刘燕、销售部经理田珍	秘书李思妍、王亮,司机钟浩、李标	
12月9日	7:00～8:00	早餐	翔丰国际酒店一楼餐厅			酒店包早餐
	上午 8:30～11:30	洽谈	公司本部六楼会议室	**韩方**：社长金美惠、秘书朴素善和市场部部长李宰平 **我方**：总经理黄林、秘书李思妍、市场部经理王明、销售部经理田珍、财务部经理冯晓、技术部经理郭东	秘书李思妍、王亮	
	中午 11:50～13:30	午餐	公司餐厅江景房	总经理黄林、副总经理张智、行政部经理那玲玲、市场部经理王明、公关部经理刘燕、销售部经理田珍、技术部经理郭东、财务部经理冯晓	秘书李思妍、王亮	
	下午 15:00～16:30	签合同	公司本部六楼会议室	韩方代表和我方洽谈代表	秘书李思妍、王亮,司机李标	
	晚上 18:30	晚宴	翔丰国际酒店1号宴会厅	总经理黄林、副总经理张智、行政部经理那玲玲、市场部经理王明、公关部经理刘燕、销售部经理田珍、技术部经理郭东、财务部经理冯晓	秘书李思妍、王亮,司机钟浩、李标、刘民	
	20:00	参观广州海星沙小蛮腰	海星沙	总经理黄林、公关部经理刘燕、市场部经理王明	秘书李思妍、司机钟浩、李标	

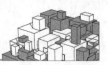

续表

日期	时　间		活动内容	地　点	主陪人员	工作人员	备　注
12月10日	上午	8:00~8:30	话别	酒店	总经理黄林、公关部经理刘燕、市场部经理王明	秘书李思妍，司机钟浩、李标	赠送礼品
		8:40~9:20	送行	从酒店出发到机场	秘书李思妍	司机钟浩	10:30飞机起飞后活动结束

5. 组织与分工

序号	组别	负责人	成　员	工作内容	备　注
1	后勤组	行政部经理那玲玲	王亮、钟浩、李标、刘民、陈蕾、王晓、李毅	负责车辆调度、来宾的接送服务、宾客食宿安排；娱乐安排；参观景点的票务；场所的布置；设备保障；经费预算；参观公司的各项准备等	注意韩国饮食习惯
2	秘书组	李思妍	刘慧枫、吴淑敏	负责会谈期间会务工作和各种接待，会谈文件的准备、起草、印发、清退、立卷归档工作	
3	公关组	刘燕	张理智、朱英、王亮	负责翻译、情况介绍、摄像、礼品购买、礼仪公关、联系媒体及时发送新闻信息	注意韩国送礼的禁忌，王亮在本组仅负责翻译
4	保卫组	黄宽	王力、高强	维护接待场所秩序、保障嘉宾的安全以及保证访问的顺利进行	公司保健医生和保安需24小时开机

6. 经费预算

项　　目	计算标准		小　计
餐费	第一天	午餐：100元/人×7=700元 晚宴：300元/人×10人=3000元	8900元
	第二天	午餐：100元/人×13人=1300元 晚宴：300元/人×13人=3900元	
参观景点门票、娱乐等	300元/人×7人=2100元		2100元
交通车油费	900元		900元
劳务费（加班费）	100元/人天×8人×5天=4000元		4000元
会务布置费用	指示牌400元，欢迎标语500元，会谈场所布置费用：鲜花600元，横幅500元		2000元
公关费	纪念品：500元/人×3人=1500元 礼仪小姐：200元/人天×6人×1天=1200元		2700元
资料费	600元		600元
其他	2000元		2000元
合　　计	23200元		

7. 附录

①酒店信息；②旅游信息；③洽谈餐饮；④洽谈用车；⑤票务信息。

二〇一四年十二月一日

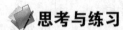
思考与练习

一、问答题

1. 接待前秘书应了解来宾的哪些基本情况？
2. 接待计划有哪些具体内容？
3. 如何确定接待规格？
4. 经费列支包括哪些内容？

二、实训题

1. 我国 A 学院的合作校英国 B 大学近日将派出以校长为首的 8 人代表团前来 A 学院考察并洽谈合作事宜，为期两天。A 学院的院长十分重视此事，责成院办公室主任要做好接待工作。作为院办秘书，请拟订一份详细周密的接待计划并上报院领导。

2. 你是天水公司总经理秘书，下周二天水集团将派总务部殷部长前来公司视察工作，作为秘书，请确定接待规格并做好接待准备。

三、案例分析

1. 英国伦敦职业学院几位有关人员要来秘书小王所在的学院洽谈合作办学事宜，学院领导将此次接待任务交给了小王。

为了不辜负领导的信任，小王早早地做好了准备。他先对英国伦敦职业学院的情况进行了解，并根据对方提供的来访者有关资料进行研究，最后写出了接待方案，并交给领导，请领导审批。

方案主要内容有：

……

为表示我院对此次活动的重视，决定采用高规格接待来接待英国客人。

请省教育厅有关领导与我院领导一同迎接外宾。

为使外宾更多地了解我国的美丽河山，尽量多组织一些参观游览活动。

……

请问：这份接待方案是否合理？为什么？

2. 天地公司的萌萌是一名新员工，她在前台负责接待来访的客人和转接电话，还有一个同事小石和她一起工作。每天上班后一到两个小时之间是她们最忙的时候，电话不断，客人络绎不绝。一天，有一位与人力资源部何部长预约好的客人提前 20 分钟到达。萌萌马上通知人力资源部，部长说正在接待一位重要的客人，请对方稍等。萌萌转告客人说："何部长正在接待一位重要的客人，请您等一下。请坐。"正说着电话又响了，萌萌匆匆用手指了一下椅子,赶快接电话。客人面有不悦。萌萌接完电话,赶快为客人送上一杯水,与客人闲聊了几句,以缓解客人的情绪。

请问:秘书萌萌在接待客人时有没有什么不妥的地方?为什么?

3. 广员公司为了庆祝公司成立十周年,计划举办一个庆祝大会及大型招待会,邀请上级领导和各方客户出席,公司为此临时成立了一个筹备小组,公司办公室田主任是筹备小组的负责人。田主任首先做出了大会的议程安排,并对接待的各个环节进行分析,把接待人员分成如下几组:签到组、贵宾接待组、一般来宾接待组等。然后聘请专业的礼仪教师来对所有计划参与接待的人员进行分组培训。最终这次活动举办得非常成功。

请分析:案例中田主任为了庆祝大会及大型招待会的顺利召开做了哪些工作?对庆祝大会及大型招待会的顺利召开有什么帮助?

任务十二　接　　站

知识目标

◆ 了解名片交换礼仪。

◆ 掌握致意问候礼仪、握手礼仪和介绍礼仪。

◆ 掌握接站礼仪和接站的方法。

能力目标

◆ 能够依礼进行接站准备。

◆ 能够在接站活动中树立良好的企业形象。

◆ 能够正确引导宾客上、下车并将宾客带到指定的地方。

案例启示

　　文江实业有限公司定于 2 月 15 日在广州召开为期两天的新产品推广会，邀请了国内外十几家合作公司的管理人员、技术人员近百人参加。秘书张红负责安排接站、报到工作，但因春节后客流较大，她又缺乏经验，致使部分与会者没能找到接站处，费了很大周折才找到报到地点。这件事影响了企业形象。

　　案例分析：接站工作是到机场或车站迎接客人，其主要任务是在客人下机或下车时迎候客人，并顺利地把客人带到目的地，减少客人在陌生地寻找组织者的麻烦。接站工作看似简单，但如果考虑不周详，没有安排好相关工作，将会给与会者带来不便，同时损害公司的形象。案例中需接站近百人，而且是春运期间，这对接站工作的要求更高，张红应该事先在会议通知或邀请函上用小地图注明接站处，并在接站现场的显眼处安排人员拉起横幅或海报，或是在必经之路安放指示牌，引导与会者找到接站处。

任务引入

　　任务背景：韩国广田百货有限公司派出社长金美惠、秘书朴素善和市场部部长李宰平一行三人到辉鹏服饰有限公司参观并洽谈合作事宜，今天到达。

　　任务：辉鹏服饰有限公司派出公关部经理刘燕和秘书王亮负责接站。假设你是秘书王亮，与有关人员到机场接机。

任务分析

通常情况下,接站人员有两种安排方法:一是主陪人在酒店等候,派副职或办公室主任或者是与对方认识的管理层人员到机场迎接。这样可以为主陪人节省很多等候时间,并无不恭敬的意思。二是主陪人亲自到机场或车站迎接,对来访者表示非常重视。根据公司的接待计划,此次任务采用的是第一种接站人员安排方法接站。因为公关部经理刘燕和秘书王亮均到过韩国广田百货有限公司考察,与对方认识,所以由他们去接站再合适不过。接站是此次双方见面接洽的第一步,也是留下好印象的关键,因此该任务不仅要求顺利接到客人,还要求给客人留下良好的第一印象。而要留下好印象,往往看接站的礼仪是否到位,所以在接站的过程中,礼仪很重要。在接站前,刘燕和王亮等必须了解见面礼仪、商务接待礼仪并充分尊重韩国礼仪文化,只有了解、尊重其礼仪文化,才能做到因人施礼、友好交往。

相关知识

秘书人员作为企业形象的窗口和代表,几乎每天都要与各种各样的人打交道。与人交往时,见面的礼节往往关系到交往对象对自己印象的好坏,进而影响对方进一步交往和沟通的意向,因此不容忽视。见面的礼节主要有致意、问候、称呼、介绍、握手以及名片交换等。

一、致意与问候的礼仪

1. 致意

致意是已相识的同事、友人之间在相距较远或者在人多不宜交谈的场合用无声的动作、表情表示友好的一种问候礼节,也是日常人际交往中最简单、最常用的见面礼节。例如点头、微笑、挥手、鞠躬等,都是致意的方式。向人致意时,可以单用一种方式,也可以几种方式并用。

致意的顺序一般是:职位低者先向职位高者致意,年轻者先向年长者致意,男性先向女性致意,未婚者先向已婚者致意。女性面对长辈、老师、上司和特别敬佩的人,也应该先向对方致意。当别人向自己致意时,一定要马上回礼。

2. 问候

问候是用语言表达对问候对象的友好与敬意的一种见面礼仪,如"您好"、"早安"等。秘书应主动向客人、上司、同事问候,这是最基本的礼貌。问候常常与致意一起使用,其内容常随着时间、地点、对象的变化而变化,我们在日常生活中最常听见和用到的问候语如"你吃了吗?"、"你干什么去?"、"你最近忙吗?"等,本身是有含义的,但在问候时使用往往仅有形式(仅表示问候)而没有了语句本身的实际意义。作为秘书,在工作场合和正式的社交场合不应该使用这类问候语,特别是和外宾交往的时候,应使用"您好"、"早上好"等通用性强、适用于任何场合和任何人的问候。不然,有探听别人隐私的嫌疑,容易引起误会。

二、其他常见的行礼方式

除了我们常见的致意、问候、握手等外,不同的国家、不同的民族都有自己不同的行礼方式,如脱帽礼、鞠躬礼、拱手礼、拥抱礼、亲吻礼、合十礼等。

1. 脱帽礼

脱帽礼时是见面时男士摘下帽子或举一举帽子,并向对方致意、问好的一种礼节。若与同一人在同一场合前后多次相遇,则不必反复脱帽。

2. 鞠躬礼

鞠躬礼是人们对别人表示恭敬的一种礼节,源自我国,但盛行于日本、韩国和朝鲜,既适合于庄严肃穆或喜庆欢乐的仪式,又适用于普通的社交和商务活动场合。行鞠躬礼时须脱帽、呈立正姿势,脸带笑容,目光应向下看,表示一种谦恭的态度,不要一面鞠躬,一面试图翻起眼睛看对方。鞠躬时,男士双手自然下垂,贴放于身体两侧裤线处;女士的双手下垂搭放在腹前,上身前倾15°～30°,表示感谢时通常行45°鞠躬礼,当赔礼和请罪时应行90°鞠躬礼。当受人鞠躬礼时,平辈应以鞠躬还礼,长辈和上级欠身点头即算还礼;地位较低的人要先鞠躬且鞠躬要相对深一些。

3. 拱手礼

拱手礼是中国古代流行的一种传统礼节。现在在一些中华文化比较通行的地区,比如说我国的台湾地区、香港地区、澳门地区,以及有一些华人聚居的东南亚地区,像新加坡、马来西亚、泰国、加拿大,实际上拱手礼在老辈人里还是比较流行的。

4. 拥抱礼

拥抱礼流行于欧美国家,多用于官方、民间的迎送宾客或祝贺致谢等社交场合。两人相对而立,上身稍稍前倾,各自右臂偏上,左臂偏下,右手环拥对方左肩部位,左手环拥对方右腰部位,彼此头部及上身向右相互拥抱,最后再向左拥抱一次。中国人之间不实行这种礼节,只有在和外国朋友交往,对方主动拥抱时才与其拥抱。

5. 亲吻礼

在俄罗斯、东欧各国、法国、意大利和阿拉伯国家,通行亲吻礼。比较熟悉的人相见,往往以拥抱、亲吻代替握手,以表示亲密的关系。行亲吻礼时,往往伴有一定程度的拥抱,不同关系、不同身份的人,相互亲吻的部位不尽相同。关系亲近的女子之间可以吻脸,男子之间是拥肩相抱,男女之间一般是贴面颊;晚辈对尊长是吻额头,但欧美人是辈分高者吻辈分低者的额头,辈分低者吻辈分高者的下颌;男子对尊贵的女宾可以吻手指或手背。在许多国家的迎宾场合,宾主往往以握手、拥抱、左右吻脸、贴面颊的连续动作,表示最真诚的热情和敬意。

6. 合十礼

合十礼又称"合掌礼",属佛教礼节,通行于印度和东南亚信奉佛教的国家与地区,泰国尤其盛行,我国傣族聚居区也用合十礼。行礼时,双手手掌在胸前对合,十指并拢向上,掌尖和鼻尖基本齐平,手掌向外倾斜,头略低,神情安详、严肃。对长辈行合十礼时,双手举得越高越有礼,但手指尖不得超过额头;对晚辈行礼时手则宜低些。在对外交际场合,当对方用这个礼节向我们行礼时,我们应该还以合十礼。

合十礼可分为跪合十礼、蹲合十礼、站合十礼三类。跪合十礼适用于佛教徒拜佛祖或僧侣的场合,行礼时右腿跪地,双手合掌于两眉中间,头部微俯,以表恭敬虔诚。蹲合十礼是盛行佛教国家的人拜见父母或师长时所用的礼节,行礼时身体下蹲,将合十的掌尖举至两眉间,以示尊敬。站合十礼是信奉佛教的国家平民之间、平级官员之间相见,或公务人员拜见长官时所用的礼节,行礼时端正站立,将合十的掌尖置于胸部或口部,以示敬意。行合十礼时,可以问候对方或口颂祝词。

三、称呼礼仪

俗话说:人际交往,礼貌为先;与人交谈,称呼在前。可见在与人交往中称呼的重要性。正确、适当的称呼不仅反映着自身的教养、对对方尊重的程度,甚至还体现着双方关系达到的程度和社会风尚。作为秘书,称呼应合乎规范,还要照顾被称呼者的个人习惯,入乡随俗,对生活中的称呼、工作中的称呼、外交中的称呼、称呼的禁忌应细心掌握,认真区别,这样才能更好地做好秘书工作,才能更好地协调人际关系。

通常情况下,生活中的称呼应当亲切、自然、准确、合理,一般是称呼对方的名字,如"小灵"。在工作岗位和正式社交场合,称呼要求庄重、正式、规范,通常以交往对象的职务、职称相称。依照惯例,规范的称呼有五种,分别是职衔称谓、职业称谓、泛尊称、职业+泛尊称和称呼姓名。对于有职务和职称的人士,在正式场合应该称呼其职务和职称,如"李主任",但西方人一般不用行政职务称呼人,只在介绍时加以说明。对于不清楚其职务职称,但知道其职业的人士,在正式场合应使用职业称谓,如"张老师"。切不可用鄙称称呼对方的职业,如"教书的"、"唱戏的"等,这对他人极不尊重。如果不清楚对方的职业、职务和职称,可以使用泛尊称,即在政务交往中常见的"先生"、"小姐"、"女士"等称呼。此外,还可以称呼职务或地位较高者为"阁下"。称呼姓名一般只限于同事、熟人之间。

国际交往中,因为国情、民族、宗教、文化背景的不同,称呼显得千差万别,秘书应掌握一般性规律,注意国别差异。例如在英国、美国、澳大利亚、新西兰等讲英语的国家里,姓名一般由两个部分构成,通常名字在前,姓氏在后,对于关系密切的,不论辈分都可以直呼其名而不称姓。

四、介绍礼仪

介绍是人际交往中与他人进行沟通、增进了解、建立联系的一种最基本、最常规的方式,是人与人进行相互沟通的出发点。在社交场合,如能正确地利用介绍,不仅可以扩大自己的交际圈,广交朋友,而且有助于自我展示、自我宣传,在交往中消除误会,减少麻烦。介绍有自我介绍和介绍他人两种。自我介绍是在没有中介人的情况下,把自己介绍给他人,以便对方认识自己。它是树立个人形象的一种重要方法与手段,也是社会交往的一把钥匙。值得注意的是,秘书在做自我介绍时应先向对方点头致意,得到回应后再向对方介绍自己的姓名、身份等,态度一定要自然、友善、亲切,内容应实事求是;若对方正忙于工作,或是正与他人交谈,此时不宜做自我介绍,因为有可能因打断对方而引起对方不满。

介绍他人,亦称第三者介绍,是指第三者为互不相识的双方所进行的介绍。在介绍他人时,应先征求一下被介绍双方的意见,不能贸然介绍,让被介绍者感到措手不及。介绍时,还要注意介绍的先后顺序,正确的做法是"尊者居后",即先介绍身份低者,再介绍身份高者。当晚辈和长辈一起时,先介绍晚辈后介绍长辈;当下级和上级一起时,先介绍下级后介绍上级;当女士和男士一起时,先介绍男士后介绍女士;当家人与外人在一起时,先介绍家人后介绍外人;当客人和主人在一起时,先介绍主人后介绍客人;当个人和群体一起时,先介绍个人,再逐一由职位高到低介绍群体。

五、握手礼仪

握手礼源于中世纪的欧洲,现已成为全世界人际交往中最常见、最普遍的见面礼。它是在相见、离别、恭贺、致谢或慰问时相互表示情谊、致意的一种礼节,双方往往是先打招呼,后握手致意。

握手时应稍事寒暄,除因病或其他原因不能站立者外,不要坐着与他人握手,不用左手握手,忌一面握手、一面斜视他处或东张西望甚至与另外的人打招呼,忌握手时左手插在裤袋里,忌握手时戴着墨镜,忌与异性握手使用双手,忌交叉握手,忌戴着手套与人握手,因为这都是不尊重对方的表现。但女性的礼仪性、装饰性手套不用摘去。

行握手礼最重要的是要知道应当由谁先伸出手。一般由接受介绍的一方先伸出手,即年长者先向年轻者伸手、身份高者先向身份低者伸手、女子先向男子伸手,以免对方尴尬,待对方也伸手时再握。但宾主之间,无论年龄或身份高低,主人应先向客人伸手。握手时双目应注视对方,微笑致意并说些客气话如"很高兴见到您"等。

六、名片交换礼仪

名片已成为人们社交活动的重要工具,初次相识,往往要互呈名片,因此秘书要养成随时带名片的习惯。呈名片可在交流前或交流结束、临别之际,但更多的是在自我介绍结束和他人介绍自己结束时呈上名片。

1. 递名片

秘书递名片给他人时,应郑重其事,用双手递给对方,切勿以左手递交名片。递送名片时应用双手的拇指和食指执名片两角,让文字正面朝向对方,即字迹应面向对方,便于对方阅读。递送时应该自读一遍,特别是名字中有多音字、疑难字时;要目视对方、面带微笑并用得当的敬辞,如"这是我的名片,请多关照"、"请多多指教"或"今后保持联系"等,同时身体微微前倾,低头示意。

2. 接名片

当他人表示要递名片给自己或交换名片时,应立即停止手上所做的一切事情,起身站立,面含微笑,目视对方。对方递过来的名片,应该用双手接过,以示尊重,切勿单用左手接。接受他人名片时,应口头道谢,或重复对方所使用的谦词敬语,如"也请您多关照"、"请您多指教",或者礼貌地应答一句"谢谢"或"随时请教"、"很高兴认识您"等,不可一言不发。

接过名片后,一定要看一遍,绝不可不看一眼就收起来。看是对对方表示重视,看是要了解对方的确切身份。名片上看不清或者不明白的地方,应该及时请教对方,以免交流的时候出现错误,引起尴尬。

3.名片的交换顺序

交换名片的顺序一般是"客先主后;身份低者先,身份高者后"。与多人交换名片时,应讲究先后次序,或由近而远,或由尊而卑,或顺时针进行,但一定要依次进行,切勿挑三拣四,"跳跃式"给名片,以免对方误会并有厚此薄彼之感。

七、轿车位次礼仪

轿车上位次的尊卑,从礼仪上来讲,因驾驶者的不同而有所不同。在我国内地,当由专职司机驾驶轿车时,讲究右尊左卑,后排为上,前排为下。例如,双排五人座轿车,座位由尊而卑依次为:后排右座,后排左座,后排中座,副驾驶座。乘坐三排七座商务车,当所有座位面向行车方向时,除去司机座位,由尊而卑依次为:二排右座,二排左座,三排右座,三排左座,三排中座,副驾驶座;当第二和第三排之间有小桌子,第二排与第三排相向而坐时,位次由尊而卑依次为:三排右座,三排左座,三排中座,二排右座,二排左座,副驾驶座。乘坐三排九座轿车,位次排法基本同三排七座轿车,不同的是副驾驶为两个位子,车门仅右侧可以拉开,因此,无论是第二排还是第三排,右边座位优于左边座位,中间座位亦优于左侧座位。

当由主人,即轿车的拥有者驾驶轿车时,亦以右为尊,一般前排座为上,后排座为下。在双排五人座轿车上,座位由尊而卑依次是:副驾驶座,后排右座,后排左座,后排中座。当乘坐三排七座轿车时,副驾驶座位为第一位(乘坐三排九座轿车副驾驶右位为第一位,左位为第二位),其他位置尊卑次序同司机开车时的排序。

无论是司机开车还是主人开车,乘坐三排式轿车时,应当由低位者即男士、晚辈、下级、主人先上车,而请高位者即女士、长辈、上司、客人后上车。下车时,其顺序相反。唯有坐于前排者可优先下车,拉开车门。乘坐有折叠椅的三排座轿车时,循例由在中间一排加座上就座者最后登车,最先下车。由主人亲自开车时,出于对乘客的尊重与照顾,可以由主人最后一个上车,最先一个下车。由秘书开车时,座次安排同司机开车。

任务实施

一、了解见面礼仪和接待礼仪

礼仪受国别、地域、宗教信仰、文化背景、民族特征、社会风俗和政治制度等因素的影响,不同国家、不同地区的礼仪会有所差别,形成不同的礼仪文化。在国际商务交往中,当我们进行涉外接待工作时,一定要事先对外宾的情况有所了解,包括宗教信仰等敏感问题,以避免对外活动出差错和出洋相。只有了解、尊重对方所属国的礼俗才能做到因人施礼,才能给对方留下好印象,确保洽谈成功。

本任务中,接站对象是韩国客人,故公关部经理刘燕和秘书王亮应先了解韩国习俗,

还应让公司总经理等相关接待人员也熟悉韩国礼俗。在前面去往韩国考察之前,他们已经了解了韩国的习俗,此时还需要了解的是国际交往中的见面礼仪和接待礼仪,只有掌握了这些礼仪,才能更好地做好接站和之后的接待工作,更好地树立企业的形象。

二、做好接站准备

作为接站人员,秘书王亮应担负起接站的准备工作,他除了事先了解韩国礼仪习俗和国际见面、接待礼仪,并形成文字供上司阅读、准备外,还应准确了解来宾所乘交通工具的班次、路线及抵达时间,做好迎接安排。王亮具体的接站准备工作如下:

(1) 准备贵宾的照片,以方便接站时辨认。

(2) 依据贵宾搭乘的飞机班次,预先电询航空公司该班飞机是否准时起飞,乘客名单中是否有该位贵宾。

(3) 掌握前往机场的时间,在飞机抵达前半小时到达机场。

(4) 事先制作一面牌子或横幅,上面用韩文写上来访者的单位名称或者是自己公司的名称,注意上面的字迹要工整、字号要大,以保证来宾在远处能看清。

(5) 准备鲜花花束,但是不可用黄色和白色的菊花,因为这两类花一般用于葬礼。

(6) 确认接站车辆和司机。秘书王亮应提前联系司机并确认好交通工具,不能等客人到了才匆忙准备,以免让客人久等而误事。通常情况下,秘书王亮应该根据来访团体的人数和接待规格来确定用车。接待规格高、人数较少的用小轿车;人数多的团体用大车,也可大小轿车都用,其中小轿车接主宾,大车接乘其他人员。双方坐车人数共六人,对方来的是社长,职务级别较高,秘书王亮可以联系一辆七座的豪华商务车接站(首选),也可以联系两辆小轿车接站。若派出两辆小轿车和两位司机,则由公关部经理刘燕陪同韩方金美惠社长乘坐一辆较高级的轿车,秘书王亮和韩方市场部部长李宰平、秘书朴素善乘坐另一辆轿车。

三、迎接客人

1. 确认对方身份

刘燕和王亮应提前在机场出口处高举写有对方公司名称或自己公司名称的牌子、横幅等候宾客出站。通常情况下,宾客下机后看到牌子或横幅会主动前来打招呼,己方也可以根据贵宾的照片确认对方身份,主动打招呼迎接。在此任务中,刘燕和王亮都认识韩方市场部部长李宰平和秘书朴素善,所以很容易确认对方。

2. 向客人问候

确认了对方的身份后,刘燕和王亮应主动问候对方。问候礼是人与人见面时互相问候的一种礼节。在接待客人时,刘燕和王亮要按照外宾的习惯用韩语对宾客进行问候。由于双方已有过接洽,有一定的了解,所以接到客人后,应首先对他们说:"你们好! 一路辛苦了!","欢迎您来到我们这座美丽的城市。"问候时一定要面带微笑、声音热情。

刘燕和王亮在问候后可以主动行握手礼或鞠躬礼表示欢迎。握手时间以 3~4 秒为宜,面带微笑、目视对方,握手时千万不可边握手边拍打对方的肩,也不能交叉握手、蹦蹦跳跳跑着握手、用左手握手或戴着保暖手套、工作手套握手。此外还要注意，韩国妇女一般不和男子握手，而以点头或鞠躬为礼，所以若金社长和朴秘书不愿握手，王亮应予以理解。在这种情况下，王亮可以行鞠躬礼问候。行鞠躬礼时需面对客人，并拢双脚，视线由对方脸上落至自己的脚前 1 米处，行 30°的鞠躬礼。

3. 自我介绍

考虑到金美惠社长不一定见过或记得刘燕和王亮，秘书王亮在问候和行礼完毕后，应及时向对方做自我介绍："您好，我是辉鹏服饰有限公司的秘书，我叫王亮。"或"您好，我叫王亮，是辉鹏服饰有限公司的秘书。"自我介绍时应避免长篇大论，介绍完毕后可以再为对方介绍公关部经理刘燕。

4. 为对方提拿行李

对于客人所带箱包、行李，接站人员要主动代为提拿，但不要代背客人的随身小提包。客人有托运的物品，接站人员也应主动代为办理领取手续。

5. 乘车回酒店

（1）引导上车

本着尊者先行的原则，刘燕和王亮应该让主宾先上车，待主宾坐好并关上车门、其余人员也都上了车后，秘书王亮才能上车。若乘坐的是座位面向行车方向或两排前面带活动桌的七座商务轿车，在引导座位时，刘燕和王亮应让金美惠社长坐在二排右位，李宰平部长坐二排左位，朴素善秘书坐三排右位，刘燕坐三排左位，王亮坐副驾驶座。若乘坐的是两辆小轿车，第一辆刘燕坐副驾驶座，金美惠社长坐后排右位；第二辆王亮坐副驾驶座，李宰平部长坐后排右位，朴素善秘书坐后排左位。当同坐后排的时候，上车时，最好客人从右侧门上车，主人从左侧门上车，避免从客人座前穿过。女性登车要注意：不要一只脚先踏入车内，也不要爬进车里，需先站在座位边上，把身体降低，让臀部坐到位子上，再将双腿一起收进车里，双膝一定要保持合并姿势。

如果客人没有按照秘书引导的位置落座，秘书也不必非让客人挪动，因为客人喜欢的位置就是最好的位置，这时只需提醒客人系上安全带、提醒司机小心开车并掌握好速度即可。

（2）途中与客人沟通

在接客人回酒店的途中，刘燕和王亮应热情大方、不卑不亢、主动与客人沟通交流。路上可为客人介绍公司概况、本地风光和他们将入住的酒店情况，或友好询问对方旅途是否愉快等，尽量让客人感受到友好、温暖和热情，但是切忌家长里短，打听别人私隐和透露商业机密。

（3）引导下车

下车时，秘书王亮应先下车为主宾拉开车门。如果有门童、警卫帮助开门，则可让主宾先下车。

四、到达住宿酒店

1. 为双方做介绍

客人到达酒店时，辉鹏服饰有限公司总经理黄林、市场部经理王明等已经在酒店门口

等候。双方见面时,出于规格的考虑,应由公关部经理刘燕为双方进行介绍。因为主方知道要迎接的是谁,而客方往往不清楚来迎接者是谁,所以刘燕应先为客人介绍总经理黄林和市场部经理王明,再为主方一一介绍韩方客人,注意介绍时应从身份最高者依次往身份较低者介绍。做介绍时刘燕需注意做到以下几点:手臂微伸向被介绍者,手心并拢,拇指张开;动作文雅、礼貌;站立介绍时不背对任何一位客人;绝不伸出一根手指指指点点地作介绍。

2.安排入住

秘书王亮在接机之前已经将住宿酒店预订好了,客人到达酒店时,应帮助客人填写入住登记表,办理好入住手续,并将客人送至房间。在送客人去房间的过程中,为消除客人在新环境中的陌生感,王亮应主动与客人交谈,向客人介绍住处的服务、设施以及此行三天的日程安排等,也可附上纸质材料,以方便客人阅读。

3.告辞离开

送客人到达房间后,王亮应尽快离开,因为客人长途劳累,需要休息,所以王亮稍作介绍便可礼貌地告辞离开,逗留时间以 15 分钟内为宜。在离开时,应提醒对方当天接下来的活动安排,如半个小时后到翔丰国际酒店一楼餐厅用午餐,主方将会在餐厅等候等。

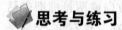 **思考与练习**

一、问答题

1. 接站前应做好哪些准备工作?
2. 介绍他人的顺序有哪些?
3. 轿车乘坐的礼仪有哪些?

二、实训题

1. 白云公司定于 2 月 15 日在南京召开为期两天的新产品推广会,邀请了国内外十几家合作公司的管理人员、技术人员近百人参加。作为秘书,请你负责安排好接站报到工作。

2. 美国 ABC 化妆品公司欲与中国采妮化妆批发公司合作,美国 ABC 化妆品公司定于 5 月 15～17 日(三天)到中国采妮化妆批发公司洽谈合作事项。请你为中国采妮化妆批发公司制订接站计划。

三、案例分析

1. 某电子通信集团公司新来的女秘书小刘去机场迎接以×××总裁为首的美国电讯商务代表团。当客人走出机场出口时,化着浓妆、打扮时尚的刘秘书迎上前去说:"您是×××先生吧? 我是来接站的,请把行李给我。"说罢,从客人手里拎过行李箱,向停车场走去。刘秘书将行李箱塞进轿车的后备厢,打开轿车门,协助客人上车后自己也上了车。行车途中,刘秘书主动和客人交谈,询问客人的年龄、婚姻、家庭和收入等情况,显得十分热情。到达宾馆后,公司总经理早已在那里迎候。刘秘书主动介绍说:"这是我们公司的王总经理,这是×××先生。"二人握手寒暄后,刘秘书把客人引领进事先安排好的1308号房间。晚上19时,刘秘书敲门进去1308房间并说:"请×××先生到宴会厅用餐。"在欢迎宴会上,刘秘书用自己的筷子为客人夹了很多菜……刘秘书的热情接待给×××先生带来了很多不快。

请指出:刘秘书在接待×××先生的过程中有哪些不当之处?

2. 白云公司秘书王欣正在办公室打材料,这时,听到有人敲门,她边敲着键盘边说:"进来。"接着又问道:"找谁呀?"客人说:"我找你们张总经理。这是我的名片,请通报一下。"说完用双手递给王欣。王欣坐在计算机前用左手接过名片,看了一下,顺手丢在办公桌上,问道"与我们张总有约吗?"客人说:"没有。""那你等会儿,我把这资料打完再帮你联系。"王欣说完又盯着屏幕敲起键盘来。客人见此只好自己找个座位坐下,盼着王欣早点打完资料。

请说明:白云公司秘书王欣在接待客人时的做法是否正确?为什么?

3. 广州某外贸公司的李晓秘书,这两天正潜心研究阿拉伯国家的民俗礼仪。原来,为了开展与中东某国的出口业务,该外贸公司的经理打算带李晓一同前去中东的这个国家洽谈业务并推销产品。到了该国,经理和李晓尊重阿拉伯国家的习惯,穿上了素服戴上头巾不露秀发,因而赢得了客户的信任。在客户应邀来京谈判时,她又处处注意礼仪,坚持平等互利;每逢伊斯兰教节日,便中止谈判,安排客户前往牛街礼拜宗教活动。这样既建立了友谊,也取得了对方的信任与尊重,不但签署了上百万元的出口合同,而且随后这位客户凡有进口业务都愿找李晓所在公司进行合作。

为什么李晓能赢得客户的信赖?

4. 某公司秘书小薇代表她的上司去机场迎接外地一家公司的考察团。见面之后,小薇安排对方代表团团长坐在小轿车的右后座,可是团长不干,他自己拉开前面的车门,坐到了司机身边。小薇觉得很为难。按照礼仪的规矩,领导应该坐在小轿车的右后座,那个座位既方便上下车,又比较安全。可是让客人再站起来挪到后面也似乎不合适。

如果你是秘书小薇,碰到这种情况会如何处理呢?

任务十三　准备和组织洽谈会

知识目标

◆ 了解商务洽谈的特征和过程。
◆ 了解商务洽谈的目标和策略。
◆ 了解洽谈计划的拟写方法和格式。
◆ 熟练掌握洽谈会的组织方法与技巧。

能力目标

◆ 能够做好商务洽谈会的筹备工作。
◆ 能够做好商务洽谈的会务工作。
◆ 能够做好商务洽谈的善后工作。

案例启示

广筑公司准备在本市的黎明大厦会议室与惠鹏公司进行商务洽谈。总经理让秘书负责安排,会上要放映资料视频,进行产品操作演示。但公司没有放映机,会谈时间是 10:30。刘小姐打电话给租赁公司,要求租赁公司在 6 日上午 10:20 必须准时把放映机送到黎明大厦的会议厅。

6 日上午,会议开幕前,广筑公司的秘书们正在紧张地做着最后的准备工作。刘小姐一看表,呀,已经 10:25 了,放映机还没送到。刘小姐马上打电话去问,对方回答机器已送出。眼看着洽谈就要开始了,刘小姐心急如焚……

案例分析:商务洽谈的组织和筹备非常重要,作为秘书人员,在会前一定要做好周密的部署和安排。案例中,洽谈时间是 10:30,刘小姐应提前 1～2 小时或提前一天把放映机租借回来,这样既能保证会谈设施的及时到位,又有充足时间进行设备的调试,保证会谈的顺利进行。

任务引入

任务背景:韩国广田百货有限公司社长金美惠、秘书朴素善和市场部部长李宰平前来辉鹏服饰有限公司参观和正式洽谈,根据日程安排第二天将进行商务洽谈。

任务 1:辉鹏服饰有限公司与韩国广田百货有限公司进行商务洽谈,由辉鹏服饰有限公司一方组织,总经理让思妍做好洽谈资料的收集和协助拟订商务洽谈计划。

任务2：如果你是思妍,请为此次商务洽谈提前做好会场布置,并在商务洽谈进行中做好洽谈记录。

任务3：洽谈会结束后,请秘书思妍协助上司及洽谈人员做好善后工作。

任务分析

双方洽谈是此次接待韩方客人的重要活动,此次洽谈组织与筹划的好坏也是此次接待成功与否的关键,那么应如何组织洽谈会呢?组织洽谈会涉及会议组织的知识,在组织洽谈前,我们必须了解会议方案的写作、会议议程和日程、会场布置、会后清理的相关知识,组织洽谈包括洽谈前的准备工作、洽谈中的服务工作、洽谈后的善后工作。洽谈前的准备工作首先需要收集对方的相关资料,制订会议筹备方案,并与各部门、相关人员协调沟通,督办落实,秘书人员必须负责落实会议室,进行会议文件资料的准备和印制,通知双方洽谈人员,布置会场等;会议开始时,秘书要做好各项服务,在会议前要进行会前检查,与会人员到会要做好迎宾和入场引导,洽谈中要做好茶水服务和会议记录;洽谈结束,秘书人员要及时清理会场,进行会议结算,整理会议资料并准备立卷。

相关知识

一、商务洽谈的含义和特征

1. 商务洽谈的含义

商务洽谈也叫商务谈判,是指不同的经济实体各方为了自身的经济利益和满足对方的需要,通过沟通、协商、妥协、合作、策略等各种方式,把可能的商机确定下来的活动过程。但是洽谈和谈判就措辞而言,谈判有"判"的意思,相比要严厉、生硬一些;洽谈比较注重温和性和灵活性,因而也更需要注重礼仪。

2. 商务洽谈的特征

（1）以获得经济利益为目的

不同的洽谈者参加洽谈的目的是不同的,外交洽谈涉及的是国家利益;政治洽谈关心的是政党、团体的根本利益;军事洽谈主要是关系敌对双方的安全利益。虽然这些洽谈都不可避免地涉及经济利益,但是常常是围绕着某一种基本利益进行的,其重点不一定是经济利益。商务洽谈以获取经济利益为基本目的,在满足经济利益的前提下才涉及其他非经济利益。虽然,在商务洽谈过程中,洽谈者可以调动和运用各种因素,各种非经济利益的因素,也会影响洽谈的结果,但其最终目标仍是经济利益。与其他洽谈相比,商务洽谈更加重视洽谈的经济效益。在商务洽谈中,洽谈者都比较注意洽谈所涉及的重要技术的成本、效率和效益。所以,人们通常以获取经济效益的情况来评价一项商务洽谈的成功与否。

（2）以价值洽谈为核心

商务洽谈涉及的因素很多,洽谈者的需求和利益表现在众多方面,但价值几乎是所有商务洽谈的核心内容。这是因为在商务洽谈中价值的表现形式——价格最直接地反映了

洽谈双方的利益。洽谈双方在其他利益上的得与失,在很多情况下或多或少都可以折算为一定的价格,并通过价格升降而得到体现。需要指出的是,在商务洽谈中,我们一方面要以价格为中心,坚持自己的利益;另一方面又不能仅仅局限于价格,应该拓宽思路,设法从其他利益因素上争取应得的利益。因为,与其在价格上与对手争执不休,还不如在其他利益因素上使对方在不知不觉中让步。

(3) 注重合同的严密性与准确性

商务洽谈的结果由双方协商一致的协议或合同来体现。合同条款实质上反映了各方的权利和义务,合同条款的严密性与准确性是保障洽谈获得各种利益的重要前提。有些洽谈者在商务洽谈中花了很大气力,好不容易为自己获得了较有利的结果,对方为了得到合同,也迫不得已作了许多让步,这时洽谈者似乎已经获得了这场洽谈的胜利,但如果在拟订合同条款时掉以轻心,不注意合同条款的完整、严密、准确、合理、合法,其结果会被洽谈对手在条款措辞或表述技巧上引你掉进陷阱,这不仅会把到手的利益丧失殆尽,而且还要为此付出惨重的代价,这种例子在商务洽谈中屡见不鲜。因此,在商务洽谈中,洽谈者不仅要重视口头上的承诺,更要重视合同条款的准确和严密。

二、商务洽谈的过程

商务洽谈的过程可以分为准备阶段、开局阶段、摸底阶段、磋商阶段、成交阶段和协议后阶段等。

1. 洽谈准备阶段

洽谈准备阶段是指洽谈正式开始以前的阶段,其主要任务是进行环境调查,搜集相关情报、选择洽谈对象、制订洽谈方案与计划、组织洽谈人员、建立与对方的关系等。准备阶段是商务洽谈最重要的阶段之一,良好的洽谈准备有助于增强洽谈的实力,建立良好的关系,影响对方的期望,为洽谈的顺利进行和成功创造良好的条件。

2. 洽谈开局阶段

洽谈开局阶段是指洽谈开始以后到实质性洽谈开始之前的阶段,是洽谈的前奏和铺垫。虽然这个阶段不长,但它在整个洽谈过程中起着非常关键的作用,它为洽谈奠定了氛围和格局,影响和制约着以后洽谈的进行。因为这是洽谈双方的首次正式亮相和洽谈实力的首次较量,直接关系到洽谈的主动权。开局阶段的主要任务是建立良好的第一印象、创造合适的洽谈气氛、谋求有利的洽谈地位等。

3. 洽谈摸底阶段

洽谈摸底阶段是指实质性洽谈开始后到报价之前的阶段。在这个阶段,洽谈双方通常会交流各自洽谈的意图和想法,试探对方的需求和虚实,协商洽谈的具体方程,进行洽谈情况的审核与倡议,并首次对双方无争议的问题达成一致,同时评估报价和讨价还价的形势,为其做好准备。摸底阶段,虽然不能直接决定洽谈的结果,但是它关系着双方对最关键问题即价格问题洽谈的成效;同时,在此过程中,双方通过互相摸底,也在不断调整自己的洽谈期望与策略。

4．洽谈磋商阶段

洽谈磋商阶段是指一方报价以后至成交之前的阶段,是整个洽谈的核心阶段,是洽谈策略与技巧运用的集中体现,直接决定着洽谈的结果,所以也是洽谈中最艰难的阶段。它包括了报价、讨价、还价、要求、抗争、异议处理、压力与反压力、僵局处理、让步等诸多活动和任务。磋商阶段与摸底阶段往往不能截然分开,而是相互交织在一起,即双方如果在价格问题上暂时谈不拢,又会回到其他问题继续洽谈,再次进行摸底,直至最后攻克价格这个堡垒。

5．洽谈成交阶段

洽谈成交阶段是指双方在主要交易条件基本达成一致以后,到协议、合同签订完毕的阶段。成交阶段的开始,并不代表洽谈双方的所有问题都已解决,而是指提出成交的时机已经到了。实际上,这个阶段双方往往需要对价格及主要交易条件进行最后的洽谈和确认,但是此时双方的利益分歧已经不大,可以提出成交了。成交阶段的主要任务是对前期洽谈进行总结回顾,进行最后的报价和让步,促使成交,拟订合同条款及对合同进行审核与签订等。

6．洽谈协议后阶段

合同的签订代表着洽谈告一段落,但并不意味着洽谈活动的完结,洽谈的真正目的不是签订合同,而是履行合同。因此,协议签订后的阶段也是洽谈过程的重要组成部分。该阶段的主要任务是对洽谈进行总结和资料管理,确保合同的履行与维护双方的关系。

三、洽谈目标的确定

洽谈目标是指洽谈要达到的具体目标,它指明企业的洽谈方向和要达到的目的以及对洽谈的期望水平。确定正确的洽谈目标是保证洽谈成功的基础。

洽谈的目标可以分为以下三个层次。

1．最低限度目标（底线目标）

最低限度目标是洽谈者必须达到的目标,是洽谈一方撤出洽谈的最后防线。对于洽谈者来说,这个必须达到的目标毫无讨价还价余地,宁可洽谈破裂也不能放弃。

最低限度目标是洽谈者根据自身主观和客观的多种因素,合理制订的最低利益标准,它不是临阵得来的,必须经过多方论证。其确定不仅可以为洽谈创造良好的应变心理环境和思想准备,还为洽谈双方提出了可供选择的突破方向和成功契机。

2．可接受目标

可接受目标是洽谈人员根据各种主、客观因素,经过对洽谈对手的全面估价,对企业利益的全面考虑、科学论证后所确定的目标。这个目标是一个区间或范围,己方可努力争取或作出让步的范围,洽谈中的讨价还价就是在争取实现可接受的目标,所以可接受目标的实现,往往意味着洽谈取得成功。可接受目标即洽谈双方坚守的主要防线。

3．最优期望目标（顶线目标）

在洽谈中,最优期望目标是指对洽谈者最有利的一种理想目标。它在满足某方实际

需求的利益之外,还有一个额外的增加值,是可望而不可即的理想点,实现的可能性较小,因为洽谈是各方利益互相兼顾和重新分配的过程,没有人会心甘情愿地拱手把全部利益让给他人。这种顶线目标又被洽谈行家们称为"乐于达成的目标",老练的洽谈者在必要时会放弃这一目标。当然这并不意味着顶线目标在洽谈桌上没有什么作用。最优期望目标往往是洽谈开始时讨价还价的起点,也可能起点会高于顶线目标,这是洽谈者常用的策略。"喊价要狠",以顶线目标或高于顶线目标为起点切入洽谈会使自己处于有利的位置。

洽谈目标的确定是一个非常关键的工作。首先,不能盲目乐观地将全部精力放在争取最高期望目标上,而很少考虑洽谈过程中会出现的种种困难,造成束手无策的被动局面。洽谈目标要有一点弹性,定出上、中、下限目标,根据洽谈实际情况随机应变、调整目标。其次,所谓最高期望目标不仅有一个,有时可能会同时有几个,在这种情况下就要将各个目标进行排队,抓住最重要的目标努力实现,而其他次要目标可让步,可降低要求。最后,己方最低限度目标要严格保密,除参加洽谈的己方人员之外,绝对不可透露给洽谈对手,这是商业机密。一旦疏忽大意透露出己方最低限度目标,就会使对方主动出击,使己方陷于被动。

四、商务洽谈的策略

洽谈目标明确以后,就要拟订实现这些目标所采取的基本途径和策略。洽谈策略包括多种,如开局策略、报价策略、磋商策略、成交策略、让步策略、打破僵局策略、进攻策略、防守策略、语言策略等,要根据洽谈过程可能出现的情况,事先有所准备,心中有数,在洽谈中灵活运用。具体如下。

1. 挡箭牌策略

挡箭牌策略就是你可用各种借口来阻挡对方的攻势,其中较常用也是较有效的叫权力受限,无法做出决策。从洽谈学角度讲,受到限制的权力是最有效的权力。第二种情况,利用资料受到限制作为挡箭牌来阻止别人进攻。第三种情况,用技术和商业机密作挡箭牌阻止别人进攻。

2. 声东击西策略

声东击西策略也叫欲擒故纵策略。为了达到某一目标,装作很不在乎这个目标,反而斤斤计较于其他目标,但最终达到这个本来目标。也就是说为达到自己的目的,不是直接盯着这个目的,而是拐弯抹角,最终达到自己真实的目的。

3. 空城计策略

空城计策略是指出价与对手内心评估差距很大,而且通过一而再、再而三反复讲,对手会对原本的评估产生动摇。这不是服从于真理,而是服从于别人说的很多次的价格,动摇了对方的信心,最终达到目的。

4. 针锋相对策略

在洽谈中对每个问题都要坚持自己的意见,是针锋相对的,你提出来我肯定要驳回去。不仅要在每个问题上准备针锋相对的说法,同时在情绪上也要准备一种极不快乐的爆发性反应,给对方施加压力。

5．最后通牒策略

规定答复最后期限，过期限则停止洽谈，已有的结论全部作废。这在己方处于强势，对方为洽谈有大量投入，且多数问题形成一致，只是个别问题上难于突破时采用。

6．货比三家策略

货比三家是为了给对手造成同样的产品、服务上的竞争压力，让他能够做出相应的让步。有选择性地比较，用别人的长处去比较对手的短处，能比较好地达到目的。

7．唱红白脸策略

主动在本组成员中形成两派意见，有人出来说好听的，有人出来说难听的，说好听话的目的是为保证达到说难听话的人所提出相应的条件内容。

8．化整为零与化零为整策略

化整为零是把一个整体项目或整体产品化解为一些环节，通过不同的洽谈把不同的环节分给不同的商人，从而产生某种竞争效果。化零为整是把项目中的各环节整体打包，通过把整个项目打包，以在价格市场或技术上取得更优惠的条件。

9．收官策略

收官策略包括强调双赢的策略和顺手牵羊策略。所谓强调双赢，就是对于洽谈结果要讲清楚，这是一个双赢的过程和结果。顺手牵羊策略，即大的交易确定了还可以提一些小的要求，而对方也可能会给予一些小小的让步，进一步稳固在大的项目上取得的成果。

五、合同的写作

1．合同的格式

合同的写作结构主要由四个方面组成。

（1）标题

一般按协议事项的性质写出名称。

（2）称谓

要写明签订合同的双方（或多方）单位名称和代表人姓名。为了行文方便，习惯上规定一方为甲方，另一方为乙方，如有第三方，可简称为丙方。在合同中不能用我方、你方、他方作为代称。

（3）正文

主要由两部分组成：一是开头。开头主要写明双方签订合同的依据、目的和双方"信守"的表态。二是合同的主要条款，一般分条列项具体说明。

（4）结尾

结尾包括三个方面：一是署名；二是签订合同的日期；三是附项，即对附加的有关材料予以注明，最后还要写清双方的地址、电话、开户行、账号、电报挂号等。

2．合同的写作要求

（1）内容要具体，条款要周详

合同是具有约束力的文书，拟稿必须内容具体，条款清楚、周详，以便于各方履行。

（2）表达要清晰、分明、简洁、准确

合同的表述主要采取说明法，根据不同的内容分出若干条款，逐条逐款地加以说明，务求清晰、分明。语言要简洁、准确，语气要肯定，防止因语意含混引起歧义。

（3）文面要规范

书写要按照合同的文面格式，同时要段落分明，标点准确，字迹清楚。表示货款、物品的数字要用大写汉字。

（4）拟稿和书写要严肃认真

合同一经签订，不得随意修改或涂抹，若出现差错或遗漏，要在协约各方一致同意下，在几份合同上同时修改、补正，并在修补处加盖协约各方的印章。

任务实施

一、洽谈资料的收集

商务洽谈的成败，洽谈者地位的强弱，往往取决于其中一方对信息资料的掌握程度，掌握的信息越多，在洽谈中越容易驾驭洽谈的进程。在洽谈前，秘书思妍要广泛收集洽谈对手的信息，详细了解对手的意图和打算，以便协助上司制订对策。

（1）收集洽谈对手的基本情况。了解对手的法人资格、资信状况、法定地址、本人身份和经营范围。这些作为洽谈的基础性资料，秘书应该事先掌握。

（2）收集洽谈对手的经营情况及历史沿革。了解对方的资产状况、经营状况、盈利状况、在行业中的地位和发展历史等。

（3）收集洽谈对手中主谈者的情况。了解其年龄、学历、经历、个性爱好、家庭成员、价值观念、风俗习惯等。

（4）收集洽谈对手的洽谈准备情况。了解洽谈对手对这次洽谈的准备工作，主要意图，基本目标，最高、最低的标准，退让的幅度，可能提的问题等。

秘书思妍将这些收集到的资料分类整理，提供上司参考，以做到知彼知己，不打无准备之仗。

二、协助拟订商务洽谈计划

为了保证洽谈围绕中心问题展开，秘书思妍应根据收集到的对方的相关资料协助上司拟订商务洽谈计划。洽谈计划是洽谈人员在洽谈前预先对洽谈目标、具体内容和步骤所作的安排，是洽谈者行动的指针和方向。商务洽谈计划主要包括标题、正文、落款三个部分，其中正文包括前言和主体。具体如下。

（1）标题

说明商务洽谈的内容，采用发文缘由＋文种的方式，如《关于与韩国广田百货有限公司合作开发韩国的中国民族服装市场的洽谈计划书》。

（2）前言

交代洽谈缘由、时间、地点等事项，例如："由于……，双方定于十二月九日上午 8：30 在公司本部六楼会议室举行正式洽谈。"

值得注意的是,商务洽谈的时间安排有几个禁忌:其一是己方准备严重不足、纯属仓促上阵的时候;其二是洽谈人员身心疲惫、状态不佳且情绪低落的时候;其三是对方心气正高、情绪高昂、准备充足的时候;其四是用餐的时候。洽谈地点的选择以己方越熟悉的环境越好。

(3) 主体

主体包括洽谈主题、洽谈人员、基本情况分析、程序及具体策略、应急预案、洽谈议程、洽谈费用预算等内容。

① 洽谈主题

洽谈主题就是洽谈所要达到的目的,一定要言简意赅。主题确定了,洽谈的方向和"度"就随之明确了。

② 洽谈人员

选择适当的人员来组成洽谈小组是洽谈成功的关键。洽谈团队的搭配,涉及人员安排的结构性、配套性、主次性、互补性。洽谈人员的构成应根据洽谈的类型和内容来确定,一般有专业人员、商务人员、法律人员,视需要还可配记录人员和翻译人员,洽谈小组成员除了必须具备相应的专业技术知识外,还必须具备一定的洽谈经验,而且能够融洽地处理同事之间的关系以及与洽谈对手的关系。为了使洽谈高效运作,秘书思妍可以向公司建议洽谈小组成员如下。

洽谈组长:本次洽谈的前线总负责人,拥有管理权与一定的决策权,负责制订策略,维护我方利益,主持洽谈进程,对洽谈人员进行职责分工与配合等。

技术专家:负责产品规格、生产技术、质量保障、售后服务、知识产权等方面的事务。建议由公司总工程师或设计师担任,公司技术部负责人备选。

商务专家:负责数量、价格、交货方式、保险等方面的事务。建议由公司销售部负责人担任。

财务专家:负责付款方式、信用保证、担保等财务方面的事务。建议由公司财务部负责人担任,公司主管会计备选。

法律专家:负责相关法律的准备、合同文本的准备、合同条款的法律解释等法律方面的事务。建议由公司法律顾问担任,如果公司有法务部门或者公司办公室有专门负责法律工作的专员则作为备选。

后勤保障人员:洽谈人员的吃、住、行总管,洽谈会场的准备,各种宴请的安排,礼品准备,信息资料的整理及保管,洽谈过程的记录等。建议由公司办公室秘书担任,办公室行政后勤专员备选。

翻译人员:负责现场翻译及文本翻译。

根据公司的计划安排,辉鹏服饰有限公司的谈判人员如下:总经理黄林(洽谈组长、主谈人角色),技术部经理郭东(技术专家角色),销售部经理田珍(商务专家角色),财务部经理冯晓(财务专家角色),市场部经理王明(商务专家兼法律专家角色);工作人员如下:总经理秘书李思妍(后勤保障人员角色),秘书王亮(后勤保障人员兼翻译角色)。

③ 基本情况分析

基本情况分析包括洽谈双方的背景、洽谈项目、洽谈目标、洽谈形势的分析等。双方

背景分析是指收集双方公司的背景资料进行的分析;洽谈项目是根据洽谈目标细分的洽谈内容;洽谈目标是指洽谈要达到的具体目的,它指明洽谈的方向和要达到的目的、企业对本次洽谈的期望水平,包括最高目标、可接受目标和最低目标;洽谈形势是对我方优劣势和对方优劣势进行分析,做到"知彼知己,百战不殆"。

④ 程序及具体策略

商务洽谈的程序包括开局、摸底、磋商、成交等几个阶段。

洽谈策略是洽谈人员根据形势的发展和变化而制订的行动方向和应变方式,以便最后赢得洽谈。洽谈者根据各种影响因素进行分析,确立己方的洽谈地位是优势、劣势还是均势,并由此确定洽谈的策略。

⑤ 应急预案

很多时候,商务洽谈并没有按照既定的计划进行,秘书要提醒洽谈计划制订者提前预想洽谈中可能会遇到的突发情况,提前做好应急预案。

⑥ 洽谈议程

洽谈议程会影响洽谈效果,洽谈议程需根据洽谈内容来拟写,拟写时要注意写清楚以下几点。

第一,洽谈的大致期限,包括起始时间、中间分几段,每段洽谈一般间隔多少时间。

第二,洽谈的中心议题和每轮洽谈的中心时间安排。

第三,每一方参加者的人数:谁为主谈(首席),如邀请第三方则谁是第三方,应具备什么身份,其权利义务如何。

第四,列入洽谈的各项事宜的先后编排次序,及每项事宜应占用的计划时间。

第五,己方绝不能退让的条件,不应让它出现在议程上。

拟订洽谈议程是秘书人员的任务,通常由秘书拟写议程草稿,交领导批准后分发给所有与会者。洽谈议程是洽谈进程的概略安排。

⑦ 洽谈费用预算

洽谈的经费预算可包括以下内容。

文件资料费:包括文件资料、文件袋、报价(稿)印制等开支。

通信费用:打电话等进行会议联络所需的经费。

洽谈用品费:如横幅、茶水、席卡、文件夹等。

洽谈交通费:参会人员交通往返的费用,如果由主办单位承担,则应列入预算;反之,则不需要列入预算。

洽谈其他开支:会议经常会有一些不可预见的开支出现,作预算时要留有余地,以免造成费用不够的情况。

(4)落款

写洽谈计划书的制订单位或部门的名称以及完成时间。

三、布置洽谈会场

根据接待计划和洽谈计划安排,洽谈会在 12 月 9 日上午 8:30 进行,因此秘书思妍应提前一天布置好会场并在洽谈会开始前提前到达会场。思妍会场布置情况如下。

1. 需要准备的相关场所

思妍需要安排一间主要洽谈室、一间备用洽谈室，还有一间休息室。主要洽谈室是双方进行洽谈的现场，布置一般要典雅、舒适，具有一定的民族特色，采光充足，并配备相对的视听设备。备用洽谈室是商务洽谈各方都可以使用的隔音较好的房间，该房间可以供商务洽谈某一方内部协商之用，也可以供商务洽谈各方就某一个专项问题洽谈之用。备用洽谈室通常不要离主要洽谈室太远，最好是紧邻主要洽谈室。备用洽谈室同样需要布置得典雅、舒适，采光要好，还应准备相应的桌椅、纸笔等。休息室供洽谈中场休息时使用，布置应舒适、轻松、明快，可配备一些茶水、酒类、水果等。

2. 布置主要洽谈室

秘书思妍在进行主要洽谈室会场布置时应考虑座次安排，洽谈桌用品配置、摆放及洽谈环境的布置。

（1）座次安排

在洽谈中要想获得对方的合作或取得某种效果，座位的安排有学问。秘书思妍在主要洽谈室座位的摆放上遵循如下方法。

在商务双边洽谈中，通常用长方形、椭圆形桌子（多边洽谈用圆形桌子），宾主相对而坐，以正门为准，主人背门而坐，客人面门而坐，主谈人居中。译员的座位安排在双方主谈人的右侧，其他人按礼宾顺序左右排列，记录员可安排在洽谈桌的后侧或另行安排桌椅就座，如果参加洽谈的人数较少，记录员也可在洽谈桌边侧就座。

双边洽谈座位安排如图13-1所示。若洽谈桌不是与门平行而是垂直于门，则门的右侧为客方，左侧为主方，具体座位安排如图13-1所示。

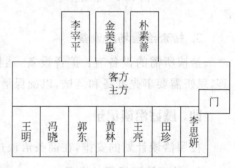

图13-1 双边洽谈座位图

（2）配置和摆放洽谈桌用品

桌面放置中外文座位卡，卡片上的字体应工整清晰。每个座位前桌面的正中摆放一本供记事的便签，便签下端距离桌面的边沿约5厘米；紧靠便签的右侧摆红铅笔和黑铅笔；便签的右上角摆放一个饮品垫盘和茶杯，盘内垫小方巾；如需要还应在每位主要宾客处摆放一个烟缸和烟盘、纸巾盒，其他人每两人放一套（摆在两个座位之间）。座位卡、便签、垫盘、烟具、茶具等物品的摆放要整齐划一、均匀协调。涉外洽谈桌上需摆放两国国旗。

（3）布置洽谈环境

思妍在布置会场时，对洽谈环境的布置主要应考虑以下几个因素。

其一，光线。可利用自然光源，也可使用人造光源。利用自然光源即阳光，应备有窗纱，以防强光刺目；使用人造光源时，要合理配置灯具，使光线尽量柔和一些。

其二，声响。室内应保持宁静，使洽谈能顺利进行。房间不应临街，不在施工场地附近，门窗应能隔音，周围没有电话铃声、脚步声等噪音干扰。

其三，温湿度。室内最好能使用空调机和加湿器，以使空气的温度与湿度保持在适宜的水平上（温度 20℃，相对湿度为 40％～60％最合适），还要保证空气的清新和流通。

其四，色彩。室内的家具、门窗、墙壁的色彩要力求和谐一致，陈设安排应实用美观，留有较大的空间，以利于人的活动。

其五，装饰。用于洽谈的场所应洁净、典雅、庄重、大方。设置宽大整洁的桌子、简单舒适的坐椅，墙上可挂几幅风格协调的书画，室内也可装饰有适当的工艺品、花卉、标志物，但不宜过多过杂，以求简洁实用，如图 13-2 和图 13-3 所示。涉外洽谈还要准备好对方的国旗。

图 13-2　洽谈会场 1　　　　　　　　　　　　　图 13-3　洽谈会场 2

3. 检查洽谈场所设备

洽谈所需的设备有：扩音设备，通信、传真、复印设备，计算机，投影机，互联网服务等，思妍需要事先准备和调试，以确保洽谈的顺利进行。

四、做好洽谈记录

按照洽谈计划的安排，在商务洽谈过程中，秘书思妍应做好洽谈记录，具体如下。

1. 做好洽谈记录的准备

（1）准备记录本，记录本最好用活页的，便于取出归档。

（2）准备好记录用笔，可以用签字笔、碳素墨水笔，但最好的记录用笔是铅笔，铅笔记录便于记录后整理。但铅笔易磨损，所以洽谈前要多准备一些。

（3）准备好录音笔，用于补充手工记录。切记在录音的同时必须手工记录，这样不仅整理记录的速度快，而且可以弥补录音笔中途出故障造成的损失。

（4）备有议程表和其他的相关材料和文件，在需要核对相关数据和事实时随时使用。

（5）准备一张与会人员的座位图，便于识别会议上的发言者。

（6）提前参阅一下其他的洽谈记录，揣摩一下其行文结构、细节内容。

2. 按照洽谈记录格式进行记录

洽谈记录是草拟协议的原始材料。秘书思妍可以按照以下洽谈记录的格式进行洽谈记录。

（1）标题

标题的写法有两种：一种由项目＋文种组成，如"与韩国广田百货有限公司开发韩国的中国民族服饰市场洽谈记录"。另一种是只写文种,如"洽谈记录"。

（2）洽谈组织概况

洽谈时间。要写明年、月、日,上午、下午或晚上,×时×分至×时×分。

洽谈地点。如"公司六楼会议室"、"××酒店×楼×室"等。

洽谈人员。一般将双方洽谈人员分开来写,可表述为"甲方、乙方"或"买方、卖方"。再将洽谈人员的职务、姓名一一对应列出。

记录人。包括记录人的姓名和部门。如"李思妍（总经理办公室秘书）"。

（3）洽谈内容

洽谈内容记录的是洽谈的进程。秘书思妍在进行洽谈内容记录时应掌握如下方法。

第一,须将洽谈人员发言和讨论的观点、决议、决定、重要声明、修正内容、结论一字不落的记录下来,其他内容可以概括记录。

第二,漏记的内容,先做记号,洽谈后对照录音修改。

第三,须把发言者的名字记录下来。

（4）审阅签名

秘书思妍在做完洽谈记录后,要与洽谈小组进行核对,以保证记录的全面、准确,必要时还需双方过目,签字。最后秘书思妍将洽谈记录的定稿交洽谈主席签字审核,并在记录人员签字处签字。

洽谈记录具体格式可参考下例。

××项目洽谈记录

洽谈时间：二○一×年×月×日×时

洽谈地点：××公司办公楼五楼小会议室

洽谈人员：×××　　×××　　×××　　×××

记录人：××公司办公室主任刘××

洽谈内容：

×××：

……

甲方代表：×××（签名）　　　　　　　乙方代表：×××（签名）

洽谈主席签字：　　　　　　　　　　　　记录人签字：

随着技术设备的完善,计算机速录技术已被广泛使用,秘书在洽谈记录时可利用计算机速录技术进行记录,提高效率。

洽谈的记录非常重要,秘书人员要全面、准确地做好洽谈记录。每一次洽谈之后,重要的事情,应写一份简短的报告或纪要,向双方公布,以防止达成的条件在以后被毁。在大型的洽谈中,有时甚至要在每个问题谈妥之后,都要通读双方记录以查对一致。在最后阶段,检查、整理记录,双方共同确认记录正确无误后,所记载的内容才是起草书面协议的主要依据。

五、协助做好洽谈善后工作

洽谈会介绍后,秘书思妍和王亮应协助上司和其他洽谈人员做好善后工作。

1. 会场清理

洽谈结束后,秘书思妍和王亮应及时清理会场,具体可按如下步骤操作。

(1)拿走通知牌和方向标志

在洽谈结束后,通知牌和方向标志失去了其作用,应及时拿走它们,恢复场地的原有模样。对于一次性说明标志或通知牌应予以销毁,可重复利用的应统计、归类、入库以便下次使用,这样做有利于节约材料、资源,节省人力、物力。

(2)清理会场内其他物品

在洽谈结束后,会产生大量的废弃纸张。这些纸张或是草拟的文件、洽谈的资料,或是财务的报表,洽谈结束后秘书人员首先要收回所有应该收回的洽谈资料,将所有纸张进行整理、清点、归类,找出有用的资料,不能再利用的纸张要销毁,避免泄露公司的秘密。这是会后秘书工作中最重要的一个环节,切不可麻痹大意。

此外,要认真打扫洽谈会场,使会场恢复原貌,例如会场中的会标、横幅等宣传物品要及时撤去,洽谈中使用的幻灯片、投影幕、笔记本电脑、席卡等应收拾好。如果发现会场有洽谈人员遗失的物品要妥善保管,并与失主联系。

(3)通知配电人员和服务人员

会场清理完毕后要通知配电人员和服务人员切断会场使用的电源,关闭会场。

2. 财务结算

洽谈结束后,思妍应及时结清各种工作支出的费用,具体包括以下内容。

(1)结清文件资料费和洽谈用品费用。

(2)结清洽谈交通费用和通信费用。

(3)结清洽谈其他开支费用。

3. 收回相关的文件资料,并进行整理

(1)清退重要的洽谈文件

洽谈结束后,秘书要及时清退重要的洽谈文件。秘书思妍在会前应列出洽谈后与会者需要清退的文件清单,提前发放"文件清退目录",在会议结束后进行文件清退。

一般文件清退方法如下:

① 在宣布会议结束的同时,由会议主持人提出要求,请与会者将需要退还的文件留下,也可由秘书人员在会场门口随时收集。

② 对个别领取了会议文件又未到会或提前离会的人员,秘书及时采取个别催退的方法清退文件。

(2)根据洽谈记录拟订合作协议书

洽谈结束后,秘书思妍应根据洽谈记录,及时与韩方有关人员将洽谈双方取得的成果形成合同文本,经洽谈双方修正后,在签约仪式上签字公证,成为法律性文件,维护双方合作利益。

秘书思妍在起草合同时,应注意以下几点。

① 遵守我国法律法规。

② 达成的协议必须见诸文字。

③ 重要条款应反复推敲后再落笔。

④ 合同的文字要简洁,概念要明确,内容要具体。

⑤ 按照合同的正确格式起草。

（3）整理洽谈资料

思妍在洽谈结束后应对洽谈文件进行整理。

① 收集资料。将洽谈中形成的所有文件、资料完整地收集起来。

② 鉴别整理。检查收集的文件资料是否齐全完整,如有未收集的应尽快收集起来。

③ 初步分类。资料可分为主要文件资料、一般文件资料、参考资料、有关文书资料等,给文件分好类以便日后再按问题和时间特征立卷、归档。

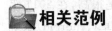 **相关范例**

范例一　　　　关于采购 HTC S510e Desire S 手机的商务洽谈计划

由于赢富美晟市场营销策划有限公司与中国台湾宏达国际电子股份有限公司洽谈购买其旗下的 HTC 品牌 S510e Desire S 手机的相关事项,定于 2014 年 6 月 20～23 日在广东省广州市花园酒店 2 号会议室进行商务洽谈。

一、洽谈主题

赢富美晟市场营销策划有限公司向中国台湾宏达国际电子股份有限公司购买其旗下的 HTC 品牌 S510e Desire S 手机的相关事项。

主方：赢富美晟市场营销策划有限公司

客方：中国台湾宏达国际电子股份有限公司

二、洽谈团队人员组成

首席代表：肖宝宁（总经理）

主谈人员：张瑛（副总经理,公司洽谈全权代表）

黎李权（采购部经理,商务主谈）

夏庆燕（财务部经理,核算财务）

其他人员：胡祖福（技术顾问,负责技术问题）

胡月媚（秘书,记录人员）

龙卓群（法律顾问）

三、基本情况分析

（一）洽谈双方背景

1. 我方公司分析

赢富美晟市场营销策划有限公司,是华南地区一家新兴的市场营销策划公司。其业务包括为客户提供市场调研,营销策划服务的咨询性企业。公司名字——"赢富美晟"取自于英文单词：Information,暗喻着公司的服务能为客户带来有用的信息。公司的口号

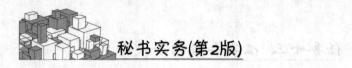

是:"得你所想!"

2. 客方公司分析

HTC公司于1997年由董事长王雪红、董事暨宏达基金会董事长卓火土,与总经理兼执行长周永明所创立。宏达国际电子股份有限公司成立于1997年5月15日,为威盛电子转投资的公司,是全球最大的智能手机代工和生产厂商,全球最大的Windows Mobile智能手机生产厂商之一,微软Windows Mobile最紧密的合作伙伴之一,垄断了Windows Mobile手机80%左右的市场份额。旗下拥有Qtek通路品牌,Dopod多普达是宏达的子公司。宏达电子股份有限公司现任董事长是王雪红,执行长是周永明。2008年6月,公司正式英文名称自High Tech Computer Corporation更名为HTC Corporation。宏达公司口号为"smart mobility",常出现于公司商标上。公司以前知名度不是很高,在2011年发展迅猛,现已成为全球知名手机生产商。现HTC系列手机以搭载安卓(Android)系统最为普遍。另外,为强调创新精神,另一句口号"HTC Innovation"也常出现于其产品以及广告上。HTC公司2011年口号变更为:谦和之中见卓越(quietly brilliant)。

(二)洽谈的项目

(1) 标的物的价格。

(2) 标的物的数量。

(3) 标的物的交货时间。

(4) 标的物结算方式和时间。

(5) 定金的支付和违约赔偿。

(三)洽谈目标

(1) 主要目标:达到洽谈目的。能购买100台该型号手机。

(2) 次要目标:以低于出厂价20%的价格采购到该型号手机。

(3) 最低目标:以出厂价采购到该型号手机。

(四)洽谈形势分析

1. 我方优势

(1) 对市场情况熟悉,拥有一流的市场营销触觉,洞察力强。

(2) 企业口碑好。

2. 我方劣势

(1) 品牌的知名度还不够,参与洽谈的人员洽谈经验不足。

(2) 缺乏足够的资金。

3. 对方优势

(1) 企业品牌知名度高,而且有大量业务需要。

(2) 资金雄厚,可以适当抬高价格,以取得更大的经济利益。

4. 对方劣势

(1) 标的性能相对新推出的机型稍有欠缺,处于将要退市的状态。

(2) 同类竞争品牌较多。

四、程序及具体策略

1. 开局

方案一：感情交流式开局策略——通过谈及双方合作情况形成感情上的共鸣，把对方引入较融洽的洽谈气氛中。

方案二：采取进攻式开局策略——营造低调洽谈气氛，指出本公司的优势所在，令对方产生信赖感，使我方处于主动地位。

借题发挥的策略：认真听取对方陈述，抓住对方问题点，进行攻击、突破。

2. 中期阶段

(1) 红脸白脸策略：由两名洽谈成员其中一名充当红脸、一名充当白脸辅助协议的谈成，适时将洽谈话题从价格转移到产品质量上来。

(2) 层层推进、步步为营的策略：有技巧地提出我方预期利益，先易后难，步步为营地争取利益。

(3) 把握让步原则：明确我方核心利益所在，实行以退为进策略，退一步进两步，做到迂回补偿，充分利用手中筹码，适当时候可以答应部分要求来换取其他更大利益。

(4) 突出优势：以以往案例作为资料，让对方了解到我们的优势。强调与我方协议成功给对方带来的利益，同时软硬兼施，暗示对方若与我方协议失败将会有巨大损失。

(5) 打破僵局：合理利用暂停，首先冷静分析僵局原因，再运用肯定对方的形式和否定对方实质的方法解除僵局，适时用声东击西策略，打破僵局。

3. 休局阶段

如有必要，根据实际情况对原有方案进行调整。

4. 最后洽谈阶段

(1) 把握底线：适时运用折中调和策略，严格把握最后让步的幅度，在适宜的时机提出最终报价，使用最后通牒策略。

(2) 埋下契机：在洽谈中形成一体化洽谈，以期建立长期合作关系。

(3) 达成协议：明确最终洽谈结果，出示会议记录和合同范本，请对方确认并确定签订合同的具体时间和地点。

五、制订应急预案

双方是第一次进行商务洽谈，彼此不太了解。为了使洽谈顺利进行，有必要制订应急预案。

1. 对方提出新的异议

应对方案：友好往来，适当让步。

2. 交货日期押后

应对方案：再次商榷，要求尽量提前交货日期。

3. 标的物数量不足

应对方案：促使客方调配货源，或以同等级的标的物无变动代替。

六、洽谈议程

（1）双方进场。

（2）介绍会议安排和与会人员。

（3）进行正式洽谈。

（4）达成协议。

（5）签订协议。

（6）祝贺洽谈成功。

七、洽谈费用预算

（1）场地租金费用：5000 元。

（2）交通费用：500 元。

（3）接待餐饮费用：4000 元。

（4）其他杂费：3000 元。

（5）合计：12500 元。

赢富美晟市场营销策划有限公司

2014 年 6 月 2 日

范例二　　　　　　洽 谈 记 录

一、洽谈时间：2014 年 3 月 1 日上午 10：00

二、洽谈地点：怡达健身器材有限公司第一会议室

三、洽谈人员

怡达健身器材有限公司（卖方）：王媛、刘璇、王芳、王瑞、张福

爱杰斯健身用品有限公司（买方）：李涛、李丽、刘伟、谭文、肖小

四、记录人员

卖方：陈德备

买方：金俏楠

五、洽谈内容

王媛：首先欢迎爱杰斯健身用品有限公司的代表来到我们公司洽谈业务。

李涛：谢谢怡达健身器材有限公司的盛情招待。鉴于我们是第一次合作，我想请您先介绍一下你们公司的情况。

刘璇：这个问题由我来给您解答。我们公司成立于 1993 年，最初我们主要出售各式健身球、杠铃片等。直到 1996 年，我们扩大了产品线，开始出售成套的健身设备。最终使我们成长为本地区有较高知名度的健身器材生产企业。我们的产品远销海内外，产品质量广受好评。我们公司主要生产的产品有：各类型号的健身球、跑步机、哑铃、杠铃、健身护具、臂力器等。

李涛：我们公司主要经营销售各类健身器材，我们在贵公司发布的广告上了解到贵公司的产品无论质量、价格都有一定的竞争力，因此我们公司想成为贵公司产品在省内的独家代理商，不知道贵公司意下如何？最近我们正在进行销售整合，准备更换商品，因此

还需要购进贵公司的大量产品。

王媛：我们公司最近也致力于开拓新市场，贵公司想成为我们的省级独家代理商，在这之前我们想知道贵方的具体实力是否符合我们省级独家代理商的要求，请贵公司介绍一下你们的销售规模和优势。

李丽：下面由我来介绍一下我们公司的具体情况。我们公司在省内各个城市都有分店，尤其在我省南部的几个大城市，有两家以上的分店，在省会有五家分店。我们的客户众多，并且承接过诸如体育馆、大型健身中心，以及多个社区建设露天健身场地的订单，年纯利润达 2000 万元。我们公司有实力也有诚意，希望能够获得贵公司的省级独家代理权。

王芳：我公司的省级独家代理权一般需要支付 500 万元代理费，至于是否给贵公司代理权，我们还需要请示公司领导。刚才贵公司提到要采购大量产品的意向，我们现在还是先谈一谈关于采购产品的问题吧，代理权问题容后商议。

李涛：我们尊重贵公司的提议，请我的助手谈一谈我公司的采购计划。

刘伟：下面我就来谈一谈我公司的采购计划，具体采购计划如下：跑步机 100 台、哑铃 4000 副、杠铃 3000 个。另外有一个问题：贵公司生产的杠铃片有哪几种规格？

王瑞：我公司生产的杠铃片规格有：2.5kg、5kg、10kg、15kg、20kg。

刘伟：那我公司需采购 2.5kg 5000 个、5kg 5000 个、10kg 3000 个、15kg 1000 个、20kg 1000 个。请贵公司报一下价格。

王瑞：跑步机 5000 元一台，哑铃 30 元一副，杠铃 200 元一套，杠铃片 2.5kg 10 元一片、5kg 20 元一片、10kg 40 元一片、15kg 50 元一片、20kg 60 元一片。

刘伟：鉴于这个报价，我们还需要考虑一下。

王瑞：鉴于我们第一次合作，我们也可以给贵公司一定的优惠。

刘伟：请你具体说说。

张福：这方面的问题由我来给您解答。跑步机订购量达到 100 台可以给予 2％的折扣，达到 150 台给予 3％，200 台给予 4％，依此类推，最多可以给予 6％的折扣，另外哑铃、杠铃及杠铃片一律给予 8 折优惠。

李涛：谈到这里我们双方洽谈的内容都已大概知晓，对于你方的报价和我们的心理价位还有一定的距离，我们还希望贵公司能够再给予我们一定的优惠，也请再给我们一点时间考虑一下。

谭文：经我方仔细考虑，能否让我们直接享受每台跑步机 6％的折扣，其他哑铃、杠铃及杠铃片一律给予我们 7 折优惠。

张福：这个恐怕不好办，你我双方都是经营多年健身器材的公司，只是我们是厂家，贵公司是经销商，但是我们对健身器材这个行业都十分了解，倘若给贵公司如此优惠，我们这一年就白干了，希望贵公司考虑到我们的难处，我们提议贵公司适当增加采购的数量。

谭文：你我双方都已经非常了解，又是第一次合作，我公司有十足的诚意并且有相当的实力，刚刚我们也提出获得贵公司省级独家代理权的问题，足见我公司十分想谈成这笔生意，还请贵公司再仔细考虑考虑我们的要求。

张福：我们公司确实已无法再给予你方更多的优惠，不如我们先休息一下再谈。

（休息）

李涛:我想你我双方在休息过程中也考虑得差不多了,可以继续开始了。

王媛:经我方考虑,如果你方再增加50台跑步机的订单,我方可以给予你方6%的折扣,其他哑铃、杠铃及杠铃片我们已无法给予更多的优惠,如果你方有诚意,我们可以免除运输费用,希望我们能够就此达成协议。

肖小:鉴于以上的洽谈,我公司认为贵公司还是可以适当给予我们优惠的,运输费用和所采购的物品价值相比而言,只是九牛一毛。再者我们经营健身器材多年,以往发生过多次健身器材短斤少两的问题,因此我方提出这样的价格也是迫不得已。

王芳:关于质量问题请你大可放心,如果我方产品出现质量问题,我们一定会给予调换和赔偿。贵公司一直关注价格问题,现在又从质量问题寻求突破,我希望贵公司能够干脆利落地谈成此次业务,不要过多纠结于这些小问题。

谭文:贵公司的观点我们十分不同意,这不是小问题,牵扯到几十万元的货款,因此我们不能同意你方给予的优惠方案。

刘璇:如果贵公司这样执著,我们的洽谈将一无所成,这样是我方的损失,对于你方也将是更大的损失。如今,健身行业发展迅速,我们有很多客户希望和我们合作,因此请贵公司慎重考虑。

李丽:贵公司是想说你们不缺我们一个合作伙伴吗?如果是这样我们就另找厂家,我想贵公司的竞争对手也不是没有吧?

王媛:好了,我们这样无谓的争执是没有用的,我们双方应该再仔细想一想。

(休息)

刘伟:我们洽谈已经中止两次了,我觉得我们双方还是应该抓紧时间,早日达成协议。鉴于贵公司的上述观点,我们觉得贵公司无论实力还是产品质量都是同行业的龙头,同样我们公司也是具有一定实力的,因此我们双方都应该慎重。

王瑞:是的,我们公司也十分慎重,但是贵公司提出的优惠方案我们的确困难。刚刚经过考虑,我们认为如果贵公司再增加50台跑步机,我们可以给予5%的折扣,其他哑铃、杠铃及杠铃片我们最低给予7.5折优惠。这是我们的底线了。

刘伟:那我们还是结束洽谈吧。

王媛:等一下,我们再谈谈?

李涛:看来贵公司并没有到底线啊?

王媛:不不不,我们都是大公司,何必陷入如此僵局,这样吧,我们再考虑考虑。刚刚贵公司谈到省内独家代理权的问题,如果贵公司同意采购方案,那么这个代理权的问题我们还是可以谈一谈的。

李丽:贵公司的意图是在威胁吗?如果我们拿不到代理权,我们采购你方的产品有何用?

刘璇:既然如此,我们就不要再继续谈下去了,还是寻求一下别的解决方案吧。

刘伟:我有一个设想,就是如果贵公司给予我们省内独家代理权并在代理费上给予一定的让步,那么采购的问题就迎刃而解了。

王芳:不!这个不可能,这完全是不对等的条件。

谭文:贵公司的代表不要激动啊,如果我是贵公司我一定会认为这是非常互利的条件,贵公司的产品以我公司的规模为依托,一定会占领省内市场,这是对贵公司最大的益处,我认为贵公司应当把眼光放长远。我公司也在发展,将来不仅仅在省内,在全国也会开设更多的分公司、分店,届时贵公司的产品将不仅仅可以占领省内市场。

王瑞:贵公司好像忽视了一点,我们公司的产品早已远销海外了,更不用说全国了。

肖小:哦?是吗?难道贵公司已经垄断整个行业了吗?我们不是不知道,ABC 公司是贵公司最大的竞争对手,我说得不错吧?

张福:贵公司既然对我公司如此了解,那为什么还要提出如此苛刻的条件?我想既然贵公司有诚意,我们也不用拐弯抹角,直接亮底牌吧。

李涛:亮底牌?我想我们已经说得很明确了,只希望贵公司能够从长远利益出发,来考虑我们这次合作。我想我们休息一会儿,拿出各自的诚意吧!

(休息)

王媛:我看休息得差不多了,这样吧,我们可以给贵公司代理权,但是贵公司提出的优惠我们不能同意,如果贵公司有诚意,那么我们再赠送 500 副健身手套,并再配备 10 套跑步机配件。贵公司代表意下如何?

李丽:经过讨论,我公司认为贵公司可以以 450 万元给予我们代理权,如果这样,我们将增加 50 台跑步机的采购量,并且同意哑铃、杠铃及杠铃片 7.5 折的优惠。贵公司应该着眼于未来,我们很快就会有再次合作的。

王媛:既然如此,我们再继续下去也不会有什么结果了,看在贵公司的实力和诚意上,我们同意贵公司的方案。

李涛:那我们就成交吧。

起立握手……

怡达健身器材有限公司(卖方):王媛　　　爱杰斯健身用品有限公司(买方):李涛
　　　刘璇、王芳、王瑞、张福　　　　　　　　李丽、刘伟、谭文、肖小

洽谈主席:(签字)　　　　　　　　　　记录人:(签字)

范例三　　　　　　　　网站合作合同

甲方:

乙方:

为了推动中国互联网事业,促进合作双方企业发展,更好地为广大金融界互联网用户服务,甲、乙双方本着平等互利、共同发展、优势互补的原则,甲方版权所属网站:××××与乙方版权所属网站,经友好协商,在合作意向上达成一致,结为合作伙伴,甲方以协议规定的方式,向乙方免费提供金融界的人才职业信息,乙方完善频道建设,充分保证双方的权益。现就双方合作的具体事宜及双方的权利与义务达成如下协议。

第一条:甲方的职责

1. 为乙方提供金融界人才职业相关的信息内容,并积极开发金融界用户所需的人才职业信息,及时提供给乙方站点,人才职业信息包括但不限于以下内容。

(1) 有关人才、人力资源、就业、培训方面的新闻;

（2）有关职业选择、职业发展、人际关系、职业评测等方面的特写等文章；

（3）有关行业比较、企业文化、企业用人哲学、人事经理访谈等方面的文章；

（4）有关出国发展方面的文章；有关培训计划、培训须知方面的文章；

（5）有关人才、职业方面的网友争论及原创文章等。

上述文章版权归甲方所有,乙方仅可在本协议规定范畴内使用。

2. 按协议附录规定的方式为乙方提供上述文章,并根据金融界用户以及乙方的反馈积极开发为金融界用户所欢迎的人才职业信息。

3. 在其网站为乙方频道设置文件配置表,配置内容包括但不限于以下内容:乙方频道 logo 或文字及 url 网址链接;乙方网站主页的网络路径;以上内容由乙方根据协议附件规定提供,乙方拥有上述内容的版权与修改权,甲方应当为乙方提供网上修改上述内容的管理权限。

4. 甲方在首页"合作伙伴"中加入"××"的文字链接。

5. 提供甲方的旗帜(banner)广告,大小为 468×60 像素的图像文件,具体发布事宜由双方商定,按协议附件规定执行。

6. 上述所有图形 logo 均由乙方自行设计,版权归乙方所有。

7. 在所有由甲方提供内容的页面下方标注版权说明,版权归属单位为甲、乙双方。

第二条：乙方的职责

1. 在乙方网站创建独立目录,存放所有由甲方提供的文章与信息。

2. 在所有由甲方提供内容的页面下方标注版权说明,版权归属单位为甲、乙双方。

第三条：商业秘密

1. 甲、乙双方应对其通过工作接触和通过其他渠道得知的有关对方的商业秘密严格保密,未经对方事先书面同意,不得向其他人披露。

2. 除本协议规定之工作所需外,未经对方事先同意,不得擅自使用、复制对方的商标、标志、商业信息、技术及其他资料。

第四条：声明

1. 甲、乙双方之间结为战略合作伙伴关系。

2. 甲、乙双方信息资源互享,各自保证其网站内信息来源的真实性、准确性与时效性。

3. 甲、乙双方在网站或频道的推广和宣传过程中同行共勉、紧密合作。

4. 甲、乙双方就各自的经营和提供的服务内容承担责任,享有收益和版权。

5. 如果由于网站版面更新或改动,原来的链接位置不再存在,双方必须将新的链接摆放位置调整至保证与原本效果相当的位置。

6. 本协议期限满,双方优先考虑与对方续约合作。

7. 双方的合作关系是互利互惠的,所有内容与服务提供均为相互免费。

第五条：协议执行期限

本协议书有效期为三年,自××××年××月××日至××××年××月××日为本协议商定合作方案的执行期限。

第六条：协议的终止

本协议因以下任何原因而终止：

1. 本协议期限届满。

2. 双方协商同意终止本合同。如有任何一方欲终止此合同,需提前一个月通知对方。

第七条：争议的解决

如甲、乙双方在本协议的条款范围内发生纠纷,应尽量协商解决,协商不能达成一致意见时,提请北京市仲裁委员会仲裁解决。

第八条：不可抗力

因地震、火灾等自然灾害、战争、罢工、停电、政府行为等造成双方不能履行本协议义务,双方通过书面形式通知对方,本协议即告中止。

第九条：本协议一式二份,双方各执一份,经双方签字盖章有效。本协议及其相关附件具有同等法律效力。

甲方：   乙方：

代表签字：   代表签字：

日期：   年 月 日   日期：   年 月 日

盖章：   盖章：

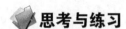 **思考与练习**

一、**问答题**

1. 洽谈计划的内容有哪些?

2. 洽谈会的现场布置要考虑哪些因素?

3. 洽谈记录需做好哪些准备工作?

二、**实训题**

1. 根据以下背景,撰写一份洽谈计划书,其他相关信息可虚拟。

洽谈 A 方：某绿茶公司；洽谈 B 方：某塑料建材有限公司

A 方背景资料：

(1) 某品牌绿茶产自美丽而神秘的某省,它位于中国的西南部,海拔超过 2200 米。在那里,优越的气候条件下生长出优质且纯正的绿茶,它的茶多酚含量超过 35%,高于其他(已被发现的)茶类产品。茶多酚具有降脂、降压、减少心脏病和癌症发病概率的作用。同时,它能提高人体免疫力,并对消化、防疫系统有益。

(2) 已注册生产某一品牌绿茶,品牌和创意都十分不错,品牌效应在省内初步形成。

(3) 已经拥有一套完备的策划、宣传战略。

(4) 已经初步形成了一系列较为顺畅的销售渠道,在全省某一知名连锁药房及其他大型超市、茶叶连锁店都有销售点,销售状况良好。

(5) 品牌的知名度还不够,但相信此品牌在未来几年内将会有非常广阔的市场前景。

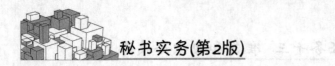

(6) 缺乏足够的资金,需要吸引资金,用于扩大生产规模、扩大宣传力度。

(7) 现有的品牌、生产资料、宣传策划、营销渠道等一系列有形资产和无形资产,估算价值1000万元人民币。

B方背景资料:

(1) 经营建材生意多年,积累了一定的资金。

(2) 准备用闲置资金进行投资,由于近几年来绿茶市场行情不错,故投资的初步意向为绿茶市场。

(3) 投资预算在150万元人民币以内。

(4) 希望在一年内能够见到回报,并且年收益率在20%以上。

(5) 对绿茶市场的行情不甚了解,对绿茶的情况也知之甚少,但A方对其产品提供了相应资料。

(6) 据调查得知A方的绿茶产品已经初步形成了一系列较为畅通的销售渠道,在全省某一知名连锁药房销售状况良好,但知名度还有待提高。

洽谈目标:

(1) 解决双方合资(合作)前的疑难问题。

(2) 达到合资(合作)目的。

A方洽谈内容:

(1) 要求B方出资额度不低于50万元人民币。

(2) 保证控股。

(3) 对资产评估的1000万元人民币进行合理的解释(包含品牌、现有的茶叶及制成品、生产资料、宣传策划、营销渠道等)。

(4) 由A方负责进行生产、宣传以及销售。

(5) B方要求年收益率达到20%以上,并且希望A方用具体措施保证其能够实现。

(6) B方要求A方对获得资金后的使用情况进行解释。

(7) 风险分担问题(提示:例如可以购买保险,保险费用可计入成本)。

(8) 利润分配问题。

B方洽谈内容:

(1) 得知A方要求出资额度不低于50万元人民币。

(2) 要求由A方负责生产、宣传以及销售。

(3) 要求A方对资产评估的1000万元人民币进行合理的解释。

(4) 如何保证资金的安全,对资金的投入是否会得到回报的保障措施要求进行相应的解释。

(5) B方要求年收益率达到20%以上,并且希望A方用具体措施保证其能够实现。

(6) B方要求A方对获得资金后的使用情况进行解释。

(7) 风险分担问题(提示:例如可以购买保险,保险费用可计入成本)。

(8) 利润分配问题。

2. 某学院申报建设会议实训室,准备建设一个集视频会议、传统会议、网络会议为一体的多功能会议室。拟采购计算机50台,视频会议系统一套,会议桌椅一套,预计投资

50万元。由学生组成两个洽谈小组,分别扮演校方和供应商的角色,开展商务洽谈。

三、案例分析

1. 按昨天下午下班之前定好的日程安排,老总今天上午9:30到10:15与大地公司的刘总洽谈,确定联合开发新产品的一些原则问题;从10:30到11:30跟海洋公司的李总见面,解决产品代销过程中的一些问题。10:15,海洋公司的李总已经到了,总经理秘书于雪请李总在会客室稍等,自己以给客人加水的名义来到老总的办公室,向老总暗示另外的客人已到;可老总对于雪的暗示一点反应也没有,还是从足球到汽车,前五百年后八百年地与刘总在神侃,似乎完全忘了另有约会。到10:40了,见李总等得有些不耐烦了,于雪只好又一次来到老总办公室,她递给了老总一张纸条。纸条有这么几种写法。

a. "老总,李总已到。你已经超过30分钟了!"

b. "老总,李总已到。还让李总等多久?"

c. "老总,李总已到。李总已经等得有些不耐烦了,我怎么答复人家?"

d. "老总,李总已到。你去接待李总吧,刘总我来接待。"

e. "老总,李总已到。我怎么向他解释?"

对于于雪的以上几种写法,你认为哪种写法比较合适?请说明理由,并对其他几种写法进行评析。

2. 日商举办的农业加工机械展销会上,展出的正是国内几家工厂急需的关键性设备。于是某公司代表与日方代表开始洽谈。

按惯例,卖方首先报价1000万日元,我方马上判断出其价格的"水分",并且对这类产品的性能、成本及在国际市场上销售行情了如指掌,暗示生产厂家并非独此一家。最终中方主动提出休会,给对方一个台阶。当双方重又坐在洽谈桌旁时,日方主动削价10%,我方据该产品近期在其他国家行情,认为750万日元较合适,日商不同意,最后我方根据掌握的信息及准备的一些资料,让对方清楚,除此之外还有其他一些合作伙伴,在我方坦诚、有理有据的说服下,双方最终握手成交。

请问:日方的三个目标层次是什么?

任务十四　组织参观活动

知识目标

- 了解参观活动中秘书的工作职责。
- 了解秘书保密工作的内容。
- 了解参观活动方案的内容。
- 掌握参观活动的方法。

能力目标

能够策划和组织参观活动，并能够陪同参观。

案例启示

丰宇公司与东浩公司进行会谈后，邀请东浩公司来访团到公司参观，丰宇公司解说员首先带东浩公司来访团来到公司一楼展览室，观看公司发展历程的视频和公司发展过程中获得的各项殊荣、专利等，让东浩公司感受到了丰宇公司良好的企业文化及强大的实力；接着带领东浩公司来访团参观企业大楼和车间，展示先进的设备，树立公司形象。参观完毕后，东浩公司对与丰宇公司的合作充满了信心，即刻提出愿意与丰宇公司正式洽谈、合作。

案例分析： 参观活动是企业树立形象、拓展业务的一个重要途径。丰宇公司正是利用参观活动向客户展示自己的优势和实力，吸引了客户，促成了生意。

任务引入

任务背景： 根据洽谈接待计划安排，韩国广田百货有限公司金美惠社长一行到达酒店并用完午餐之后，辉鹏服饰有限公司将安排他们参观公司及公司实业。

任务1： 在韩国代表团参观公司及公司实业之前，请做好参观活动的各项准备工作。

任务2： 陪同上司带领韩国代表团参观公司及公司实业。

任务分析

参观活动组织得好将有利于促成双方的合作。通常情况下，为了保证参观活动的顺利进行，秘书需要制订详细的参观活动方案。由于此次参观活动是商务洽谈接待活动的一部分，所以不必另做参观活动方案，直接按照商务洽谈计划执行即可，但相关人员如秘书等,必须事先明确职责,以免越位或服务不到位引起对方不满。在陪同参观前,秘书应协调好相关部门做好参观接待准备。考虑到内外有别,对方恰好是外宾,在参观活动中秘书及其他参观工作人员需要有强烈的保密意识和保密常识。

相关知识

一、参观活动中秘书的职责

1. 做好参观活动的准备工作

通常情况下,秘书在准备参观活动时需做以下工作。

(1) 准备与寄发请柬;

(2) 为来宾准备休息服务处;

(3) 准备介绍材料;

(4) 必要时,准备特殊的参观用品,如卫生服、安全帽等;

(5) 准备茶水饮料;

(6) 准备赠送的礼品和纪念品。

2. 做好参观活动的接待服务工作

秘书在参观活动中的接待服务工作包括以下内容。

(1) 来宾到达后热情引导接待;

(2) 放映视听资料时认真解说;

(3) 参观过程中为来宾做向导;

(4) 餐饮招待时为来宾做好服务;

(5) 耐心解答来宾提问;

(6) 做好欢送工作。

二、秘书的保密工作

秘书人员做好保密工作,就是要严防失密、泄密、被窃密。丢失秘密文件资料、产品、图纸、实物,无论其找到与否,是否造成危害,均称失密;凡是把秘密泄露给不应该泄露的人员均为泄密;凡是采用非法手段窃取、收集、测探、收买秘密则叫窃密。

1. 保密的内容

(1) 商业技术秘密

根据《中华人民共和国反不正当竞争法》第十条规定,商业秘密是指不为公众所知悉的,能为权利人带来经济利益,具有实用性并经权利人采取保密措施的技术信息和经营信息。它主要包括商业工作规划、计划,重要商品的储备计划、库存数量、购销平衡数字,票据的防伪措施,财务会计报表;军用商品的库存量、供应量、调拨数量、流向;商品进出口意向、计划、报价方案,标底资料,外汇额度,疫病检验数据;特殊商品的生产配方、工艺技术诀窍,科技攻关项目和秘密获取的技术及其来源,通信保密保障等。这类秘密一旦泄露,会给企业和当事人造成一定的经济损失。

（2）领导层内部不宜公开或暂时不宜公开的事项

领导层内部不宜公开或暂时不宜公开的事项如正在酝酿而尚未确定的干部人事任免、领导人之间的意见分歧等，这类秘密一旦泄露，往往会给领导工作造成极大的被动。

2. 保密的范围

就秘书工作而言，其保密的范围具体体现为以下几个方面：文件保密、会议保密、新闻报道和出版的保密、科技和涉外保密、电信设备及通信保密、经济情报的保密、计算机的保密等。

3. 泄密的渠道

秘书人员泄密的渠道主要有如下四种。

（1）秘书人员泄密

① 秘书人员在私人交往和通信中泄露秘密。

② 秘书人员在公共场所泄密。

③ 秘书人员违规操作泄密。

（2）办公设备泄密

使用无线通信泄密的途径主要有：①明语通信涉及秘密内容造成泄密，如用无线电设备召开内部电话会议、传达秘密文件；②通信密码被人破译，他人从密码电报中获取秘密情报；③报务人员违反通信规定和通信纪律造成失密。

有线电通信泄密的途径主要有：①电话泄密：在电话中涉及秘密，由于串音或被人窃听而泄密；②架空明线电磁辐射泄密：这种通信方式可以传输电报、传真、图像、数据等信息，其电磁波虽不及无线电磁波发射得远，但是利用普通的长波接收机在附近空间就可接收到。

计算机系统容易泄密和被窃密。秘书人员要加强计算机保密，需要做到以下几点：①加强计算机操作人员的培训和教育；②对计算机的放置设定要求；③注意在计算机使用过程中的保密。

（3）传媒泄密

传媒泄密即通过网络、报刊书籍、广播电视等媒体泄露秘密，现已经成为竞争企业之间搜集情报资料的主要来源之一。

（4）科技泄密

随着社会信息化程度的不断提高，计算机系统、办公自动化设备、手机等科技产品使泄密渠道增多，保密难度加大，高技术窃密手段更加隐蔽。了解新知识，有助于加强防范，堵塞各种泄密漏洞。

4. 窃密方式

窃密方式主要有以下几种。

（1）通过窃听和截取通信网络搜集情报；

（2）利用考察、参观的机会搜集情报；

（3）窃取出差技术人员的资料；

（4）通过收买内部人员搜集情报；

（5）以签订优惠合同为诱饵骗取情报；

（6）打入企业内部搜集情报；

（7）内部人员盗窃出卖情报；

（8）通过形形色色的国际展览会搜集情报。

5．保密措施

（1）配备必要的保密设备

必要的保密设备包括：①文件碎纸机；②现代保密文件柜；③部门或家庭无线防盗报警系统；④各种商业密码保密装置；⑤网络安全防火墙；⑥电子防盗报警系统；⑦网络安全隔离计算机。

（2）严格遵守保密制度和纪律

①加强保密教育，重视保密工作；②建立保密制度，严格遵守保密纪律；③掌握一定的保密知识；④正确处理好对外开放与保密工作的关系；⑤认真处理好信息披露和对外宣传报道的关系。

三、参观活动方案的内容

参观活动方案包括标题、正文、落款三个部分。正文部分包括参观的目的和主题、参观活动的时间和地点，参观活动的对象，参观的内容、路线、日程或行程安排、人员分工安排及其他说明事项等。

1．参观活动的目的和主题

通常情况下，组织参观活动的目的主要有以下四个。

（1）提高组织的知名度和美誉度；

（2）促进组织的业务拓展；

（3）和谐组织与社区的关系；

（4）增强员工或家属的自豪感。

2．参观活动的时间和地点

参观活动的时间最好安排在一些特殊的日子里，如周年纪念日、重大的节假日、开业庆典、社区节日等。参观地点则应根据参观目的而定。

3．参观活动的对象

（1）一般性参观，即以和谐组织与社区的关系和增强员工或家属的自豪感为主题的参观活动，常邀请员工家属或一般市民等。

（2）特殊性参观，即以提高组织的知名度和美誉度为主题的参观活动，常邀请与本组织有特殊利害关系的团体和公众，如政府官员、行政主管部门、同行业领导和专家、媒体记者等。

（3）业务性来访参观，即以促进组织的业务拓展为主题的参观活动，常邀请与本组织有业务往来或将成为业务伙伴的企业、单位等。

4．参观的内容

（1）情况介绍。事先应准备好简明生动、印刷精良的宣传小册子。

（2）现场观摩。让参观者参观现场。

（3）实物展览。即参观组织的成果展览室，里面可以陈列资料、模型、样品等实物。此外，参观活动内容的确定还要考虑到参观者的需要和兴趣。

5. 参观路线

参观路线的选择应达到以下要求。

（1）能引起参观者的兴趣；

（2）能保证参观者的安全；

（3）对组织正常工作干扰小。

6. 参观日程或行程安排

以表格或列点的方式说明参观的具体日程和行程安排，其中以表格形式列出具体时间、具体活动内容、活动地点和参加人员等为最好。

7. 人员分工安排

对参观接待各环节的相关工作人员进行详细的工作安排，亦以表格形式列出具体人员姓名、工作分工以及注意事项等为好。

8. 其他说明事项

补充说明其他需要说明的事项，如参观接待人员的纪律要求、注意事项等。

任务实施

一、准备参观活动

根据洽谈接待计划安排，韩国广田百货有限公司金美惠社长一行到达酒店并用完午餐之后，辉鹏服饰有限公司将安排他们参观公司及公司实业。在此任务中，参观活动的对象是韩国广田百货有限公司的金美惠社长、市场部李宰平部长和朴素善秘书，时间是在到达广州的第一天下午四点，主陪人员是总经理黄林、市场部经理王明、公关部经理刘燕，陪同参观工作人员是秘书李思妍和王亮。针对于此，秘书思妍可以按以下步骤准备参观活动。

1. 明确参观活动的目的

秘书思妍首先应明确此次参观活动是整个商务洽谈接待中的一部分，其目的是为了展示公司的实力，增强对方的合作信心，给对方留下良好的印象并最终促使双方合作的达成。

2. 确定参观活动内容和路线

秘书思妍在明确了参观活动的目的之后，应根据目的确定参观的内容和路线，在不泄密和保证参观者安全、不影响公司正常工作的前提下，安排韩国广田百货公司客人参观公司最有亮点、最有代表性、最能体现公司实力和形象的地方，例如公司的陈列室、行政楼、部分生产车间等。这些地方通常最能引起参观者的兴趣。在设计参观路线时，要注意前后地点的距离和通畅程度，尽量不走回头路。此外，一定要尽量避开公司的核心技术部门和数据中心,以防泄密。确定好参观的内容和路线后,应形成初步文字或表格交上司审核。

3. 协调相关部门,做好参观分工

为了保证参观活动的顺利有序进行,树立良好的企业形象,秘书思妍在参观的内容和路线确定后,应协调相关部门(包括参观路线中的各个部门、车间等),统一认识,做好参观活动的具体工作分工、接待安排和人员培训,并把参观内容、时间、地点、人员、工作任务等制成表格送交上司审定。之后,秘书思妍还应督促、联合各部门做好各项具体的参观接待准备。

4. 准备宣传资料

参观活动前,秘书应准备好公司的宣传资料,包括公司简介、产品介绍、荣誉图片、公司视听材料、实物模型等。最好事先准备好简明生动、印刷精良的宣传小册子,将需要宣传的内容全部浓缩其中。

5. 做好解说准备

秘书思妍在准备参观活动时,要事先熟悉宣传资料并做好解说准备。如果有专门的解说人员,秘书应事先与解说人员沟通好解说内容,并注意培训其相关礼仪。

6. 准备休息室

参观活动中,客人需耗费体力,一般参观活动后,参观者容易出现疲劳、口渴等现象,因此,秘书思妍在参观活动前应选择好休息室,并提前做好休息室的准备工作,如通风、开空调或暖气、煮开水等,以便及时为参观者提供服务,让参观者宾至如归,对企业留下好印象。休息室的选择需考虑如下因素。

(1) 参观活动的规模。参观活动规模决定了休息室的大小。

(2) 地点方便、合理。休息室需设立在参观路线的终点。

(3) 设施齐全。椅子、冷暖气、茶水等基本设施必须齐全、到位。

二、陪同参观

1. 迎接参观者

由于在参观活动前,韩方客人在翔丰国际酒店一楼餐厅与总经理黄林等共进午餐,所以,餐后可以一同乘坐公司的车辆到公司参观。未参加午宴的秘书思妍可以在公司大门口迎接。在引导和接待对方时,秘书思妍应注意言行举止和礼仪规范,做到仪容端庄、精神饱满、姿势规范、仪态大方、面带微笑。

2. 陪同参观

在参观活动中,参观的主陪人是公司总经理黄林,秘书思妍的职责是陪同参观并安排好参观过程中的各项服务工作。在陪同参观前,秘书思妍应熟悉参观路线,可提前将宣传小册子或简明的说明材料发给参观者,以方便参观者了解公司相关情况。参观时,由总经理黄林引领韩方金美惠社长在前方参观,秘书思妍和其他陪同参观人员紧随其后,但要注意适时照顾其他客人和上司。每到一处参观之前,秘书要及时做好相关人员的联络工作。

3. 做好参观解说工作

若各参观处已安排专门的解说人员或上司指定了专门人员负责临时解说,解说工作由解说员或被指定者负责。若没有,则由秘书负责解说和视听材料的播放工作。因此,秘书应熟悉解说词,语言流畅,对参观者的提问应及时、准确地回答,同时注意保密。解说过程中,可适时发放其他辅助性不涉密资料,使客人可以及时、全面、详细地了解情况。

4. 引导参观者到休息室休息

参观完毕或参观途中发现参观者累了,秘书应引导或提醒主陪人将参观者领到休息室休息并稍作交谈。在引导客人就座时,思妍应注意休息室座次的安排,将最好的位置安排给韩方金社长和我方黄总经理,同时还要注意上茶的服务礼仪和体态,这样才能体现出我方接待工作的礼貌周到。

5. 送行

参观完毕,秘书应根据公司安排将韩方客人送回酒店休息。在去酒店的途中,应与客人愉快交谈并提醒对方下一阶段的安排,例如"晚上 19:00,公司将在翔丰国际酒店 1 号宴会厅举行欢迎晚宴"等。

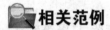 相关范例

范例一　　　　××县政协七届一次全会参观活动方案

一、参观时间及人员

1. 参观时间

12 月 15 日上午 10:00~11:30。

2. 参观人员

16 个乡镇和县经济开发区的政协委员,共 17 个委员活动组,114 人。

二、参观线路及参观点

1. 参观线路

致科宾馆→复兴路→兴昂国际鞋业→迎宾路→和森大道→县经济开发区崛起广场→纬一路→经二路→迎宾路→煤炭沉陷区安置工地→四大家搬迁工地→国藩路→复兴路→城中路→巨龙家园→书院路→女杰广场→返回致科宾馆

2. 参观点

兴昂国际鞋业、县经济开发区、煤炭沉陷区安置工地、四大家搬迁工地、巨龙家园、女杰广场。

三、工作机构及人员分工

1. 活动方案制订组

组长:向××

成员：彭××、李××。

职责：负责制订参观活动方案。

2．现场参观组织组

组长：贺××

成员：彭××、李××、解说员1名（曾×）、电视台记者1名

职责：负责人员、车辆组织，参观现场踩点、参观活动全程跟踪服务和解说、摄影等工作。

3．交通安全保卫组

组长：聂××

成员：交警大队有关人员

职责：负责参观活动期间通行线路交通安全维护及通路引导等工作。

四、车辆安排

(1) 各委员活动组自备车辆，车辆挡风玻璃右下角统一粘贴"××县政协七届一次全会委员接送专车"字样（圆形红底白字）。

(2) 交警指挥车1辆，每车乘坐4人（工作人员1名、解说员1名、记者1名、交警1名）

五、活动安排及有关要求

(1) 全体参观人员及工作人员于15日上午10：00前赶到致科宾馆大门集合。

(2) 各参观点有关接待工作要求：项目办谢××负责安排人员做好兴昂国际鞋业的情况介绍和参观接待工作，并于10：00前到现场迎候；县经开区主任屈××负责安排人员做好开发区情况介绍，并于10：10前到开发区湘源皇视门前绿化广场迎候；县发改局局长朱×负责安排人员做好煤炭沉陷区安置工地的情况介绍和参观接待工作，于10：20前赶到现场迎候；县城北新区建设办公室主任彭××负责四大家搬迁工地的工程调度，于10：30前赶到现场迎候；巨龙公司总经理付××负责安排人员做好巨龙家园的参观接待工作，于10：40前赶到现场迎候，并挂欢迎横幅1条；县城建投资办主任王×负责女杰广场、沿河风光带的参观接待工作，于10：50前赶到现场迎候；各参观点要协助做好车辆停放工作，确保交通道路畅通。

(3) 到达参观点后，全体参观人员都要下车参观，参观完后要服从统一安排及时上车。

(4) 参观期间，如遇雨天，各委员活动组自备雨具。

(5) 注意安全，保持良好的精神状态和团队风貌，确保参观活动圆满成功。

范例二　　　　　家长参观方案

一、目的

(1) 为了更好地宣传展示公司健康文明的良好对外形象，进一步扩大公司的社会知名度和美誉度，为下一步公司大规模招工打下良好的群众基础。

（2）能够让员工家长更直接、更有效地接触华羽、了解华羽、认可华羽,从而进一步坚定员工在华羽长期工作的信心和决心。

（3）在一定程度上促进公司整体管理水平的提升。

二、时间

从 6 月 25 日至 7 月 15 日,每天上午 9:00～11:40。

三、对象

公司全体车间员工家长,由近及远,分批参观。

四、阶段安排

第一阶段——家庭住址离公司 5 公里以内的。

第二阶段——家庭住址离公司 5～15 公里的。

第三阶段——家庭住址离公司 15～50 公里的。

第四阶段——家庭住址离公司 50 公里以上的。

每阶段分 3～5 批进行参观。

五、参观路线

大门→办公楼→车间→餐厅→超市→公寓→办公楼二楼会议室→餐厅

六、日程安排

（1）自 6 月 17 日起,在八大车间开始统计家庭住址离公司 5 公里以内的员工家长实到人数,统计截至 6 月 23 日。25 日正式参观。

（2）自 6 月 25 日起,开始统计家庭住址离公司 5～15 公里的员工家长实到人数,统计截至 6 月 28 日。6 月 30 日正式参观。

（3）自 6 月 30 日起,开始统计家庭住址离公司 15～50 公里的员工家长实到人数,统计截至 7 月 2 日。7 月 4 日正式参观。

（4）自 7 月 4 日起,开始统计家庭住址离公司 50 公里以上的员工家长实到人数,统计截至 7 月 7 日。7 月 9 日正式参观。

（5）整个参观活动在 7 月 15 日左右结束。

七、具体安排

时　　间	内　　容	负责人	工作人员	备注
上午 9:00～9:30	家长陆续到达,在保卫科签到,并由工作人员引领到二楼会议室休息	张祥	范冰	
9:30	参观正式开始,负责人带领家长们下二楼进入生产区	李明	赵丽	
9:35～9:45	负责人带领家长们沿生产区通道依次参观缝纫区、仓库、裁剪区、饮水处、包装区、卫生间及物品存放处,并由负责人作简单介绍	李明	赵丽	
9:45～10:00	参观团由生产区东门出、餐厅南门入,依次参观厨房、餐厅,后由北门出	李明	范宏、李季	
10:00～10:05	参观超市	冯晓	王媛、李华	
10:05～10:20	参观公寓	张琪	肖雪	

续表

时 间	内 容	负责人	工作人员	备注
10:20~10:50	回到二楼会议室,由专人召开家长互动会,先由家长谈参观感受(15分钟左右),后由负责人总结发言(主要谈四方面问题:①公司的发展前景及辉煌历程;②竞争对手的劣势;③动员家长一定要把孩子留在华羽;④发动家长进行社会招工)	李尔	萧蔷	
10:50~11:30	餐厅就餐	冯晓	万芳	
11:30~11:40	家长、员工亲情见面	李明	刘思	
11:40	家长离厂,由专人负责在签到处发放纪念品	张祥	吴想	

八、补充说明

(1) 大门口、会议室、餐厅需悬挂"热烈欢迎家长朋友来厂参观"红色条幅。

(2) 厂区、各车间、餐厅、厨房、公寓宿舍要提前清理卫生、整理货物,迎接家长的到来。

(3) 纪念品最好是包装袋+企业宣传彩页+企业报纸(成本低、价值大),或是有华羽标识的文化衫。

(4) 接待人员统一着装,言行举止一定要严格规范,展现出华羽集团的良好风貌。

(5) 会议室要配置纯净水一桶和纸杯50个。

(6) 保卫人员要统一着装,向出入家长行礼。

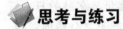 **思考与练习**

一、问答题

1. 参观路线的选择有哪些要求?

2. 秘书应如何进行参观引导?

3. 在参观活动中,秘书应进行哪些物品准备?

4. 参观活动的主题有哪些?

二、实训题

1. 天一公司王总经理率三位部门经理来蓝天房地产开发有限公司参观考察。蓝天房地产开发有限公司创建于1997年,由蓝天集团有限公司旗下上市公司数绿科技股份有限公司投资,公司注册资本2亿元,具房地产开发企业一级资质。公司的母公司蓝天集团是中国电子信息百强企业之一,数绿科技是以数字电子信息、通信产品为主业的高科技上市公司。蓝天房地产开发有限公司的公司组织包括:股东会、监事会、董事长、经营班子、公司下属各项目公司、公司各职能部门(由办公室、总师办、财务审计部、成本管理部、规划发展部、经营策划部、客户服务部组成)。请以蓝天房地产开发有限公司总经理秘书的身份模拟设计参观路线和进行参观展示。

2. 拟写一个参观活动的方案。

提示:

185

(1) 写清楚参观活动需要做哪些准备工作。

(2) 参观具体项目应在一定程度上同自己的业务范围相关,主要内容大体上包括下述几项:一是参观项目;二是参观人数;三是负责人以及工作人员;四是起止时间;五是交通工具;六是饮食住宿;七是安全保健;八是费用预算。

三、案例分析

1. 天地公司即将推出新产品,并欲以参观活动为手段进行推销,吸引更多的顾客。因此,公司不仅欢迎顾客参观公司,而且想尽办法招徕参观者。

开放参观这天,参观者按时来到了公司门口,秘书袁霞姗姗来迟,到公司之后,袁霞带领参观者参观公司,路上,参观者问:"有没有公司的介绍资料?"袁霞答:"我们没准备。"一路上,参观者没有看见路标,袁霞把参观者带往左边,继而说:"不对,请往右边走。"……

为此,参观者对公司的印象并不好,公司的声誉也受到了很大的影响。

请问:袁霞在引导参观活动的过程中有哪些行为不当之处?

2. 某厂办公室主任老刘通知秘书小王,后天将有参观团来单位参观学习,请小王提前做好接待室环境的准备。请问:小王应如何做好这项工作?

3. 法国某城市的一家照相器材厂,经过技术人员的艰辛努力,研制出一种先进的显影液。世界许多国家和地区的同类型生产厂家纷纷派人来参观考察,无不对其生产工艺及产品配方抱有极大兴趣。作为照相器材技术强国的日本和拥有诸多世界名牌的日本厂商对此也表示关注并派来代表团。鉴于日本人的精明,厂方不由得打起十二分精神对待,以保护其机密技术。在厂方秘书人员的引导下,日本代表团到器材厂各车间参观,他们对生产设备、生产工艺及产品优良性能赞不绝口,来到显影液样品面前,参观者兴奋起来,参观者拿出相机不停地拍照,有的拿出笔记本记着什么,几位日本客人与厂方工作人员不时在低声交换意见,一同参观的 A 先生弓着腰,拿着眼镜在仔细地观察显影液,A 先生做这个动作,是为了领带尖沾上显影液,以便回去研究成分。虽然这一举动十分隐蔽,但还是没能逃脱接待人员的眼睛。时间很快过去了,日本代表团结束访问。然而,当 A 先生走出车间时,接待人员礼貌地说:"对不起先生,您的领带在参观时弄脏了,这是我们工作的失误,请您换上我们赠送的新领带,以表示我们的歉意,您的领带我们洗干净后会再送还给您。"A 先生无可奈何,只得把领带换下来。

请问:接待人员为什么要把 A 先生的领带换下来?根据案例的启示,在参观活动中秘书人员应注意做好哪些工作?

4. 天水公司邀请合作伙伴前来参观,当天秘书小张引导应邀参观者参观公司,当小张引领大家前往样本间时,走的是一段施工完还未清理的路线,有一位参观者不慎被油漆桶绊倒。

如果你是秘书,应如何安排参观路线?

5. 天水公司组织参观活动,秘书小张负责带领参观者参观公司样本间,期间,客人问:"有没有你们公司的宣传资料,我想带回去留个纪念。"小张措手不及,不好意思地回答:"对不起,我没有准备。"在参观新产品时,客人又问:"请问,这套产品有什么特性吗?"小张支支吾吾地说:"……不知道!"参观活动结束后,客人基本上没有从天水公司获得什么信息。

　　请分析:秘书小张的参观接待工作做得如何?

　　6.天水公司举行十周年开放参观活动,秘书小张在带领参观者参观新产品时,有客人问:"请问这些产品的原材料是哪里进货的?"小张不假思索地回答:"是华宇公司,听说他们老总是我们老总的小舅子。"

　　请分析:秘书小张做得对吗? 为什么?

　　7.秘书小叶到大门口迎接如约到达的客人。在引导客人的过程中,小叶请客人走在自己的右边。进入客厅内的沙发前,他以手示意客人从自己前边向左侧走过去,自己从右边走向右边沙发,双方都转过身来落座,这时客人便自然地坐上上座,即右边的座位上了。

　　请分析:秘书小叶在引领客人入座时做得如何? 请谈谈引领客人入座的方法有哪些?

任务十五　组织宴请

案例启示

　　在某市举办的一次经贸洽谈活动中，主办方在活动正式举办前一天的晚上举行了隆重的欢迎晚宴。在晚宴上，该市市委书记致了热情洋溢的欢迎辞，市长及市四套班子其他成员凡未出差者均参与陪同各方宾客，就着独具地方特色的美酒与佳肴，宾主双方把酒言欢，整个宴会气氛欢畅。

　　案例分析：宴请活动是商务洽谈活动的重要组成部分。一次恰到好处的宴请既能展示单位的良好形象和单位成员的优良素质，更能有效地联络、增进双方感情，往往具有事半功倍的效果，是促使活动取得圆满成功的"助推器"。在上述案例中，该市在整个经贸洽谈活动进行之前，通过欢迎晚宴迅速地拉近了与各方宾客之间的距离，为接下来的整个活动开展奠定了良好的基础。同时，市四套班子成员全体陪同，保证了每一位宾客都有主人陪同而不致出现宾客被冷落的现象，使宾客感受到该市对这次活动以及应邀参加这次活动的嘉宾的高度重视与热烈欢迎之情；因宾客众多且来自四面八方，在菜肴的选择上，该市有意识地回避高端消费而选择了当地特色菜肴和酒水，既避免众口难调，又展现了一方特色，同时还有效节约了成本。在这些细节的处理上，充分体现出了该市的组织、管理水平和优良作风，使前来参加活动的宾客增加了投资的信心。

任务引入

　　任务背景：辉鹏服饰有限公司到韩国广田百货有限公司考察并初步洽谈后，邀请韩方公司前来国内参观并正式洽谈合作事宜,韩方派出社长金美惠、市场部部长李宰平和秘书朴素善前来洽谈,今天中午到达。根据公司洽谈接待计划的安排,将于今天晚上19:00在翔丰国际酒店1号宴会厅为韩方客人举行欢迎晚宴;第二天白天双方正式洽谈,谈成后签约;明天晚上18:30,公司将继续在翔丰国际酒店1号宴会厅为韩方客人举行欢送晚宴。第三天,韩方客人将回国。

任务: 假如你是辉鹏服饰有限公司总经理秘书思妍,请为韩国广田百货有限公司一行组织欢迎晚宴或欢送晚宴。

任务分析

组织宴请前,首先要明确知道这是什么类型的宴请活动,其次要了解宴请对象的国籍、职务、性别、风俗习惯等,只有明确是什么形式和规格的宴请,并且熟悉宴请对象的具体需求,才能根据相应的程序和礼仪要求选择合适的宴请场所并组织令人满意的宴请。

相关知识

一、宴请活动的类型

国际上通用的宴请形式有宴会、招待会、茶会、工作餐等,每种类型的宴请均有与之匹配的特定规格及要求,宴请时具体采用何种形式,应根据活动的目的、邀请对象以及经费开支等因素来决定。

1. 宴会

所谓宴会,是盛情邀请贵宾餐饮的聚会,是指以宴请为形式的一种重要的社交应酬。按隆重程度、出席规格,可分为国宴、正式宴会和便宴,还有一种较普通常见的宴会,即家宴。按举行时间,又有早宴、午宴和晚宴之分。一般说来,晚宴较之早宴和午宴更为隆重、正式。按地域特点,可分为中式宴会、西式宴会。

2. 招待会

招待会是指各种不配备正餐的宴请类型,一般备有食品和酒水,通常不排固定的席位,可以自由活动,常见的有冷餐会和酒会。

3. 茶会

茶会是一种简便的招待形式,一般在下午16:00左右举行,也有的在上午10:00左右进行。其地点通常设在客厅,厅内摆茶几、坐椅,不排坐席。但若是为贵宾举行的茶会,在入座时,主人要有意识地与主宾坐在一起,其他出席者可相对随意。

4. 工作餐

工作餐是国际交往中常用的非正式宴请形式,主客双方利用共同进餐的时间边吃边谈。工作餐按用餐时间可分为工作早餐、工作午餐和工作晚餐。这种宴请形式既简便又符合卫生标准,特别是在日程活动紧张时,它的作用尤为明显。

二、宴会的桌次、座次

宴请的实质是一种交际活动,重在交际,所以宴会上位次的排列是很有讲究的。在国内,一般习惯把地位身份相近的人排在一起、把夫妻排在一块儿、把宾主交叉排列。举办正式宴会,应当提前排定桌次和座次。通常,宴会桌数在两桌以上时,应排定桌次,并提前在桌上放置双面的桌次牌(如1号桌),方便客人寻找。排定主桌座次时,应先定主位,后排座位高低;其他桌次若要排座次,方法与主桌排座相同;也可以只排定主桌座次,其他桌只排桌次而不排座次。宴会开始客人都坐好之后,主方工作人员或服务员应将桌次牌和座位名签收走。

1. 中式宴会的桌次安排

中式宴会通常8～12人一桌,人数较多时也可以将客人平均分成几桌。具体桌次的排列原则如下:

(1)以右为上。当餐桌分为左右时,以面门为据,居右之桌为上,如图15-1所示。

(2)以远为上。当餐桌距离餐厅正门有远近之分时,以距门远者为上,如图15-2所示。

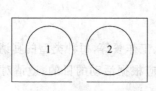

图15-1 两桌横排桌次

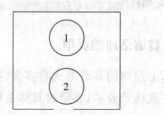

图15-2 两桌竖排桌次

(3)居中为上。多张餐桌并列时,以居于中央者为上,如图15-3所示。

(4)在桌次较多的情况下,上述排列原则往往交叉使用,如图15-4至图15-12所示。

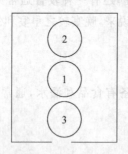

图15-3 三桌竖排桌次

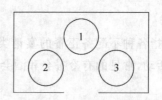

图15-4 三桌花排桌次

图15-5 四桌横排桌次

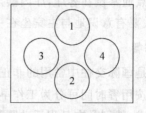

图15-6 四桌花排桌次

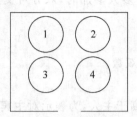

图 15-7　四桌正排桌次

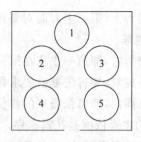

图 15-8　五桌正排桌次

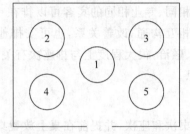

图 15-9　五桌花排桌次

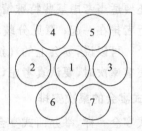

图 15-10　七桌花排桌次

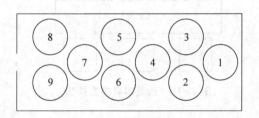

图 15-11　九桌花排桌次

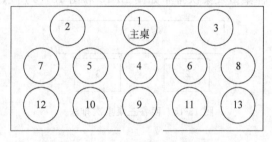

图 15-12　十三桌正排桌次

2. 中式宴会的座次安排

座次是指同一餐桌上的席位高低。多桌次的正式宴会,主宾一定要安排在主桌上,贵宾应尽可能安排在主桌,其他各桌也要有主有客。当桌数较多时,各桌第一主人应尽量面朝主桌的第一主人,有时也可以与主桌的主人位置相同。单桌排列座次时,可以参考以下位次排列(见图 15-13、图 15-14)。

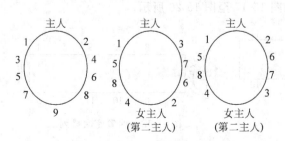

图 15-13　三种常见的中餐座次排法

图 15-14　主客交叉排法

（1）面门为上，第一主人面对餐厅正门。主方有多人参加时，双方可交叉排列，离主位越近地位越尊。

（2）主宾居右，即第一主宾在第一主位右侧。

（3）好事成双，即吉庆宴会要求每张餐桌人数为双数。

（4）各桌同向，即每张餐桌的排位均大体相似。

排座次的主要依据是礼宾次序。有时主宾身份高于主人，为表示对主宾的尊重，可把主宾安排在主人的位置上，主人则坐在主宾的位置。男女宾客在一起时，我国习惯按客人职务、身份排列，并把女性排在一起，如主宾夫人坐在女主人右方，主宾坐在男主人右方。座次安排还要适当考虑某些特殊情况，如身份相同、专业相同的宾客可以排在一起；也可将年龄相近者排在一起；意见分歧者，有时为相互沟通，改善关系，也可安排他们在面对面的席位上。可以说，宴会上的气氛是否热烈、融洽，很大程度上与排座次有关。因此，秘书在安排宾客座次时，要认真考虑，费一番心思。

3. 西式宴会的桌次安排

同中式宴会一样，举办西式宴会也要排定桌次和座次，并提前在桌上放置桌次牌。西式宴会的餐桌习惯用长桌，宴请时常常根据人数多少、场地大小自行设置桌型，常见的几种桌型及桌次排布如图 15-15 和图 15-16 所示。

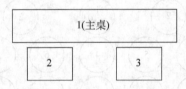

图 15-15　西餐三桌桌次排法

图 15-16　西餐四桌桌次排法

4. 西式宴会的座次安排

西式宴会的座次一般根据宾客的地位安排，主人一般坐在背对重点装饰的首位，第二主人坐在主人对面，主宾在主人的右侧，副主宾（第二主宾）在第二主人右侧，翻译在主宾的右侧。如果有夫人参加，餐桌上座次以女主人为准，男女穿插安排，即：主人在首位，女主人在主人对面，主宾夫人在男主人右侧，主宾在女主人右侧。通常女宾座次依据丈夫地位而定，也可以按类别分坐，如男女分坐、夫妇分坐、华洋分坐等。在我国用西餐宴请客人，通常采用按职务高低男女分坐的方式。需要提醒的是角落一般不安排座位，不能把客人和女性排在末端。具体座次排法如图 15-17 至图 15-20 所示。

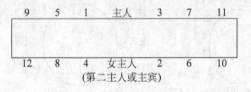

图 15-17　西餐座次排列一

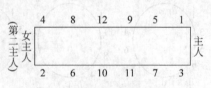

图 15-18　西餐座次排列二

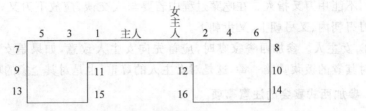

图 15-19　西餐座次排列三

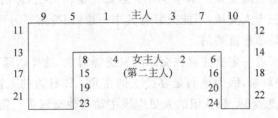

图 15-20　西餐座次排列四

三、中式宴会与西式宴会的礼仪区别

以上内容介绍的是一般宴会中通用的礼仪,但具体到中式宴会或西式宴会,因为其菜肴不同、风俗习惯不同,还是有较大的区别。

1. 中式宴会

宴会开始时,主人应起立向全体宾客致欢迎辞并敬酒。

宴会进行中,主人一般要依次向所有客人祝酒或按桌敬酒,不能顾此失彼。按中餐习惯,每一道菜上桌,主人应请各位客人品尝,主人也可用公筷公勺为主宾布菜。

宴会进行中,不论是主人还是客人,都应注意仪态举止。在别人讲话、敬酒时,应停止进食,专心恭听;在进食时要注意自己的仪态,使用筷子时要忌"八筷"(舔筷、速筷、移筷、扭筷、插筷、掏筷、跨筷、剔筷);饮酒时,要注意礼仪,不要逼酒、灌酒;在宴会中,不能猜拳行令,要控制一些失态行为,如打喷嚏、打饱嗝、吐痰等。

2. 西式宴会

西式宴会的基本特点是要用刀叉进食。西餐礼仪涉及进餐的顺序、餐具的摆放和使用、餐桌上的举止、餐桌上的交际,等等。

(1)餐巾。西餐的餐巾作用很大,它可以暗示宴会的开始和结束,一般来讲,女主人把餐巾铺在腿上是宴会开始的标志,当女主人把餐巾叠好放在桌子上时,暗示着宴会要结束了。作为客人,当中途要稍离开一下时,餐巾应放在你坐椅的椅面上,若把餐巾放在桌子上,等于告诉别人你吃好了。使用餐巾时,应用餐巾轻轻沾嘴,以去掉嘴角沾上的酱汁等,若用餐时要跟别人交谈,也应先用餐巾沾嘴。

(2)刀叉。西餐正餐一般都需使用刀叉,一般规矩是左叉右刀,吃一道菜换一副刀叉,使用刀叉时往往按照顺序由外侧向内侧取用。切割食物时,应从左下侧开始切,切一块吃一块(英式吃法),也可以切完后,放下刀,用右手持叉食之(美式吃法)。注意在用餐

过程中,不能用刀叉指人。在吃菜过程中若要与人交谈,应放下刀叉,并在盘子上摆成八字形,刀刃朝内、叉弓朝上、叉齿朝下。

(3)女主人。参加西餐家宴时,应首先向女主人致意,如果是女主人亲自做羹汤的话,应对其煮的饭菜赞美一番,这是对女主人的尊重,也是对其全家的尊重。

3.参加西式宴会的注意事项

第一,要注意等距离交际。也就是说,除了对主人夫妇要多交谈几句话表示关注之外,对其他的人也要适当地交谈。举个例子:假如你是位男士,你的右边、左边和对面都是女士,你必须和这三个人交谈,不能只盯着其中一位,而冷落了另两位,因为宴会是个公共场合,等距离交际是非常重要的。

宴会重在交际,所以一定要注意在交际圈里选择对象、选择话题。宴会的主人和主宾是必须问候和交际的对象,因为他们是宴会上的主角;你身边的人特别是邻座也是需要交际的对象;当然你想交际、想认识的人更应该主动与他交谈了。需要注意的是,与陌生人交际最好有所铺垫,例如先做个自我介绍或请人引见,这样既不显得突兀,又能较好地达到交际目的。

第二,肢体不能频频晃动。在餐桌上晃动肢体会令人心烦意乱,正确的做法是应当保持好坐姿。

第三,尽量不发出声音。在用餐过程中应尽量不发出声音,包括餐具相互碰撞、餐具掉落的声音和吃菜、喝汤的声音等。

四、韩国人的饮食习惯与宴会礼仪

韩国饮食主要以高蛋白、多蔬菜、喜清淡、忌油腻为特点,味觉以凉辣为主。韩国人爱吃泡菜,喜欢喝汤,以米饭为主食,菜肴以凉拌、炖煮和烤制为主,基本上不做炒菜,喜欢吃面条、牛肉、鸡肉和狗肉,不喜欢吃馒头、羊肉和鸭肉;有一日四餐的饮食习惯,分别安排在早上、中午、傍晚、夜晚;就餐用勺和筷子,每个人都有自己的饭碗和汤碗,饭碗分男用、女用和儿童用。韩国人注意节俭,无论是自己食用还是招待他人,都尽可能把饭菜吃光用净。在社交场合,男女往往分开活动;男女同坐时,男子位于上座,女子位于下座;多人聚餐时,往往根据身份高低和年龄大小依次排定座位。

在韩国如应邀去做客,不可空手前往,应带一束鲜花或一份小礼物,并用双手奉上。接受礼物时不可当面打开。进入室内时,应将鞋子脱下留在门口。韩国人宴会礼仪较多,用餐时应请长辈先吃。对主人头一两次敬菜要推让,第三次才接受,宴会主人则要坚持敬菜。年轻人要先向老人和长辈斟酒。在正规场合中,妇女要给男子斟酒,而不给妇女斟酒。为人斟酒时要右手持酒瓶,左手托前臂,受酒者应举起自己的酒杯。拒绝喝别人敬的酒是不礼貌的表现,如不胜酒力,可在杯中剩点酒,他们原谅喝醉酒的人。

任务实施

宴请活动组织得如何关键在于细节,有时一个让宴请对象感动的细节能影响整个商务活动的结果。所以,准备好宴会,把握好宴会细节是宴会成功的前提。作为秘书,要组织好对韩国广田百货有限公司一行的欢迎晚宴或欢送晚宴,可以按照以下步骤进行。

1. 确定宴会时间

宴会时间应以多数宾客能来参加宴会为准则,并根据主宾的时间来确定。在本任务中,韩国客人到访的时间只有三天,"今天"中午到达,第二天双方会谈,第三天韩方回国,因此,最好的欢迎宴时间是在"今天"晚上18:00至20:00。根据公司商务洽谈接待计划安排,"今天"的欢迎晚宴定在晚上19:00举行,"明天"的欢送晚宴定在晚上18:30举行。值得提醒的是,在宴会时间这一问题上,不论选择了什么时间,一定要先征询主宾意见,只有经主宾确认可以参加后,才能最终定下宴会的时间。

2. 确定宴会人员

确定宴会宾客名单,是宴会活动成功的第一步。只有先确定请的是谁,之后的一系列如确定菜单、确定陪同人员等工作才能作出更好的计划与安排。一般主宾是比较明确的,但除了主宾以外,通常还会邀请别的客人作陪,这就要重点考虑他与主宾或者主人的关系,在此基础上确定适当的人选,这样相互间容易形成共同的话题,从而促使宴会形成良好的交流氛围。所以在宴会之前,应按照宴请所要达到的目的,列出被邀宾客的名单,确定主宾、副主宾以及其他宾客。对于主方人员的确定,应根据宾客身份、岗位来安排相应级别和岗位的人员参加。

在本次任务中,由于对方是远从韩国前来我国进行商务洽谈,一般来说,这种跨地域的合作洽谈我方应尽地主之谊。因此,应邀请对方代表团全体成员参加宴会,我方则应安排职务级别与对方主要代表相当的、与合作业务相关的领导出席,例如总经理、副总经理、市场部经理等。在人数上可以派出与对方相应的人数,也可考虑降低成本,人数略少于对方。但是,由于韩国客人到来之前,辉鹏服饰有限公司的公关部经理刘燕和精通韩语的秘书王亮也随市场部经理王明一起去了韩国广田百货有限公司考察,也算是熟人了,所以他们也应该参加欢迎宴。在欢送宴上,因为双方经过了正式洽谈和签约,已经较为熟悉,所以辉鹏服饰有限公司可安排总经理黄林、副总经理张智、行政部经理那玲玲、市场部经理王明、公关部经理刘燕、销售部经理田珍、技术部经理郭东、财务部经理冯晓等一同参加欢送晚宴,以示重视和诚意。

3. 确定宴会场所

宴会的地点往往直接反映出主办方的经济实力,也直接体现出其重视程度和诚意。在宴会场所的选择上,主要应根据宴会主宾的级别和方便程度来考量和定夺,同时要考虑来宾的生活习惯、民族差异及宗教信仰等方面的因素。

宴请时,环境的选择也很重要。选择宴会环境有三个要点:一是环境要卫生,包括宴会地卫生和周边环境卫生,要为宾客营造一个良好的用餐环境;二是环境要安全,要特别关注紧急通道等紧急救援设施,充分保障宾客的人身安全;三是交通要方便,如果是大型宴会,请的客人比较多,还要考虑周边停车场是否够大。

本次任务中,宴请对象是拟合作的韩国广田百货有限公司代表金社长、李部长和朴秘书,属于商务宴请。由于对方来到我国,我国自然是中餐做得最地道,且饮食文化源远流长、声名远播,加上韩国的饮食习惯和中餐相近,也习惯使用筷子。因此,在此任务中以中

式宴请为好,地点可在公司宴会厅或者宾客下榻的酒店中餐厅,无论在哪儿,整体环境一定要好。

4. 确定桌次、座次

宴会主宾名单确定后,就要根据宴会的桌次、座次礼仪进行排位了,这是宴请中最讲究的一点,因为一个位置的差错往往造成极坏的影响,甚至带来直接的经济损失。如果宴请桌数在两桌以上,秘书思妍应按国际惯例和礼仪要求,尽早确定桌次、座次。如果还邀请了其他嘉宾,思妍还应提前在邀请函中注明所在桌次,以方便宾客寻找和落座。如果只有一桌,直接排定座次就好,但末席不可安排客方人员坐。宴请时还应记得提前放好桌次牌和座位名签。

5. 确定宴会菜单

初次宴请客户,双方都心照不宣地知道这顿饭意味着什么,所以都会抓住这个沟通交流的机会,树立在对方心目中的良好形象。因此,这样的宴请通常是体面而周到的,这时的菜色要体现主人的诚意和实力,要有亲和力而又不给对方压力。

首先,作为主办方,要了解客人特别是主宾的忌口是什么,要提前向主宾或者随员进行征询。一般来说,点餐禁忌有以下几个:一是职业禁忌,如公安系统有五条禁令,其中之一就是工作期间禁酒。二是个人禁忌,就是客人个人不能吃或不吃的东西。三是民族禁忌,就是客人所属民族忌食的东西,譬如满族、蒙古族、藏族、回族都是不吃狗肉的,所以当主宾或席上有这些民族的客人时,要注意不点他们禁忌的食物。四是宗教禁忌,也是比较重要的禁忌,如虔诚的穆斯林,也就是伊斯兰教的信仰者,不仅不吃猪肉、不吃狗肉,而且不吃驴肉、骡肉之类的肉食。五是健康禁忌,就是由于健康原因不能吃,如糖尿病患者不能吃甜品等。在此任务中,秘书思妍需要考虑的主要是客人和己方公司总经理、副总经理的个人禁忌以及健康禁忌。

其次,作为主办方,在考虑客人不吃什么的同时,更要考虑想让客人吃什么。这方面主要可以考虑以下几点:第一,本国特色。宴请外国客人,首先可考虑点我国的特色菜肴,这是从弘扬民族文化、让对方加深印象的角度来考虑的。第二,地方特色。对于外国客人或本国的外地客人,可以请他们吃本地特色食品;跨民族、跨地域交往,也可以以体现民族特色、地域特色的食品为主。此外,还要注意结合餐厅的主打菜品和特色安排菜肴。

宴会的菜品要做到丰俭搭配、主次分明,要根据对方的民族习惯、宗教禁忌、主宾的饮食习惯、结合自身的特色来制订,拟订的菜单也可先与主宾随员沟通,以确保不出现不适合的菜品。确定菜单的同时,酒水、水果等要一并准备,同样要重点考虑主宾的个人喜好。在菜单的制订中还要注意通过菜品的一些细节安排来使对方感受到主方的诚意,收到事半功倍的效果。

点菜时,秘书思妍可以从以下几个方面入手。

(1) 看场合和预算

宴请既要面子也要里子,千万不能要了面子最后却付不出钱来。不同职务、不同级别、不同身份的客人,宴请的标准也不同,秘书点菜时一定要考虑公司的接待标准,并根据预算点菜。通常情况下,预算低时应着重考虑让客人吃饱,在吃饱的基础上再考虑吃好,这时的菜应该是经济可口的大众菜。如果预算高,则应着重考虑吃好。此任务影响着双方合作,要求体面,而且是对方的社长亲自前来,所以接待规格肯定较高,预算自然也就多,因此要在一定的经费中尽可能地吃好并吃出体面和诚意来。因此,秘书思妍在点菜时首先应确定主菜,就是最贵的那道菜。这道菜是这顿饭的核心,菜价可占所有菜品总价的30%~50%(不包括汤和酒,韩国人喜欢喝汤,汤也应点好);主菜是用来撑门面、显尊重的。然后是确定特色菜,例如本地特色菜、酒店招牌菜等,这是用来尝鲜和体现特色的。其他的菜就可以当地化、普通化了,因为它们是用来摆桌子和填肚子的。就整桌菜而言,应该咸甜兼备,干汤相宜。

值得提醒的是,有些菜的价格浮动较大,例如,海鲜、反季节菜和远道而来的菜往往在菜牌上显示的是"时价",秘书在点这些菜时应事先了解价格,以免超了预算或影响点其他菜。

(2)考虑色、香、味、形和文化

好的宴请应该讲究菜品的色、香、味、形、文化,给人以全方位的美好感受。因此秘书思妍在点菜时要讲究菜品色彩的搭配,例如鲜艳的红、清新的绿,能给人美好的视觉享受,一般餐桌不能少。在香方面,可以点几个炸、炖、烧、煎、炒、烤等烹饪方法做的菜,因为这些烹饪方法容易出香且有提香的作用。在味上,通常以咸鲜为主,穿插甜酸、麻辣等其他各种口味。形是指菜品的形状和摆盘,卖相好的菜总是更惹人喜爱,因此秘书点菜时应予以考虑。若秘书能点出一桌活色生香、营养丰盛、蕴涵文化的好饭菜,则既饱腹,又能给对方留下良好的印象。

除了讲究菜品的色、香、味、形、文化外,秘书点菜时还要注重菜式搭配、菜量和"彩头"。菜式搭配包括菜肴原料之间的搭配,即荤素搭配、鱼肉搭配,也包括炒、爆、熘、炸、烩、烧、炖、焖、蒸等烹制技法的搭配,尽可能使其在保持良好口味时多样化。菜量是指菜的分量,多了会浪费,少了小气且吃不饱,秘书应注意把握。若能同时注意在点菜时讨个"彩头",例如点上"开门红"、"大丰收"、"红运展翅"、"节节高升"等,既能取其良好的意蕴,又可让宾客体会中国深厚的美食文化,将更有助于气氛的融洽和双方关系的进一步发展。

(3)考虑个体差异和健康需求

韩国人讲究形象,对方代表中的社长金美惠、秘书朴素善均为女性,故点菜时秘书思妍应注意维护她们优雅的"Lady"形象,点些外形优雅秀美、方便进食、甜酸可口、有益美容的食品,忌点吃相不雅的猪蹄、凤爪、大棒骨等菜。若出席宴会的对方或己方主要领导中有德高望重的长者,秘书点菜时应特别重视营养健康和食品卫生,由于年长者多半牙齿不好,脾胃功能较弱,秘书点菜时应点些绵软、清淡、好消化的菜,在烹饪技法上主要选蒸、烩、焖类,但也千万不要整桌都是软糯不怎么需要咀嚼的菜品,因为既破坏了口感,又容易让长者产生"廉颇老矣,尚能饭否"之叹。若得知对方或己方主要领导有某些疾病,点菜时要尽可能给予关照,例如,如果有人患有糖尿病,则尽可能不点高糖、高热量的食物;如有高血压、高胆固醇者,则尽可能不点鸡汤。总之,要为客户和领导的健康着想,要吃得健康。

6. 确定宴会酒水

宴请场合若有酒,气氛往往会活跃和融洽许多,所以宴请前秘书应该先准备好。若在宴请场所现点,秘书应先征求客户的意见,但是不能问客户喝什么酒,而应该问客户喝什么颜色的酒。一般正式场合会喝三种有颜色的酒:即白色(中国的白酒)、红色(红葡萄酒)、黄色(洋酒),客户确定了颜色,秘书再根据接待规格建议某个档次的酒,客户一般都会同意。如果客户谦让,未作任何表示,则由己方领导决定。若都拿不定主意,可请餐厅懂酒的经理或服务人员推荐。对于不喝酒的女士,应点些有益健康和美容的饮料,例如鲜榨蔬果汁、苹果醋、椰子汁等,但要先征询女士意见。

7. 布置宴会现场

不论是在公司宴会厅还是在酒店举行欢迎宴,秘书都要提前布置好宴会现场和休息厅(区)。所不同的是,在公司宴会厅,需要由秘书与同事们一同布置现场,而在酒店则可以让酒店根据公司的要求布置现场。休息厅(区)要有数量相当的沙发,要备齐香烟、茶水、水果等,主宾及客人抵达后,可在此稍事休息。欢迎宴现场布置除了要安排好相应的桌数和足够的座位外,还要注意营造热烈、隆重又不失轻松的欢迎气氛,例如采用电子屏幕显示欢迎话语,悬挂背景或横幅以及彩带、气球等装饰。为了营造良好的氛围,秘书也可以准备一些欢乐、轻松、自然、舒缓的音乐在现场播放。若经费足够,客人又喜欢听演奏,也可以请专人到现场演奏。为了确保万无一失,秘书在宴会前要提前做好音响、灯光、多媒体等宴会中要用到的设备的检查、测试工作。

8. 迎候韩方嘉宾

在欢迎宴开始前,秘书应按照公司的安排做好迎宾工作。通常情况下,秘书应到韩方客人下榻的酒店迎接客人,并提前15~20分钟到达宴会场所。我方公司总经理和少数其他主要部门负责人在宴会厅门口迎接。接到客人后,可先引导客人到休息厅(区)休息。若公司还宴请了其他嘉宾,进入休息厅(区)后主方要注意为双方引荐,然后再为韩方客人一一介绍我方主要部门负责人。若休息厅较小或宴会规模大,可请主桌以外的客人先进宴会厅。待正式宴请开始时,再请所有的主桌人士特别是韩方客人入席。

9. 引导入席并用餐

入席时,由辉鹏服饰有限公司总经理陪同主宾金美惠社长进入宴会厅,全体出席人员起立欢迎后按指定席位入座,宴会开始。所有欢迎宴参与者均坐好后(或上第一道热菜之后),总经理应致欢迎辞。欢迎辞可由秘书事先写好,也可由总经理现场发挥,但内容应简洁明了,切勿长篇大论,致辞时间以3分钟之内为宜。致辞后,主方可视情况给韩国客人赠送纪念品。主宾在主人致欢迎辞后应致答谢辞,若之前主方已送过纪念品,韩方亦应回赠自己带来的礼品。双方致欢迎辞和答谢辞后,通常总经理会提议为对方的到来和双方的友谊或进一步合作而干杯,这时大家应积极响应,以使整个宴会气氛融洽。作为秘书必须懂得,第一次祝酒是领导的事,身为秘书不能抢先祝酒;敬酒要适可而止,不要成心把别人灌醉;倒酒时应先宾后主、先女士后男士。

秘书在此时的主要任务不是用餐,而是要关注客人和己方上司的需要,做好服务和应急工作。因而在宴会现场,还应安排1~2名熟悉宴会礼仪的接待人员应急,如出现客人迟到、临时增加客人,或由于准备失误而导致的各种突发情况时,可以及时处理。

10.欢送韩方客人

用餐后,当主人与主宾起立时,宴会便宣告结束,主宾告辞。此时,秘书应做好欢送工作。辉鹏服饰有限公司总经理应亲自送金美惠社长一行到宴会厅的大门口,原迎宾人员依序排列,与韩方客人一一握手告别。若客人提着较多物品,秘书应在获得客人同意后协助客人提行李,并将客人送到酒店房间后再告别离开。

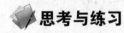
思考与练习

一、问答题

1.宴请活动有哪些类型?

2.宴请的准备工作应注意哪些内容?

3.秘书在宴请时应如何点菜?

二、选择题

案例1:为招待客人订餐

琳达是施鸿投资(中国)公司总经理的秘书。这天下午上司对琳达说,他想这个周末招待从中国香港来的朱先生,但在什么地方宴请朱先生,他还没想好,让琳达帮忙安排一下。于是琳达与上司确认了以下五个问题。

A.这次宴请大概是什么标准?

B.是吃粤菜还是其他菜系?

C.您希望在市区哪一带宴请朱先生?

D.您希望在什么时候预订好饭店包间?

E.除您以外,我们公司还有其他人参加吗?

请从上面5个选项中挑选出1个你认为不合适的问题,并说明理由。

案例2:选择礼品

琳达是施鸿投资(中国)公司总经理的秘书。上司昨天刚从兰州出差回来,今天一上班就对琳达说:"这次我出差,兰州黄河公司的刘总给我帮了不少忙,我想给他送份礼物,以表示我的感激之情。这事你帮我办一下。"于是琳达就此事与上司确认了以下几个问题。

A.礼品大概在什么价位?

B.您有没有特别想赠送的物品?

C.什么时候送给对方比较合适?

D.您是不是还要在礼品盒里附一封您的亲笔信?

E.礼品直接寄到刘总的公司吗?

请从上面5个选项中挑选出1个你认为不合适的问题,并说明理由。

三、实训题

1.为迎接公司成立100周年,某调味品公司董事会年初组建了一个庆典活动筹备小

组,具体负责筹划企业100周年纪念活动,包括编印公司史志和画册,布置企业发展陈列室,举办中国调味品发展论坛,召开纪念大会、新闻发布会、产品订货会、联欢晚会等。这期间,有一项重要的任务由今年刚分配到企业担任见习秘书的黄小丽负责,那就是活动期间所有的宴请接待安排。请按以下要求和内容操作。

(1) 模拟演示秘书黄小丽陪同总经理在酒店门口迎接客人直至散席送客的情境。

(2) 根据情境的内容,拟写酒会、茶会邀请卡和餐会请柬或邀请卡的内容。

(3) 模拟演示在宴请过程中,出现下列情况该如何处理?

A. 宴会开始前,身份高于主人的来宾到来,需重新调整席位;

B. 宴会开始时,临时增加了客人;

C. 宴会进行过程中,气氛比较沉闷;

D. 就餐过程中,客人不慎打翻酒水等;

E. 宴会上,你的领导或客人醉酒。

2. 风光公司将于明天晚上在餐厅宴请合肥怡乐公司的4位重要客人,公司领导将出席,并请公司市场部、财务部和总经理办公室相关人员出席。请你以秘书身份拟写一份宴请计划。

四、案例分析

1. 下班后,李秘书洗漱、收拾一番并换上一套名牌休闲西装后,便代表供职的某实业公司前往参加同行业例行的晚宴式沙龙。

他前往花店给这次沙龙的组织者张老板家女主人准备了鲜花,又给孩子购买了时令水果。但是,当他摁响张老板家的门铃时已迟到了40分钟,摁数次门铃屋内无人回应,李秘书便擂起了门板。终于唤出了主人,主人见到他说:"因为大家已开始吃饭、说话,您敲门我们没有听见,真对不起,赶快请进,入座吧。"张老板随手接过礼品并表示谢意。虽是晚宴式沙龙,但张老板还是很正规、周到,按宴请的桌次、座位礼仪排定位次,大家席间气氛友好、热烈,话题广泛。

晚宴后,在张老板的组织下,Party开始了。李秘书稍显倦容,便伸直了两腿、背靠沙发、闭目养神,这时有人来邀他放松放松、跳个舞,他说:"你们先来、你们先来,我有点累了,让我歇一会儿。"

请根据宴请相关知识分析该案例中李秘书的表现。

2. 白云公司年底为表示对客户的谢意,召开了客户联谊会,会后共进晚餐。负责接待工作的秘书苗苗根据上司的指示和宴会惯例,安排桌次和座位。这次宴会共设3桌,餐厅正面靠墙为主桌,编1号,靠入口处为2号、3号桌,摆成三角形,突出主桌。重要客户在主桌。为方便来宾入席,苗苗特意做了座位名签,并摆在桌上。但由于这次联谊会时间紧,与会人员名单确定得晚,苗苗在抄写时漏了在主桌的一位重要客户,结果致使该客户入席时找不到座位,出现了十分尴尬的场面。

该案例中,秘书苗苗对联谊会的准备工作对你有什么启示?请阐述。

学习情境五

达成合作意向

在涉外交往中,不同国家的政府、组织或企业单位之间经过洽谈(谈判),就政治、经济、文化科技等领域内的某些重大问题达成协议时,一般需举行签字仪式。商务洽谈成功,在双方达成合作意向后,秘书人员也需要安排签字仪式。安排签字仪式时,秘书人员要熟悉签字仪式的流程,精心做好签字仪式的准备工作,掌握签约仪式礼仪。仪式完毕后,来宾通常会离开当地返回单位,主方秘书需要根据情况为来宾送行。送行时要精心选择礼品,把握好送行的时机。本学习情境根据双方达成合作意向后事情发展的逻辑顺序设置了两个训练任务,即组织签约仪式和送行。

任务十六　组织签约仪式

知识目标

◆ 了解合同的相关知识。
◆ 了解签约仪式的基本程序、基本礼仪。
◆ 掌握组织签约仪式的方法。

能力目标

◆ 能够根据商务活动需要组织签约仪式。
◆ 能够根据签约仪式的程序和基本礼仪,有效处理现场发生的问题。

案例启示

小张是某公司总经理办公室的秘书,在该公司与另一公司的签约仪式上,小张作为工作人员参加仪式活动。在签约仪式当天,小张出于公司对此次合作的高度重视,为使仪式更显隆重,她作了精心的装扮:身穿一件艳丽的明黄色西装外套,配上一条裁剪贴身、裙及大腿的套裙,脚下的高跟鞋使她更显高挑。在仪式活动过程中,小张看上去格外出众,甚至她忙碌而又鲜艳的身影还被对方公司负责人称为"穿梭在活动现场上的一只美丽的蝴蝶"。

案例分析:在公务交往活动中,双方经过洽谈、讨论,就某项重大问题、意见、重要交易或合作项目达成一致时,需要把洽谈(谈判)成果和共识,用准确、规范、符合法律要求的格式和文字记载下来,经双方签字盖章形成具有法律约束力的文件。围绕这一过程,一般都要举行签约仪式,可以说,签约仪式是双方郑重其事的一个承诺仪式。因此,签约仪式通常是庄重而严肃的。在本案例中,小张获得了对方公司负责人"穿梭在活动现场上的一只美丽的蝴蝶"的评价,事实上这与签约仪式庄重严肃的气氛是不相符的,对方公司负责人与其说是在称赞小张,不如说是在善意地提醒和批评。

作为秘书,在参加签约仪式时,着装应干净整齐,符合自身身份,可以考虑穿着公司制服。如没有制服,着装款式应是简洁大方的职业装,女士裤装与裙装均可。为显庄重,服装颜色一般不能太显眼,以黑、白、灰三个无彩色为最好;如果是参加非常重要的仪式,秘书可以在职业装的基础上加一点亮色的小配饰做点缀,例如男士可选用较亮色的领带,女士可选用亮色的胸花等。

任务引入

任务背景: 经过辉鹏服饰有限公司到韩国广田百货有限公司的考察和初步商洽,双方建立了友好关系,辉鹏服饰有限公司邀请韩方公司前来参观并正式洽谈合作事宜,在为期三天的洽谈、参观过程中,双方充分交换意见,达成了合作共识。第三天,双方将在辉鹏服饰有限公司签订合作合同。

任务: 假如你是秘书思妍,请根据签约仪式的程序和礼仪要求,组织辉鹏服饰有限公司和韩国广田百货有限公司的合作签约仪式。

任务分析

为了使有关各方重视合同、遵守合同,合同的签署通常要通过郑重其事的签字仪式进行,即签约仪式。在本任务中,秘书思妍筹备签约仪式时不仅要考虑一般的签约程序和签约礼仪规范,还要考虑对方是一家韩国公司,因而在遵循国际商务礼仪的同时,还要尊重对方的礼仪习惯。

相关知识

签约仪式是由双方正式代表在有关协议或合同上签字并产生法律效力,体现双方诚意和共祝合作成功的庄严而隆重的仪式,其参加人员为双方代表及特邀嘉宾。

一、合同的相关知识

1. 合同的概念

《中华人民共和国合同法》(以下简称《合同法》)第二条规定:合同是平等主体的自然人、法人、其他组织之间设立、变更、终止民事权利义务关系的协议。

2. 合同的成立

合同的成立是指双方当事人依照有关法律对合同的内容和条款进行协商并达成一致。合同成立的判断依据是承诺是否生效。合同有效成立的五个条件如下:

(1) 双方当事人应具有签订合同的行为能力;

(2) 合同当事人的意思表达必须真实;

(3) 合同的标的和内容必须合法;

(4) 合同必须有对价或约因(或互为有偿);

(5) 合同必须符合法律规定的形式。

3. 合同的生效

合同的生效是指合同产生法律上的效力,具有法律上的约束力。根据《合同法》的规定,依法成立的合同,自成立时生效。因此,在通常情况下,合同依法成立之际,就是合同生效之时,两者在时间上是同步的。但是,《合同法》还规定,法律、行政法规规定应当办理批准、登记等手续才能生效的合同,必须经批准、登记后才生效。

二、签约仪式中需注意的礼仪

在签约仪式上,双方虽没有了洽谈时的警觉和自律,气氛显得轻松和谐,但仍应讲究签约礼仪。

1. 注意服饰整洁、挺括

参加签约仪式,切不可随意着装,因为着装反映了签约一方对签约的整体态度和对对方的尊重。签字人、助签人以及随员,在出席签字仪式时应当穿着正式的或具有礼服性质的深色西装套装、中山装套装或西装套裙,并配以深色皮鞋。男士还必须系上单色领带,以示正规。在签约仪式上的礼仪小姐、接待人员,则可以穿旗袍一类的礼仪性服装或自己的工作制服。

2. 签约者身份、职位对等,站立有序

双方签约者的身份、职位应对等,过高或过低都会造成不必要的误会。主签人以外的其他人员在站立的位置和排序上也应有讲究,不可自以为是。在整个签约完成之前,参加仪式的双方人员都应平和地微笑着直立站好,不宜互相走动谈话。

3. 遵守"轮换制"惯例

在国际商务礼仪中,每个签字人在由己方保留的合同文本上签字时,按惯例应当名列首位。因此,每个签字人均应首先签署己方保存的合同文本,然后再交由他方签字人签字。也就是说,签字者应先在自己一方保存的文本左边首位处签字,然后再交换文本,在对方保存的文本上签字。这一做法,在礼仪上称为"轮换制"。它的含义是在位次排列上,轮流使有关各方均有机会居于首位一次,以示机会均等、各方平等。

4. 主签人互换文本

在对方文本上签字后,双方主签人应亲手互换文本,而不是由助签者代办。此时,各方签字人应热烈握手,互致祝贺,还可相互交换签字时各自使用过的签字笔以示纪念。场内的其他人员亦应鼓掌表示祝贺。

5. 喝香槟庆祝

按照国际上通行的用以增添喜庆色彩的做法,签约完并互换文本、互赠签字笔后,双方可共饮香槟酒相互道贺。双方举杯共饮香槟酒时,不能大声喧哗叫喊,碰杯要轻,而后高举酒杯示意,浅抿一口即可,注意举止要文雅有风度。

如果是涉外签约仪式,在注意以上签约仪式礼仪的基础上,还应注意以下几点。

(1)签署涉外商务合同时,根据国际惯例,待签的合同文本应同时使用有关各方法定的官方语言,或是使用国际上通用的英文、法文。此外,亦可同时并用有关各方法定的官方语言与英文或法文。使用外文撰写合同时,应反复推敲,字斟句酌,不要望文生义或不解词义而乱用词汇。

(2)与外商签署涉外商务合同时,还需在签字桌上插放有关各方的国旗。插放国旗时,在其位置与顺序上必须按照礼宾次序。如签署双边性涉外商务合同,有关各方的国旗须插放在该方签字人的正前方。

(3) 我方人员在外国参加签字仪式,应尊重该国举行签字仪式的传统习惯。有的国家可能会准备两张签字桌,有的国家可能要求参加签字仪式的人员坐在签字人对面,对此不必在意,关键是要不辱使命。

任务实施

一、准备签约仪式

根据商务活动习惯,签约仪式的准备工作由主方负责,而在主方,更多的是交给秘书负责。

1. 确定参加仪式的人员

负责准备签约仪式的秘书应根据签约文件的性质和内容,安排参加签约仪式的人员。参加签约仪式的双方人员原则上强调对等,人员数量上也应大体相当。

一般来说,双方参加洽谈的人员均应出席签约仪式。客方应提前与主方协商自己出席签约仪式的人员,以便主方作相应的安排。具体签字人由双方各自确定,其身份必须与待签文件的性质相符,且双方签字人的身份、地位和级别要求对等。

本次任务是一般的商务签约仪式,参加仪式的人员主要是双方参加洽谈人员,根据公司制订的商务洽谈接待计划的安排,参加签约仪式的人员具体为:韩方社长金美惠、秘书朴素善和市场部部长李宰平,主方总经理黄林、市场部经理王明、销售部经理田珍、财务部经理冯晓、技术部经理郭东。主方为显重视,可视情况考虑是否邀请该市政府部门有关领导作为特邀嘉宾参加签约仪式,见证签约过程。

2. 备好签约的合同文本

签约之"约"事关重大,一旦签订即具有法律效力。所以,待签的文本应由双方与相关部门指定专人,共同负责完成合同文本的定稿、翻译、校对、印刷、装订等工作。除了核对谈判内容与文本的一致性以外,还要核对各种批件、附件、证明等是否完整准确、真实有效以及译本副本是否与样本正本相符。如有争议或处理不当,应在签约仪式之前,通过再次谈判使双方相互谅解和满意,之后方可举行签约仪式。

一旦合同的正式文本拟订,它应当是正式的、不再进行任何更改的标准文本。依照商界的习惯,在正式签署合同之前,应由举行签字仪式的主方负责准备待签合同的正式文本。在合同文本的准备上,按常规,主方应为在合同上正式签字的有关各方均提供一份待签的合同文本,必要时,还可再向各方提供一份副本。待签的合同文本应以精美的白纸制作而成,按大八开的规格装订成册,并以高档质料的纸张或皮、金属、软木等作为封面。

本次签约的双方为一中一韩,在准备合同文本前,双方指定的文本拟订负责人除了要协商具体条款外,还应商定文本所用的语言形式等。

3. 选定签约仪式的场所

举行签约仪式的场所,应视参加签约仪式人员的身份和级别、参加仪式人员的多少和所签文件的重要程度等诸多因素来确定。著名宾馆、酒店,政府或公司会议室、会客厅都可以选择,但需经双方协商确定。如需大张旗鼓地宣传则应邀请媒体参加,如不想高调也可以选择僻静场所，仅由双方代表参加。但是场所确定后，任何一方都不能自行决定更改签约地点。根据公司制订的商务洽谈接待计划的安排，本次签约仪式的地点选择在辉鹏服饰有限公司本部六楼会议室。

4. 布置签约仪式现场

现场布置的总原则是庄重、整洁、清静。一个标准的签字厅，室内应铺满地毯，除了必要的签字用桌椅外，其他陈设都不需要。在现场布置上，台布及背景等色调的选择应考虑双方的颜色禁忌，要注意事先征询客方意见。

我国常见的签约仪式现场布置是：签字桌一般面对正门横放于室内，正规的签字桌为加长形条桌，桌面上覆盖着深冷色台布，常见如墨绿色等。在签字桌后，摆放适量的坐椅；签署合同时，通常放置两张坐椅（因为是中韩双边性合同），供双方签字人就座；若是签署多边性合同，可以仅放一张坐椅，供各方签字人签字时轮流就座，也可以为每位签字人各提供一张坐椅。在签字桌上，循例应事先安放好待签的合同文本以及签字笔、吸墨器等签字时所用的文具。本任务是涉外签约，应在签字桌的中间摆一国旗架，分别挂上中韩双方国旗，并使客方国旗在右，主方国旗在左，双方国旗方向切不可以放错。如果是国内地区、单位之间的签约，也可在签字桌的两端摆上写有地区、单位名称的席位牌。签字桌后应有一定空间供参加仪式的双方人员站立，背墙可做一大幅背景喷图或在上方挂上印有"中国辉鹏服饰有限公司与韩国广田百货有限公司签约仪式"字样的横幅。签字桌的前方应开阔、敞亮，如邀请媒体记者，应留有空间，配好灯光，必要时还应准备座位席。

正式签署合同时，各方代表对于礼遇均非常在意，而最能体现礼遇高低的就是签约的座次和站位的安排。所以负责组织签约仪式的秘书思妍应该特别注意仪式现场的座次安排。合乎礼仪的做法是：在签合同时，请韩方签字人在签字桌右侧就座，主方签字人就座于签字桌左侧；双方各自的助签人分别站立于各自一方签字人的外侧，以便随时为签字人提供帮助；双方其他的随员可以按照一定的顺序在己方签字人的正对面就座，也可以依照职位的高低，依次由左至右（韩方）或是由右至左（主方）列成一行，站立于己方签字人的身后。当一行站不完时，可以按照以上顺序并遵照"前高后低"的惯例排成两行、三行或四行。原则上，双方随员人数应大体上相近。

一次成功的签约仪式必须是流畅、有着良好的现场气氛的，所以在签约仪式的准备过程中还应充分考虑现场主持、背景音乐、现场应急等问题，必须在事前做好方方面面的准备工作，最好能在签约前进行适当的模拟演练，以保证设备的正常运转和人员的及时到位。

除此以外，作为主方，秘书思妍在仪式之前应就有关细节的安排与客方充分沟通，这样才能既体现礼仪之邦的风范、展现主方诚意与形象，又使仪式获得双方满意的效果。

二、进行签约仪式

签约仪式通常在现场主持人或司仪的主持下进行，是签署合同的高潮，这段时间不长，但庄重而热烈，有一套严格的程序，大体由以下步骤构成。

1. 签约仪式正式开始

参加签约仪式的双方代表及特约嘉宾按时步入签字仪式现场，由现场主持人或司仪

介绍出席仪式的双方代表及嘉宾。现场主持人或司仪通常由公司指定。

2．各方人员各就各位

签约者在签约台前入座，其他人员分主、客各站一边，按其身份由高到低、自里向外依次站立，列队于各自签约者的座位之后。双方助签人员分别站立在己方签约者的外侧。

3．正式签署合同文本

由助签人员翻开合同文本，指明具体的签字处，签字人签上自己的姓名后，由助签人员将己方签了字的合同文本递交给对方助签人员。助签人员拿到对方的文本后，将文本放置在签字人面前，并指明具体签字处，提醒签字人签字。

4．交换签署好的合同文本

双方保存的合同文本都签好字以后，由双方的签字人亲自郑重地交换文本，同时握手致意、祝贺，还可互赠签字笔以作纪念，各方站立人员应同时鼓掌祝贺。

5．共饮香槟酒互相道贺

合同文本交换后，服务人员用托盘端上香槟酒，双方签约人员举杯同庆，以增添合作的愉快气氛。

6．签约仪式结束

签约仪式结束退场时，一般安排客方人员先走，主方人员送客方人员离开后再离开。

某些重大或有必要加强宣传报道的签约仪式，有时会与新闻发布会同时进行，有时在仪式上会增加领导及嘉宾致辞环节、项目介绍环节、接受媒体采访环节，这些将视具体情况在上述程序之前或之后进行。

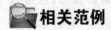 相关范例

范例一　　　　　　某公司合同签约仪式流程安排

1. 各方代表在仪式前进入会议室就座，佩戴胸花。
2. 确认实际到场嘉宾名单并核对司仪稿。
3. 双方礼节性会见。
4. 会见结束，签约仪式正式开始，进入签字区，主宾各方人员依次进入，各就各位。
5. 司仪宣布：签字仪式开始。
6. 介绍双方出席嘉宾（先客后主）。
7. 请公司领导致辞。
8. 请客方单位领导致辞。
9. 宣读文本。
10. 双方代表签字。
11. 双方人员共饮香槟。

12. 仪式结束。

范例二　　　　××县银政企合作签约仪式安排

1. 活动时间：12月3日上午10:00。

2. 活动地点：××县政府8楼会议室。

3. 出席人员：陈××、李×；国家开发行广东省分行、市金融机构、中顺盈鹏信用担保有限公司；××县领导、各镇(街道)党(工)委书记、镇长(主任)和县直部门领导。

4. 主持：××县县委常委、常务副县长袁××。

5. 签约程序：

(1) ××县县长致辞；

(2) 企业代表发言；

(3) 银行代表发言；

(4) ××市市委副书记、政法委书记讲话；

(5) 签约仪式开始；

(6) 举行贷款发放仪式。

范例三　　　　　　合作开发合同

研究开发人：北京××机电设备有限公司(以下简称甲方)

法定代表人：(略)

住所：(略)

邮编：(略)

联系电话：(略)

委托代理人：(略)

身份证号：(略)

住所：(略)

邮编：(略)

联系电话：(略)

研究开发人：天下公司(以下简称乙方)

法定代表人：(略)

住所：(略)

邮编：(略)

联系电话：(略)

委托代理人：(略)

身份证号：(略)

住所：(略)

邮编：(略)

联系电话：(略)

鉴于甲方是在北京市合法注册的生产和经营机电设备的有限责任公司,乙方是在广东省合法注册的经营范围为车床的公司,双方均具备研发 A 型车床项目的能力。为共同完成 A 型车床项目的技术开发,双方依据《中华人民共和国合同法》及中华人民共和国其他相关的法律法规,经协商一致,签订本合同。

一、合作开发项目名称:**A 型车床**

二、合作开发要求(视具体情况列明)

1. 开发目的(略)

2. 使用范围及方式(略)

3. 合作开发的内容、形式、标准(略)

4. 合作开发研究的地点、地域(略)

5. 合作开发的时间要求

第一阶段:(略)

第二阶段:(略)

第三阶段:(略)

合作开发期限自 2014 年 3 月 1 日始至开发项目完成止,预计完成期限为 2020 年3 月 1 日。

6. 合作开发的完成

产品设计、工艺规程、材料配方和其他图纸、报告等技术文件;样品、样机;成套技术设备等(略)。

三、合作开发的投资

投资总额为:(略)

其中甲方投资:(略)

乙方投资:(略)

在总投资额中,甲方占 50%;乙方占 50%。

(注:所谓投资,不仅包括以货币、设备、场地进行的物质投资,还包括以专利技术、非专利技术进行的技术投资;采取货币以外的形式进行投资的,应当折算成相应的金额,明确当事人在投资中所占的比例。)

双方投资的时间为:(略)

双方于本合同签订之次日内共同设立账户,用于投资资金的管理。非经双方共同以书面确认,任何一方不得支取该投资资金。

四、甲方主要义务

1. 按照本合同约定比例对合作开发项目进行投资;

2. 提供场地、人员等(视具体情况确定);

3. 完成 A 型车床的研发工作;

4. 就取得完全的专利申请权、专利权以及非专利技术、技术秘密的完全的使用权、收益权、转让权向乙方支付补偿。

五、乙方主要义务

1. 按照本合同约定比例对合作开发项目进行投资;

2. 提供场地、人员等(视具体情况确定);

3. 完成 A 型车床的研发工作。

六、工作配合

双方应当按照合同约定的分工、以自己的技术力量参加研究开发工作,共同制订研究开发计划,共同解决研究开发中发生的问题,或按照分工分别承担设计、工艺、试验、试制等不同阶段或者不同部分的研究开发工作,并与其他当事人协作配合,直至完成研究开发项目。任何一方对本合同约定或双方另行确定必须履行的义务,都必须认真履行。

七、技术情报和资料的保密

双方有义务对本合作开发项目采取适当的保密措施。在本合同履行过程中及合同变更、解除、终止后的任何时间,非经双方共同以书面形式确认,任何一方不得将本合作开发项目的任何信息提供给任何第三方。

八、风险承担

1. 因作为本合作开发合同标的技术已经由他人公开,致使本合同的履行没有意义的,双方应当解除合同。

任何一方获知该情况的,应当告知另一方。合同因此而解除的,双方就已完成部分按照甲方××%、乙方××%的比例承担合作开发费用。双方应于合同解除之日起十日内进行结算。

2. 在履行本合同的过程中,确因在现有水平和条件下难以克服的技术困难,导致合作开发项目部分失败或全部失败的,对于该失败的部分,双方就已完成部分按照甲方50%、乙方50%的比例承担合作开发费用。双方应于确认该部分失败之日起十日内就失败部分进行结算。

任何一方发现可能致使研究开发失败或者部分失败的情形时,应当及时通知另一方并采取适当措施减少损失。

3. 因不可抗力造成合同无法继续履行的,双方就已完成部分按照甲方50%、乙方50%的比例承担合作开发费用。双方应于合同解除之日起十日内进行结算。

九、技术开发成果的归属

1. 在履行本合同中完成的合作开发成果的专利申请权归甲方所有,乙方不得申请专利。合作开发成果的专利权归甲方所有。乙方不能免费取得该专利的实施许可。

2. 甲方应当就取得完全的专利权于双方确定完成开发工作之日起三十日内一次性向乙方支付补偿金××××元(或采取其他补偿办法)。

3. 技术开发的成果中属于非专利技术或技术秘密成果的,该非专利技术或技术秘密成果的使用权、转让权及获得利益的权利由甲方享有。乙方不得使用或转让该非专利技术或技术秘密成果,并不得向任何第三方泄露。

4. 就非专利技术或技术秘密成果使用权、转让权及获得利益权的取得,甲方应于双方确定完成开发工作之日起三十日内一次性向乙方支付补偿金××××元(或采取其他补偿办法)。

十、违约责任

1. 任何一方不按照合同约定进行投资,造成研究开发工作停滞、延误的,违约方应向

另一方支付数额为项目总额10%的违约金；造成开发失败的,违约方应向另一方支付数额为项目总额30%的违约金。

2. 任何一方不按照合同约定的分工参与合作开发工作或不按照合同约定与其他各方完成配合任务的,违约方应向另一方支付数额为项目投资总额20%的违约金。

3. 任何一方违反本合同第七条约定的保密义务,违约方应当向另一方支付数额为项目投资总额20%的违约金。给对方造成损失的,除给付违约金以外,对另一方的损失应据实予以赔偿。

4. 甲方未按照合同第九条约定向乙方支付补偿金的,每延迟给付一日,甲方按延迟给付部分的万分之三向乙方支付违约金。

5. 乙方擅自使用或转让本合同项下的专利技术、非专利技术以及技术秘密的,应当停止该侵权行为,并赔偿甲方600万元作为违约金。该违约金不足以补偿甲方损失的,乙方应当就甲方全部损失据实赔偿。

十一、争议解决

在本合同履行过程中发生争议,甲、乙双方应通过友好协商解决。协商不成的,双方商定,采用以下第2种方式解决。

1. 对因本合同所发生的任何争议,申请北京市仲裁委员会仲裁;

2. 向甲方所在地有管辖权的人民法院提起诉讼。

十二、名词和术语的解释

(略)

十三、合同附件及合同效力

1. 本合作开发项目的技术背景资料、可行性论证和技术评价报告、项目任务书和计划书、技术标准、技术规范、原始设计和工艺文件,以及其他技术文档,作为合同的组成部分,与本合同具有同等法律效力。

2. 本合同签订于北京市朝阳区协和路,由双方授权代表签字,并加盖公司印章后生效。

甲方:北京××机电设备有限公司　　　　　　乙方:天下公司

授权代表:　　　　　　　　　　　　　　　　授权代表:

　　　年　月　日　　　　　　　　　　　　　　　年　月　日

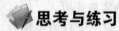

思考与练习

一、问答题

1. 除了签约合同文本以外,在签约仪式上还可能会用到哪些文书？作为一名签约仪式组织者,应如何做准备？

2. 在签约仪式上有可能发生哪些突发事件？作为一名秘书,你该怎样预防并解决这些突发事件？

二、实训题

请模拟组织学院与美国某商务公司合作培养涉外秘书的签约仪式。

三、案例分析

煮熟的鸭子为什么飞了

皇朝贸易公司总经理办公室的秘书李丽聪明能干,在公司深受重用。她经常与罗浪斯公司的总经理秘书陈珍妮在一块游玩。她们所在的两家公司都进行皮革进出口贸易。虽然两人的性格完全不一样,李丽热情开朗,乐于助人,陈珍妮温柔沉静,内向含蓄,但两人是几乎无话不谈的好朋友。

在一次闲聊时,陈珍妮说最近的心情不太好,因为公司生意一直不佳,总经理急得茶饭不思,并且常常把气出在她身上。李丽说:"你也不要太在意,我们做秘书的要自己调节心情。我们公司的成绩倒不错,我们经理在今天上午就签了一个合作意向书,有上千万元。如果这笔生意做成,可以赚进一百多万元。我没法告诉你详细的情况,但这次谈判确实非常顺利。"李丽一边说,一边沉浸在谈判成功的喜悦之中。

过了几天,李丽跟随总经理去白天鹅宾馆与德国某贸易代表团签订正式合同时,过了约定时间,还不见代表团的影子。后来德国某公司长驻中国的代表打来电话说:"代表团已于昨天回国,就在昨天上午与贵市的罗浪斯公司签订了购货合同,价格低于贵公司百分之十。"

皇朝贸易公司上下都非常沮丧,李丽更是懊恼无比,她懊悔没有提醒总经理及时采取快速行动,也责怪自己没有时时注意德国代表团的动向。令她百思不得其解的是:罗浪斯公司是怎样获取德国代表团的情报的? 他们是如何抢走生意的?

请问:

1. 罗浪斯公司是怎样获得德国代表团的信息并签订合同的?

2. 秘书在签约仪式前需要注意些什么?

任务十七　送　行

知识目标

- ◆ 了解送行的礼仪要求。
- ◆ 了解送礼的目的和基本原则。
- ◆ 熟悉礼品的选择要求与送出时机。

能力目标

- ◆ 能够做好送别的准备工作并礼貌送行。
- ◆ 能够为客户挑选礼品。

案例启示

东浩公司行政助理小周和客服部经理到某公司拜访张副总,该公司的秘书小黄接待了他们。拜访结束后,小黄送小周他们到楼下,东浩公司的车刚开过来,小周回头想和小黄告别,却看到小黄已经转身回办公室了。

案例分析:秘书小黄的做法显然是不合礼仪规范的。东浩公司的车刚开过来,双方还没有正式告别,这时悄悄离开并不礼貌,有急于送客之嫌。秘书小黄应该等小周他们上车后,挥手告别并待车开出视线范围后再转身回公司。

任务引入

任务背景:韩国广田百货有限公司代表团第二天洽谈、签约完毕,第三天签约之后就要离开当地回国了。

任务 1:请秘书做好送行准备并礼貌送行。

任务 2:为韩国代表团挑选礼品并在送别时送给他们。

任务分析

所谓"终者,来宾之送别也",即是说送别来宾是商务洽谈接待活动中的最后一个环节。作为接待活动的终点,送别来宾在接待活动中同样起到了十分重要的作用,接待人员对此一定要有充分的认识,并引起足够的重视。对于送别的礼品,最好挑选有民族和地方特色的物品,但要注意不能触犯对方的禁忌。

📁 相关知识

中国自古就是礼仪之邦，传统上很注重礼尚往来。在拜访和送别的时候，送礼成了最能表情达意的一种沟通方式，它是社交活动中不可缺少的重要手段，它像桥梁和纽带一样直接、明显地传递着情感和信息，深沉地寄托着人们的情意，无言地表达着人与人之间的真诚关爱。

一、送礼的目的

送礼作为社交活动的重要手段之一，受到古今中外人士的普遍肯定。得体地送礼，恰似无声的使者，给交际活动锦上添花，给人们之间的感情和友谊注入新的活力。然而送给谁（Who），为什么送（Why），如何送（How），送什么（What），何时送（When），在什么场合送（Where），是一个既老又新的问题。因此，我们只有在明确送礼目的和遵循送礼原则的前提下，在明确弄清以上6个问题的基础上，才能真正发挥送礼在交际中的重要作用。

送礼是有目的的，或为交结友谊，或为祝颂庆贺，或为酬宾谢客，或为其他，其目的主要有以下几种。

1. 以交际为目的

这是一种为达到交际目的而进行的送礼，有两个特点：一是送礼的目的与交际目的直接一致。无论是个人还是组织机构，在社交中为达到一定目的，针对交往中的关键人物和部门，通过赠送一定礼品，促使交际目的的达到。二是礼品的内容与送礼者的形象一致。礼品的选择，一个非常重要的原则就是要使礼品能反映送礼者的寓意和思想感情的倾向，并使寓意和思想倾向与送礼者的形象有机地结合起来。

2. 以巩固和维系人际关系为目的

这类送礼即是人们常说的"人情礼"。在人际交往过程中，无论是个人间的抑或是组织机构间的送礼，都必然产生各类关系和各种感情。人与生俱来的社会性，又要求人们必须重视这些关系和感情，因而，围绕着如何巩固和维系人际关系和感情，人们采取了许多办法，其中之一就是送礼。这类送礼，强调礼尚往来，以"来而不往非礼也"为基本行为准则。因此，无论从礼品的种类、价值的轻重、档次的高低、包装的精美、蕴涵的情意等方面都呈现多样性和复杂性，这在民间交际中尤其重要。

3. 以酬谢为目的

这类送礼是为答谢他人的帮助而进行的，因此在礼品的选择上十分强调其物质价值。礼品的贵贱厚薄，通常取决于三个方面。首先，取决于他人帮助的性质，帮助的性质分为物质的帮助和精神的帮助两类。一般来说，物质的帮助往往是有形的，能估量的，而精神的帮助则是无形的，难以估量的，然而其作用又相当大。其次，取决于帮助的目的，是慷慨无私，另有所图，还是公私兼顾？只有真正无私的帮助，才值得真心酬谢。最后，取决于帮助的时机，一般情况下，危难之中见真情。因此，得到帮助的时机是日后酬谢他人的最重要的衡量标准。

4. 以公关为目的

这类送礼表面上看来不求回报,而实质上其索取的回报往往更深地隐藏在其后的交往中,或是金钱,或是权势,或是其他功利,是一种为达到某种目的而用礼品的形式进行的活动,多发生在对经济、政治利益的追求和其他利益的追逐活动中。

二、送礼的基本原则

但凡送礼之人,都希望自己所送的礼品能寄托和表达对受礼者的敬意和祝颂,并使交往锦上添花。然而,有时所赠礼品非但达不到这种目的,反而会事与愿违,造成不良后果,"赔了夫人又折兵"。因此,认真研究和把握送礼的基本原则,是送礼活动得以顺利进行的重要前提条件。

1. 轻重原则

礼品的贵贱厚薄,往往是衡量交往人的诚意和情感浓烈程度的重要标志。然而礼品的贵贱厚薄与其物质的价值含量并不总是成正比。因为礼品是言情寄意表礼的,它仅仅是人们情感的寄托物,人情无价而物有价,有价的物只能寓情于其身,而无法等同于情。也就是说,就礼品的价值含量而言,礼品既有其物质的价值含量,也有其精神的价值含量。"千里送鹅毛"的故事,在我国妇孺皆知,被标榜为礼轻情义重的楷模和学习典范。"折柳相送"也常为文人津津乐道,因为柳的寓意有三点:一为表示挽"留";二因柳枝在风中飘动的样子如人惜别的心绪;三为祝愿友人如柳,能随遇而安。如果仅就这些礼品本身的物质价值而言,的确不值一文,也没什么实际用处,然而它所寄寓的情意是浓重的。因此,选择礼品时,勿忘一个"情"字,应挑选价廉物美、具有一定纪念意义、具有某些艺术价值或受礼人喜爱的小艺术品、书籍、画册等。

但是,当我们因种种原因陷入"人情债务链"时,不妨注意以轻礼寓重情,入乡随俗地根据送礼目的和自己的经济实力,择定不同轻重的礼品。对于人情礼的轻重把握尺度,目前国内常以个人收入的1/3为最上限,下限则视"情"而定。总之,除非是有特殊目的,礼品的贵贱厚薄都应以对方能愉快接受为尺度,争取做到"少花钱、多办事,多花钱、办好事"。

2. 时机原则

有一篇题为《影星与狗》的文章,记载了这样一件感人的事:国际著名影星奥黛丽·赫本十分爱狗。多年来一直豢养着一只叫杰西的长耳罗塞尔种的小猎犬。白天,杰西那无忧无虑和温柔的品性,令赫本感到平和与亲情,夜晚杰西暖融融地依偎在赫本的脚旁,伴她入睡。然而有一天,杰西误吃了毒药,很快就死了,赫本爱犬心切,竟无法控制自己,终因悲伤过度而一病不起。这时,她的朋友克里斯多夫·格里文森托人给她又送来了一只长耳罗塞尔狗,它叫彭妮,小巧玲珑,毛色白亮,十分可爱。彭妮给了赫本无限的慰藉,赫本说:"彭妮不仅使我恢复了健康,也赐给我无限的幸福,它真是来自天堂的宝贝。"由此可见,对于送礼的时机,及时、适宜是最重要的。中国人很讲究"雨中送伞"、"雪中送炭",即十分注重送礼的时效性,因为只有在最需要时得到的才是最珍贵的,才是最难忘的。因此,要注意把握好送礼的时机,包括时间的选择和机会的择定。一般来说,时间贵在及时,超前或滞后都达不到送礼的目的;机会贵在事由、情感和需要的程度,"门可罗雀"时和"门庭若市"时,人们对送礼的感受有天壤之别。所以,给予处境困难者的送礼,所表达的情感就更显真挚和高尚。

3. 效用性原则

同一切物品一样,当礼以物的形式出现时,礼品本身也就具有价值。就礼品本身的实用价值而言,人们经济状况不同、文化程度不同、追求不同,对于礼品的实用性要求也不同。一般来说,物质生活水平的高低,决定了人们精神追求的不同,在物质生活较为贫寒时,人们多倾向选择实用性的礼品,如食品、水果、衣料等;在生活水平较高时,人们则倾向于选择艺术欣赏价值较高、趣味性较强和具有思想性、纪念性的礼品。因此,应视受礼者的物质生活水平,有针对性地选择礼品。

4. 投好避忌的原则

由于民族、生活习惯、生活经历、宗教信仰以及性格、爱好的不同,人们对同一礼品的态度不尽相同,或喜爱,或忌讳,或厌恶,因此我们在送礼时要把握住"投其所好、避其禁忌"的原则。例如,1972 年,尼克松总统准备访华前急于寻求能代表国家的礼物,美国保业姆公司闻讯后,向尼克松总统献上公司生产的一尊精致的天鹅群瓷器珍品,因为瓷器的英文 China,也具有"中国"的意思,尼克松一见,大喜过望,于是把这尊具有双重意义而且具有很高艺术价值的瓷器珍品带到了中国。对于尼克松,这就是"投其所好"。

选礼和送礼时尤其需要强调的是"避其禁忌"。禁忌是一种不系统的、非理性的、作用极大的心理和精神倾向,对人的活动影响强烈。当自己的禁忌被冒犯时,无论是有意的还是无意的,心中的不快、不满,甚至愤恨是不言而喻的。当我们冒犯了别人时,可能会引起纠纷,甚至冲突,所以,送礼前一定要了解受礼者的喜好,尤其是禁忌。例如,中国人普遍有"好事成双"的说法,因而凡是大贺大喜之事,所送之礼,均好双忌单;但广东人忌讳"4"这个偶数,因为在粤语和客家方言中,"4"听起来像"死",是不吉利的。再如,白色虽有纯洁之意,但中国人比较忌讳,因为在中国,白色常是悲哀之色和贫穷之色。同样,黑色也被视为不吉利,是凶灾之色、哀丧之色。而红色,则是喜庆、祥和、欢庆的象征,受到人们的普遍喜爱。我国民间还常常讲究给老人送礼时不能送"钟",给夫妻或情人送礼时不能送"梨",因为"送钟"与"送终"谐音,"梨"与"离"谐音,寓意不好。

任务实施

在商务活动中,送别来宾是接待工作的具体延续,它同样体现了主方对来宾的接待水准和礼宾规格。古人云:行百里,半九十。尽管送别活动开始时,主客双方的交流会面已经基本结束,但这并不意味着商务洽谈接待工作的最后完成。事实上,送别关系到来宾对主方最后印象的形成。接待工作的圆满与否,在很大程度上也体现在送别来宾这一环节中。如果送别活动没有组织好,那么即便接待工作的其他环节做得再好,接待工作也是不成功、留有遗憾的。秘书可以按照以下步骤组织送行。

一、做好送行准备

送行是商务洽谈接待活动的最后一个环节,辉鹏服饰有限公司在商务洽谈接待计划

中,已经有了送行的具体安排,但是,在做送别工作的准备时,秘书仍要注意做好以下几项工作。

1. 帮助或协助购票

在韩方人员回国之前,秘书要着力安排好客人回程的交通问题,例如帮他们预订好飞机票、车船票,制订好回程的路线等。如果对方秘书要求自行解决,辉鹏服饰有限公司的秘书也要尽可能地为其提供便利和相关信息。

2. 确定送行时间和地点

为宾客送行,必须确定送行的时间和地点,以免浪费送行人员的时间和给宾客留下不好的印象。通常情况下,送行应估算好时间并留有余地,应根据对方交通工具启程的时间和前往车站、飞机场的路途时间、话别时间来估算,要确保不耽误对方登机。

一般情况下,送宾的地点应和迎宾的地点相同,也就是说,客户到达时,你是从哪里迎接客人的,送行时你就应当送到哪里。通常我们的送行地点有三个:一是交通工具停靠站,包括港口、火车站、汽车站、飞机场等;二是来宾临时下榻之处;三是接待方的办公地点,如办公大楼和办公室门外。韩国客人对辉鹏服饰有限公司而言是重要的合作者,且当初是在飞机场迎接他们的,所以应送其到飞机场。

3. 限制送别的规模

送行要尽量按照接待计划来执行,送客的人员应当是主方的主要负责人和负责接待的其他人员,身份应与韩方对等。目前,根据接待礼仪简化的要求,有必要对送别规模加以限制。在组织送别活动时,应突出实效,体现热情,但在形式上应务实从简,在参加人数、主人身份、车辆档次与数量上严格限制,不搞小题大做、前呼后拥的人海战术。因此,本次送别只需要安排总经理黄林、市场部经理王明、公关部经理刘燕和秘书思妍以及司机参加就足够了。

4. 安排合适的交通工具

在力所能及的情况下,送别来宾时所使用的交通工具应由主方提供。对于主方来说,一定要保证交通工具的数量能够满足需求,并预备一定的机动车辆,以应不时之需。就此次任务来说,可以安排一辆七座的商务车或者五座轿车送韩方客人到机场。

二、挑好送别礼品

代替公司选择礼品往往是秘书的职责,而礼品的选择是一门艺术,选对了,有利于双方关系的进一步发展;选错了,容易导致双方关系的恶化。一般来说,对外宾,应以特色为佳。考虑到韩方客人要乘坐飞机,所以礼品还要尽可能轻巧和便于携带。此外,在选择礼品时还要注意以下几点。

1. 因事而异选礼

在送礼之前搞清送礼的目的和性质,是选好礼品的关键。此次送礼是以巩固和维系关系为目的的,重在联络感情和扩大宣传,送礼要着眼于情感,只要其间蕴涵真情,就是好的礼品,例如公司的主打产品、宣传画册、企业标志等都可以作为送别的礼品。在选择礼品时,还要注意礼品的货币价值不要过高。赠送昂贵的礼品,会引起对方的怀疑及戒备,也会使对方为难。但若送给重要客户或需要别人帮忙,则不宜选择有公司标志的礼品,而应因人而异,既合客户胃口,又有一定的价值。

2. 因人而异选礼

在接待工作中始终存在着一条主线,即"知彼知己,百战不殆"。每个客户的喜好都不一样,送礼若能送别人需要的或喜欢的,那你送的礼品就是好礼品。因此在送礼前,要先了解甚至研究受礼方的详细信息和受礼者的心理,最好能事先通过巧妙的方式了解到对方喜欢什么,需要什么,以免出现送者一片真情,受者漠然置之的不良后果。例如,对方社长喜欢收藏和怀旧,送她一本有关她的新闻报道剪辑肯定要比送她一瓶名酒更受欢迎。所以,选择礼品要因人而异,投其所好,同时还要注意对方的宗教习俗、文化背景和文化修养。

3. 因俗而异选礼

送礼前应了解受礼人的身份、爱好、民族习惯,免得送礼送出麻烦来。

一是要考虑数量。我国向来以双数表示吉祥,特别是"8",基本每个地方都喜欢,因为它和"发"同音;也有很多地方喜欢"9",因为它代表着"长长久久"。在韩国,忌讳"4"和"13"这两个数字。因此,秘书在选择礼品时,一定要注意礼品的数量,要避开"4"和"13"。

二是要了解风俗禁忌。例如,苹果在广东表示祝福平安,但在上海人眼里,苹果是不吉利的,因为"苹果"跟"病故"二字发音相同,送苹果岂非诅咒人家病故?因此,挑选礼品时,特别是在为交往不深或异地人士挑选礼品时,应当有意识地使礼品与对方所在地的风俗习惯一致,在任何情况下,都要坚决避免把对方认为伤风败俗的物品作为礼品相赠。

三、送别

1. 送行

送行的方式有多种,介绍其中两种,第一种是所有的送行人员到机场送行;第二种是公司领导、主陪人等到酒店送行,由秘书和司机送宾客到机场,本任务即选择这种送行方式。不论是哪一种,秘书都要安排好送行车辆,要安全、准时地将客人送到机场。注意到下榻酒店送行时,到达酒店的时间要恰当,要给来宾留出收拾东西、打点行装的时间。到得太早,不但会影响来宾收拾行李,还有催他们走的嫌疑;到得太晚,将没有足够的时间话别,且可能会错过飞机,让来宾着急。

根据之前的商务洽谈接待计划安排,主方送行人员需要在上午8:00到达酒店与韩方客人话别;8:40,将由秘书思妍和司机送其前往白云机场乘坐上午10:30的飞机回国。在酒店送行时,送行人员特别是总经理黄林应与客人特别是主宾金美惠社长话别。话别的主要内容,一是表达惜别之意;二是听取来宾的意见或建议;三是了解来宾有无需要帮忙代劳之事;四是向来宾赠送纪念性礼品。前往飞机场的时间将到时,送行人员应主动帮助韩方客人提拿大件行李,并在客人伸手后与客人一一握手告别。送行的车辆开出时,送行人员应挥手示意,待车辆开出视线范围之后再离开。

到达机场后,秘书应继续帮助韩方来宾提拿行李等,并协助其办理各项登记手续。登

机时间到时,秘书应与来宾挥手道别并祝其旅途愉快,目送来宾入关远去后再离开。

2. 送礼

要使交往对象愉快地接受礼品,并不见得是件容易的事情。因为即便是你选好了礼品,如果不讲究送礼的艺术和礼仪,也很难使送礼成为社会交往的有效手段,甚至会适得其反。所以送礼时要做好以下两点工作。

（1）精心包装

送给他人的礼品,尤其是在正式场合赠送于人的礼品,在相赠之前,一般都应当认真进行包装。因为精美的包装不仅使礼品的外观更具艺术性和高雅的情调,还能显现出赠礼人的文化和艺术品位,而且还可以使礼品产生和保持一种神秘感,既有利于交往,又能引起受礼人的好奇心和兴趣,使受赠者感到自己备受重视。

（2）适时赠送

选择恰当的时机,可以使送礼显得自然、亲切,这需要根据实际情况灵活掌握。通常送行时送礼的时机有两个: 一是全体送行人员到机场送行,机场话别时是最好的送礼时机。二是主要领导等到酒店送行,由秘书和司机送来宾去机场,最好的送礼时机是在酒店送行话别的时候,礼品最好由公司领导亲自送出,如果当时来不及,可以退而求其次,选择在机场话别的时候送礼。根据任务安排,辉鹏服饰有限公司应选择第二个送礼的时机。

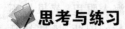 **思考与练习**

一、问答题

1. 送行应遵循哪些礼仪?
2. 送行时,什么时候送出礼品最适宜? 为什么?

二、实训题

1. 一位记者来本公司采访完后,很满意你的陪同与合作,连声感谢,并要告辞。请礼貌送走该记者。
2. 美国 ABC 公司代表团明天将要结束到广东深圳的访问,作为接待方秘书,请根据送行礼仪安排送行。

三、案例分析

当来访客人走进某药业集团有限公司经理办公室时,鲍秘书正在办公桌前打印一份文件,他向客人点点头,并伸手示意请客人先坐下。10 分钟后,他起身端茶水给客人,用电话联系好客人要找的部门,在办公桌前起身向客人道别,并目送其走出办公室。为此事,鲍秘书受到了办公室主任的批评。

请思考并分析:为什么鲍秘书受到了办公室主任的批评? 她应该怎么做?

学习情境六

洽谈任务完成

　　洽谈任务完成后，秘书人员需要对洽谈过程中形成的所有文书进行整理和立卷。企业文书的整理立卷是将办理完毕、具有查考和保存价值的文书材料进行收集、加工和整理，并根据文书形成的规律和内容的内在联系，分门别类地装订成案卷。文书整理立卷保持了文件之间的历史联系，便于日后查找利用；保证了文件的完整与安全，便于文件的保管；有效地对文件进行了积累，为日后归档工作奠定了基础。

　　文书的整理立卷，是秘书人员的一项经常性业务工作。这些工作看起来似乎比较简单，实则是一项十分繁杂细致而又规范严格的工作，要求秘书人员按照一定的规范和程序进行。本学习情境根据事情发展的逻辑顺序设置了一个任务——收集整理辉鹏服饰有限公司和韩国广田百货有限公司商务洽谈全过程中出现的相关文书。通过此任务的训练，旨在培养学生某项工作或活动完毕后，及时整理文书与立卷的习惯，进而掌握文书整理和立卷的知识与技能。

任务十八 文书整理、立卷与归档

知识目标

- ◆ 了解文书收集的范围和要求。
- ◆ 掌握文书立卷归档的方法。
- ◆ 了解文书案卷归档的程序。
- ◆ 了解文书的清退程序和档案保存管理的原则。

能力目标

- ◆ 能对文书进行分类、整理和归档。
- ◆ 养成及时整理资料、立卷归档的习惯。

案例启示

　　公司综合办公室每年都要收办大量的文件。新来的秘书缺乏经验,把所有的文书按时间顺序放在一起。到了年底,业务主管要找一份合作单位的协议,但具体哪个时候发来的已经忘了。秘书翻箱倒柜找了半天,费了九牛二虎之力,最后终于找到了。业务主管很不满意,秘书这才意识到自己没掌握好文书整理的方法。

　　案例分析:秘书之所以遇到文件寻找困难这一问题,主要是因为平时没有做好文件的收集、整理和立卷工作。他把所有的文书按时间顺序放在一起是不合理的,因为这样无法体现文件的内容,不方便查找和使用,应按"问题—时间"分类法来组卷。

任务引入

　　任务背景:辉鹏服饰有限公司和韩国广田百货有限公司经过相互考察和充分洽谈,签订了生产和销售中国民族服装、共同开发韩国的中国民族服装市场的合作协议。

　　任务:收集此次商务洽谈全过程中出现的相关文书,并对收集的文书进行筛选,剔除不需要立卷的文件,然后对筛选后的文书进行分类整理、立卷归档。

任务分析

　　文书整理不像我们想象得那么简单,并非把文件全部塞到盒子里存放起来就行了,它有自己的规范流程。作为秘书,要明确文书收集整理范围,知道哪些需要存放在本部门,哪些需要交由其他部门保存,哪些需要移交档案室。还要掌握好文书整理的时间,对

资料进行年限确认和性质分类,做好目录编制,按照科学程序进行排列装盒,并编号盖章。

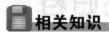相关知识

一、文书收集的范围和要求

1. 应该收集的文书资料

秘书人员通过一定的途径,将分散在单位各处的已经办理完毕的,但有保存、查考价值的文书、声像等资料集中起来即为档案收集。应该收集的文书资料大致有以下几类。

(1) 重要的会议资料。如会议通知、报告、决议、总结、会议纪要、会议简报、会议记录、领导讲话、重要发言、录音带、照片等。

(2) 上级下发的与本单位业务有关的决议、决定、命令、条例、规定、计划等。

(3) 代上级单位撰写的已被采用的重要文件的定稿。

(4) 本单位与上、下级单位的请示、批复、报告等公文性文书。

(5) 反映主要业务的报告、总结、工作计划、统计报表、信访工作材料。

(6) 与有关单位签订的合同、协议书及其他往来文书。

(7) 干部任免、职工奖励、处分以及职工劳动、工资、福利等方面的文件材料。

(8) 本单位及下属单位成立、合并、撤销、更改名称、启用印信的文件材料。

(9) 反映历史沿革、重要活动的大事记、简报、照片、录音带、录像带以及编辑的出版物。

(10) 财产、物资、档案等的交接凭证。

(11) 下级单位报送的报告、统计报表等。

2. 不需要收集和归档的材料

(1) 重份文件(特别重要的文件保留两份至三份,其他只需要一份,但同一文件的草稿、定稿不算重份)。

(2) 无查考价值的事务性、临时性文件,如一般的会议临时通知、洽谈工作的介绍信、节假日的放假通知等。

(3) 未经签发的电文草稿、一般文件的历次修改稿、铅印文件中除主要领导人亲笔修改稿和负责人签字的最后定稿之外的各次核对稿。

(4) 无特殊保存价值的信封,一般性表态、询问、建议的群众来信。

(5) 单位内部互相抄送的文件材料。

(6) 本单位负责人兼任外单位职务所形成的文件材料。

(7) 不需要贯彻执行和无查考价值的会议文件材料。

(8) 越级和非隶属单位抄送的不需要办理的文件材料。

(9) 外单位征求意见的文件未定稿。

(10) 下级单位任免、奖励非本单位员工的材料。

3. 文书档案收集的要求

(1) 严格执行收发登记制度和立卷归档制度

秘书或档案管理人员要认真做好文书的登记、清退和归档工作,并仔细核对、检查各种细节。秘书要掌握好收文过程中的阅办环节,及时收回文件;在发文过程中,要注意收集全文的定稿、存本和附件;要由专人负责收集外出带回的文书;要仔细收集本单位的各种行政和业务文书。

(2) 注意收集零散文书

除了规范的档案制度内的文书以外,秘书和档案人员要留心收集散落在外或个人手中的文书,必要时可以制订一定的控制、奖惩措施,以补充归档制度的不足。

二、文书归类的方法

文件的归类是指按照分类表的规定,将文件实体归入各个类别。不同的分类方法,在文件分类时有不同的操作要求。

1. 按年度归类

文件按年度归类在时间上的起止日期是每年的 1 月 1 日至 12 月 31 日;归类时通常是根据文件上标明的日期将其归入所属的年度,不同年度的文件不能归入一类,如图 18-1 所示。

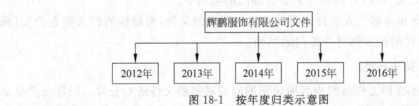

图 18-1　按年度归类示意图

由于各种文种的文件在形成、处理的具体过程上有所不同,致使一些种类的文件上存在着多个日期,有的日期还可能属于不同的年度。对此,在按年度归类时可采用如下的处理方法。

(1) 文件一般以制发日期(落款日期)为准归类。如决定、通知、通告、通报等;法律法规性文件一般以批准、通过或生效日期为准归类。

(2) 计划、总结、预算、决算、统计报表类文件,其内容所针对的日期与制发日期属于不同年度时,应归入内容针对的年度中。例如,2014 年的工作总结完成于 2015 年年初,应归入内容所针对的 2014 年度。

(3) 内容涉及若干年度的计划、总结、预算、决算、统计报表类文件,应归入其内容针对的开始年度,总结、决算应归入其内容针对的结束年度。例如《××服装公司 2013—2018 年销售计划》,应归入 2013 年度。

(4) 计划和总结合一的文件,应按其内容的侧重点归入所针对的年度。

(5) 跨年度的会议文件,应归入会议开幕的年度。

(6) 跨年度的来往文书,如请示与批复、询问函与复函等,按照收文日期所属的年度归类。

（7）跨年度的非诉讼案件的文件,应按结案的年度归类。

（8）跨年度的基建工程文件、科研项目文件,应按竣工和项目验收的年度归类。

2. 按组织机构归类

按组织机构归类关键是确认文件的制发与承办部门,即一份文件由哪个机构制发或承办,就归到哪个类别中去,如图18-2所示。

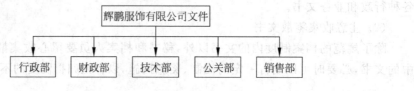

图18-2　按组织机构归类示意图

文件按组织机构归类的方法如下:

（1）对于发文,以文件上的发文名义为标志归类。

（2）对于收文,应归入承办部门的类别。一般的做法是全局性、综合性、领导性的文件归入到办公室（或行政部）类;业务性文件归入对口机构类别中。

（3）几个部门共同承办的文件,归入牵头机构或最后经办机构的类别中。

（4）以单位名义召开的综合性会议文件,归入办公室（或行政部）类;以单位的名义召开的专业性会议文件,归入到对口的业务部门的类别中。

（5）单位领导和各部门人员外出参加会议带回来的文件,全局性的归入到办公室（或行政部）类;业务性的归入到对口部门的类别。

3. 按问题分类法归类

问题分类法是按照文件材料内容所说明的问题对归档文件进行分类。问题分类法适合档案数量较少、形成年度少、年度界限不清、内部组织机构经常变动或是机构不健全的小型企业。即使如此,问题分类方法涉及内容广泛,受制于秘书档案工作人员的知识结构和认知能力,类目设置和归类工作不便把握。因此,为了便于文件归类,统一立卷人员的认识,应编制归类的规则,以指导文件归类工作。归类规则应包括:对类别含义的解释,识别和认定文件内容类别的方法,多类别属性文件归类与互检方法,类别属性不明或理解上有分歧文件的归类处置办法等。按问题分类法归类如图18-3所示。

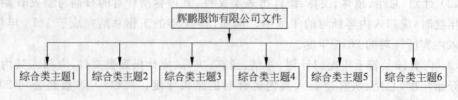

图18-3　按问题分类法分类示意图

三、文书立卷的方法

立卷是在分类之后,对各类别内的文书进行系统化的组织。立卷的目的是建立文件

之间的联系,使人们通过案卷内具有内在联系的有次序的文件,看到工作活动的实际情况。所以,立卷方法可以多样化,怎样能更好地反映事实的全貌,就怎样组织卷内的文件。

长期以来,人们在立卷工作中总结出了许多有效的立卷方法,这里主要介绍得到广泛采用、效果较好的六个特征组卷法。

六个特征是指文件在作者、问题、时间、文种(文件名称)、通讯者和地区方面的特征,它们是从文件机构中抽象概括出来的。文件之间如果有某些特征相同,则表明文件之间存在着一定的联系。六个特征组卷法就是运用这个原理,把某些方面具有共同特征的文件组合成卷,最大限度地保持文件之间的历史联系,达到便于保管和利用的目的。

1. 按作者特征组卷

按作者特征组卷即是将同一作者制发的文件组合成案卷。例如:"××县人民政府关于水利基础设施建设的规划、决定、报告"的案卷,就是将作者为"××县人民政府"有关水利基础建设的文件组成一个案卷。按作者特征组卷可以将同一作者的文件集中起来,便于查考文件作者职能工作活动的基本面貌。

例如:

(1)××市教委××××年高校招生工作的通知

(2)××学院关于修订教学计划的意见

(3)××大学关于开展校际学术交流的决定

(4)××学院关于考勤管理的规定

(5)××学院关于课程建设的计划

(6)××学院关于专业建设的总结

上述6份文件,如果按作者特征组卷,应剔除(1)和(3)两份文件,保留其余4份文件,组成"××学院关于教学管理的意见、规定、计划、总结"这个案卷。

2. 按问题特征组卷

按问题特征组卷是将反映同一事件、案件、人物、业务的或同一工作性质的文件组成案卷。例如:"关于刘××违纪问题的调查报告和处理决定",是将同一个案件的文件组成案卷;"关于农村基层党组织建设经验交流会文件",是将一个会议的文件组成案卷;"关于教学管理的规定、决定",是将同一性质工作的文件组成案卷。按问题特征组卷能够比较集中、系统地反映某一个问题或某一方面工作的开展、变化过程,体现文件的联系密切,便于人们按照专题查找和利用文件,是组卷时最常用的一个特征。

按问题特征组卷中"问题"的范围是比较灵活的,一个具体事务、一项任务、一个活动、一个会议、一个方面的工作都可以构成一个问题。例如,干部任免、奖罚、培训、调动、离退休等各自可以构成一个问题,合并起来也可以构成一个范围更大的"干部管理"问题。因此按问题特征组卷时,选择多大范围的问题的文件进行组合,应结合客观工作本身和相关文件的数量情况来考虑。相关问题的文件数量少,可以将"小问题"合并为"大问题"组卷;反之,可以将"大问题"分解为"小问题"组卷。

例如:

(1)××局关于开展普法教育的计划

(2) ××局关于审计工作的报告

(3) ××市政府关于开展普法教育的决定

(4) ××局关于调整内部机构的决定

(5) ××局普法教育工作的总结

(6) ××局关于普法教育的宣传提纲

上述 6 份文件,如按问题特征组卷,应剔除(2)和(4)两份文件,保留其余 4 份文件,组成"××市政府、××局关于开展普法教育的决定、计划、总结"的案卷。

3. 按时间特征组卷

时间特征即文件的形成时间或文件内容所针对的时间。按时间特征组卷,就是将同一年度或同一时期的文件组合成卷。例如:"关于 2013 年的工作计划、总结",是将在内容上针对同一个时期的文件组卷;"2014 年 1~6 月党委会记录",是将一个年度内的同一时期的文件组成案卷。按时间特征组卷有利于保持文件在时间上的联系,能够反映单位各个时期工作活动的变化情况,便于按照时间线索查询文件。

例如:

(1) ××公司关于财务审计的通知

(2) ××公司 2014 年 1 月行政办公会记录

(3) ××公司 2014 年财务预算

(4) ××公司 2014 年 2 月行政办公会记录

(5) ××公司 2014 年 3 月行政办公会记录

(6) ××公司 2014 年财务决算

上述 6 份文件,如按时间特征组卷,则(2)、(4)和(5)三份文件组成"××公司 2014 年 1~3 月行政办公会记录"的案卷;(3)和(6)两份文件组成"××公司 2014 年财务预算、决算"的案卷。

4. 按文种(文件名称)特征组卷

按文件名称特征组卷就是将名称相同或相近的文件组成案卷。例如:"××大学关于岗位聘任的规定",是将该学校有关干部、教师、职员聘任的规定性文件组成案卷;"××公司关于××××年产品销售的计划、方案",是将性质相近的"计划"、"方案"组成案卷。按文件名称组卷在一定程度上能够集中反映文件的性质和价值,便于按照文件的线索查找文件。特别是有些文件,如会议记录、统计报表、计划、总结、法规性文件等,比较适合用文件名称特征组卷。

在运用文件名称立卷时应该注意:有些情况下,相同名称文件的内容可能存在很大差别,如通知既有指示性、规定性的,也有一般事务性的。当文件内容差别较大时,单纯按名称特征组卷,不能很好地体现文件之间的有机联系。因此,按文件名称组卷通常需要结合文件的内容进行。

例如:

(1) ××研究所 2014 年科研工作计划

(2) ××研究所关于加强学术交流的情况通报

(3) ××研究所 2014 年工作要点

(4) ××研究所关于聘任客座研究员的通知

(5) ××研究所 2014 年举办学术活动的安排

上述 5 份文件,如按名称特征组卷,应剔除(2)和(4)两份文件,其余文件组成"××研究所 2014 年工作计划、要点、安排"的案卷。

5. 按通讯者特征组卷

按通讯者特征组卷就是将本单位与某一单位之间就一定问题形成的往复文件组成案卷。例如:"××研究所与××公司关于技术开发问题的来往文书",是将两个单位就技术开发问题的往复函件组成案卷。按通讯者特征组卷能够集中反映双方单位对某一工作问题的合作或处理情况,便于查找相关的依据。运用通讯者特征组卷应该把握两个问题:其一,通讯者特征只限定为两个单位之间就某一个或某一方面的问题的往来文件;其二,按通讯者特征组卷,对文件名称的表达应使用"往来文书"这一特定简称术语,通常不使用"函"等具体文件的名称。

例如:

(1) ××大学关于学生实习问题给××公司的函

(2) ××公司关于接收学生实习给××大学的复函

(3) ××大学关于科研成果转让问题给××公司的函

(4) ××大学关于学生实习安排给××公司的函

(5) ××大学关于学生实习管理问题给××公司的函

(6) ××公司关于学生实习安排给××大学的复函

上述 6 份文件,如按通讯者特征组卷,应剔除文件(3),其余文件组成"××大学与××公司关于学生实习问题的来往文书"的案卷。

6. 按地区特征组卷

按地区特征组卷就是将内容涉及同一地区的文件组合成卷。例如:"关于××流域水利工程建设的调查报告、方案",是将某一地区有关水利工程建设问题的文件组合成卷。按地区特征组卷能够比较集中地反映特定地区的某些工作和情况,便于按照地区和专题查找利用文件。运用地区特征组卷时,通常应结合文件内容进行,才能使案卷具有实际意义。

立卷的实践经验表明,利用文件之间若干共同特征进行组卷,能够从多方面体现文件的共同点,使文件之间的联系更为紧密。因此,采用六个特征组卷法,常常是灵活地将几个特征结合起来使用,而并非单纯地使用某一特征。例如:

(1) <u>××总公司</u>关于<u>员工业务培训的</u>　<u>方案、总结</u>
　　　作者　　　　　　问题　　　文件名称

该卷采用作者、问题和名称三个特征进行组卷。

(2) <u>××局</u>　<u>2014 年</u>　<u>新注册企业</u>　<u>统计表</u>
　　作者　　时间　　　问题　　　文件名称

该卷采用作者、时间、问题、名称四个特征进行组卷。

(3) ××县人民政府与×研究所关于<u>建立农业生产实验基地问题</u>的来往文书

　　　　通讯者　　　　　　　　　　　　　　　问题

该卷采用通讯者、问题两个特征进行组卷。

在六个特征中,作者、问题、时间、文件名称特征是比较常用的特征,其中作者和问题特征最为常用。通常情况下,将作者、问题结合其他的特征进行组卷,能够较好地反映文件之间的联系,同时组卷操作的思路也比较清楚。

由于文件特征的多样性以及文件之间的各种关系,组卷中会出现文件的多种组合方式,这就要求立卷人员分析和判断文件之间最为密切的关系,从而选出最佳组合方式来组卷。

四、文书案卷的归档手续及程序

归档手续是指文书部门向档案室移交案卷时必须履行的交接手续。其程序通常是:单位的档案部门首先要依据案卷目录、卷内文件目录对案卷及卷内文件的数量进行核对和检查;同时根据归档要求检查案卷的质量。对不合格的案卷,档案部门有权要求文书部门重新返工整理。案卷检查合格后,填写案卷移交清单,双方履行签字手续。移交清单应一式三份,一份由文书部门或业务部门保存备查,另外两份保存在档案部门作为检索工具和全宗卷的材料。

在单位工作中产生的、处理完毕的、具有保存价值的文件,经立卷归档正式移交给档案部门后,即转化为档案,进入档案管理阶段。

五、档案保存管理的原则

(1) 有条理地进行归档分类,资料端正地放在案卷内,对齐边缘。

(2) 资料按一定顺序排列,便于查找。

(3) 避免使卷案又厚又重。

(4) 如提取某份资料,应在原处夹留一张纸条,注明取出年月日及取走人姓名、用途或填一张卡插入,做出标志。

(5) 每日办理存档手续,使档案处于最佳利用状态。

任务实施

一、平时文书的收集和整理

在整个辉鹏服饰有限公司和韩国广田百货有限公司的联系、洽谈、合作过程中,形成了各种文书。作为秘书,应注意平时文书的收集和整理,当事情告一段落时,应及时归卷。

文书集中是指文书在办理完毕之后,文书部门将其集中管理。其目的,一是便于单位日常工作中的查阅;二是利于维护文件的完整与安全;三是在为年终立卷做必要的准备。文书集中的方法和步骤如下。

1. 收集文书

一个单位的文书来源主要有三个方面:发文、收文和内部文件。秘书人员可以根据

收发文登记收集文件,对于单位的一些"账外文件",如领导或其他业务人员外出开会带回来的文件,以及各种记录性文件、统计报表、契约文件、音像文件等,秘书人员应与有关人员联系,及时将文件收回。在本任务中,辉鹏服饰有限公司秘书要收集的文书包括《韩国广田百货有限公司与韩国服装市场调查信息摘要》,双方的联系函等往来文书,《韩国之中国服装市场调查报告》,各阶段的会谈文件、合同或合作协议书等。在平时,秘书思妍应利用催办、清退等环节,及时收回办理完毕的文件,并要注意文件收集的完整性。

2. 鉴别整理

文书的鉴别整理就是要鉴别文书的真伪、保管期限,鉴别哪些文书要收集,哪些文书不需要收集。一般而言,文书分为重要文件资料、一般文件资料、参考资料、有关文书资料等,在保管期限上有永久、长期、短期三种。永久保存,就是无限期地尽可能长远地保存下去;长期保存,一般是指档案须保存 16~50 年左右;短期保存,一般是指 15 年以下。秘书在对文书进行鉴别整理时需要对此加以区分和确认。此外还要检查收集的文件资料是否齐全完整,如文件正文与附件、请示与批复、定稿与正本、纸质文件与相关的其他载体的文件等,应收集齐全。若有不需立卷归档的应予以剔除,如不需立卷归档的会谈资料、内部工作通知等,未收集齐的应尽快收集起来。

3. 平时归卷

平时归卷是指秘书根据立卷方案,将处理完毕的文件随时或定期收集起来,进行初步分类并归入卷宗的工作。至于文件的装具,如文件夹、文件盒、文件柜等,要提前准备好,并根据立卷方案将类目名称、案卷条款、顺序号等分别标写于装具上,待文件收集后再"对号入座"。平时归卷的做法等于将文件的收集、分类、组卷工作分解到平时,可以减轻年终集中立卷的压力,有助于提高立卷的效率和质量。但是在文件从零散状态到组成案卷的过程中,要注意做好文件的分类工作。分类是根据文件之间的异同,通过建立某种分类标志,将文件分为各个类别,以便了解一个单位工作活动的基本框架。因此,同一层次类别的文件必须采用相同的方法分类,例如,某公司的文件,如果第一层次采用的是年度分类法,就不能在这一层次同时采用问题分类法。在本任务中,辉鹏服饰有限公司与韩国广田百货有限公司形成的文书可以以问题特征来分类和归卷。

应该说明的是:归卷还不是立卷,它只是把办理完毕的文件集中保存于装具之中,尚未形成最终的案卷。在相对独立的活动中形成的文件,如会议文件、专题活动的文件等,在活动结束之后一般不再形成新的文件,这些文件在进行了价值鉴定并收集齐全之后可以直接立卷。

二、文书的立卷

每年年终,各单位要对各种文书进行年终调整和定卷。年终调整定卷是指秘书人员在一年的工作结束之后,对平时归卷的文件进行全面的检查、调整、排序与编目,最后确定组成,即立卷。辉鹏服饰有限公司既然与韩国广田百货有限公司的合作已经达成,那么年底就需要对之前的相关文书进行归档和立卷,工作包括以下内容。

1. 检查归卷是否完整

重点从卷内文件成分的完整与实体的完好两个方面检查。卷内文件成分的完整是指归卷文书应有的材料齐全完备,如请示与批复、正文与附件等要齐全,如有缺少则需要查找、补齐;同时,还要剔除重份文件、无保存价值的文件等。卷内文件的实体状况是指其载体及书写材料是否受损、被污染等,如果文件实体安全存在问题,应及时采取措施补救。

2. 检查归卷文件的质量

归卷文件的质量是指文件归类、组卷是否符合立卷原则,有无归类和组卷不当、保管期限不当以及卷内文件的数量不合适等现象,若出现问题应及时进行调整。注意,组卷要将永久、长期、短期三个保管期限的文件分别组卷;同一类问题的文件、资料要集中组卷;组卷要区分文件张数的多少,多的可分几个属类汇列;组卷时定稿放在前面;为使案卷不受污损,要拆除文件、资料上的金属钉和障碍物。

3. 进行卷内文件排列和编号

案卷的组成意味着卷内文件范围的确定,但是,文件之间的历史联系仍然不能充分地得以体现,为此,在案卷形成之后,需要对卷内文件进行排列、编号、编目等系统化整理工作。

(1)排列

排列即将形成的文件,在分类方案的最低一级类目内,按一定的标准排好先后顺序。最低一级类目,是指分类时所确定的类目体系中设在最低一级的类目,例如,按照"问题—年度—保管期限"分类,"保管期限"为最低一级的类目。

① 排列方法。通常情况下,排列的方法有三种:一是按时间先后顺序排列:将文件按其形成的先后顺序排列,先形成的放在前面,后形成的放在后面。以文件的形成时间为准,如无形成时间,可参考收文时间和生效时间。二是按姓氏笔画排列:如果文件是以个人名义形成的,或文件内容是针对个人或涉及个人的,可以按姓氏笔画排列,笔画少的排在前面,笔画多的放在后面。三是按问题排列:如果文件是反映几个性质不同的问题,可按问题的重要程度排列。

② 注意事项。在排列时,应遵循分类方案所设定的类目顺序,不要轻易变动。排列时可将三种排列方法综合起来使用,如先按问题排列,再按时间排列。

(2)编号

归档文件排列好顺序后,应依照分类方案和排列顺序逐件编号,在文件首页上端的空白位置加盖归档章并填写相关内容。归档章设置全宗号、年度、保管期限、件号等必备项,并可设置机构等选择项,如表18-1所示。

件号包括室编件号和馆编件号,分别在归档文件整理和档案移交进馆时编制。室编件号的编制方法为:在分类方案的最低一级类目内,按文件排列顺序从"1"开始到"N"逐件编流水号。同样,馆编件号按进馆要求标注。例如,辉鹏服饰有限公司归档文件按"年度—机构—保管期限"分类,其最后一级类目为保管期限,则在同一年度、同一机构内,按归档文件排列顺序,先编永久保管期限的归档文件件号(从 1 至 N),再编长期保管期限(从 1 至 N)。

表 18-1 归档章内容

(全宗号)	(年度)	(室编件号)
(机构或问题)	(保管期限)	(馆编件号)

(3) 编目

盒内文件排列完毕并编号后,应根据分类方案和室编件号顺序编制归档文件目录,用于介绍盒内文件的成分和内容。归档文件目录一般包括件号、责任者、文号、文件题名、日期、页数和备注七项内容(见表 18-2)。归档文件目录制作完成后,一份应存放在本案盒文件的最前面,说明本案盒存放的文书;另一份应与其他案盒目录按件号顺序装订成册,并编制封面,供检索利用。目录封面一般设置全宗名称、年度、保管期限、机构、件号等项目。如图 18-4 所示。

表 18-2 归档文件目录

件号	责任者	文号	文件题名	日期	页数	备注

(归档文件目录封面)

全宗名称________

年　　度________

保管期限________

机　　构________

件　　号________

图 18-4 归档文件目录封面

4. 装盒

装盒就是将已经整理好的文件按室编件号顺序装入档案盒,并填写档案盒封面、盒脊及备考表项目。

档案盒封面应标明全宗名称,一般用毛笔或钢笔正楷书写。档案盒应根据摆放方式的不同,在盒脊或底边填写全宗号、年度、保管期限、起止件号、盒号等必备项,并可设置机构等选择项。其中,起止件号填写盒内第一份文件和最后一份文件的件号,中间用"—"连接;盒号即档案盒的排列顺序号,在档案移交进馆时按档案室要求编制。档案盒应采用无酸纸制作。档案盒脊样式如图 18-5 所示。

档案盒内应附上备考表,如图 18-6 所示,以对洽谈卷内文件资料情况做必要的说明,说清楚文件资料的来龙去脉、文件资料重要程度和卷内文件变动情况等。备考表置于盒内文件之后,项目包括盒内文件情况说明、整理人、检查人和日期。里面的"盒内文件情况说明"一栏要填写盒内文件缺损、修改、补充、移出、销毁等情况。

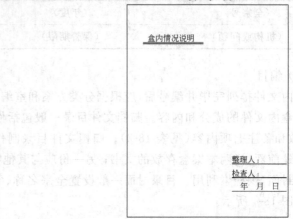

图 18-5　盒脊样式　　　　　　图 18-6　备考表

5.移交档案室

正常情况下,应在第二年上半年将上一年的案卷向档案部门移交归档。需要提醒的是,立卷归档的文件只有办理完的才能送交档案室,跨年度的或者是正在办理的,不能立卷归档,更不能送交档案室。

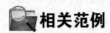 **相关范例**

企业文书档案保管期限表

1　本公司党的代表大会、职工代表大会,工会、共青团、代表大会的文件材料

1.1　请示、批复、通知、名单、议程、报告、领导人讲话、选举结束、讨论通过的文件、决议、纪要、公报、主席团会议记录等文件材料(永久)

1.2　大会发言,人大代表建议和意见、人大议案及答复,政协委员提案及办理结果,简报,快报(永久)

1.3　重要的贺信、贺电,筹备工作、选举过程中形成的文件,小组会议记录、会议服务机构的计划、总结等文件材料(30 年)

1.4　讨论未通过的文件(10 年)

2　公司党委、职工代表大会、纪律检查委员会、共青团、工会、委员会、主席会、全体委员会会议、办公会议的文件材料

2.1　决议、决定、记录、纪要、议程、领导人讲话、讨论通过的文件、参加人员名册(永久)

2.2　讨论未通过的文件(10 年)

3　公司党委会议和行政办公会议纪要、会议记录(永久)

4　公司召开工作会议、专题会议的文件材料

4.1　请示、批复、通知、名单、日程、报告、讲话、总结、决议、决定、纪要(永久)

4.2　典型材料、代表发言材料、交流材料、简报(30 年)

5　公司联合召开会议的文件材料

5.1　本公司为主办的

5.1.1　请示、批复、通知、名单、日程、报告、讲话、总结、决议、决定、纪要(永久)

5.1.2　典型材料、代表发言材料、交流材料、简报(30年)

5.2　本公司为协办的

5.2.1　请示、批复、通知、名单、日程、报告、讲话、总结、决议、决定、纪要的复制件或副本(30年)

5.2.2　典型材料、代表发言材料、交流材料、简报的复制件或副本(10年)

6　上级机关颁发的文件材料

6.1　直属上级机关颁发的属于本公司主要业务,并要执行的重要文件材料(永久)

6.2　直属上级机关颁发的属于本公司主要业务,并要执行的一般文件材料(10年)

7　上级机关、上级领导检查、视察公司工作时形成的文件材料

7.1　重要的(永久)

7.2　一般的(30年)

7.3　本公司工作汇报材料(30年)

8　本公司业务文件材料

8.1　本公司制订的方针政策性、法规性、普发性业务文件,中长期规划、纲要等文件材料(永久)

8.2　本公司的请示与上级机关的批复、批示

8.2.1　关于运输线路的审批,经营权方面的问题(永久)

8.2.2　一般业务问题的(30年)

8.3　同级、下级部门的来函、请示与本公司的复函、批复等文件材料

8.3.1　重要业务问题的(永久)

8.3.2　一般业务问题的(30年)

8.4　公司联合行文文件材料

8.4.1　本公司为主办的

8.4.1.1　重要业务问题的(永久)

8.4.1.2　一般业务问题的(30年)

8.4.2　本机关为协办的

8.4.2.1　重要业务问题的(30年)

8.4.2.2　一般业务问题的(10年)

8.5　本公司编辑、编写的文件材料

8.5.1　大事记、组织沿革等(永久)

8.5.2　简报、情况反映、工作信息等(10年)

8.6　行政管理、执法活动中形成的文件材料

8.6.1　行政管理工作制度、程序、规定等文件材料(永久)

8.6.2　执法检查情况汇总、通报，整改通知等(永久)

8.6.3　行政管理工作中形成的审批、审查、核准等文件材料

8.6.3.1　固定资产投资、科技计划等项目的审批(核准)、管理、验收(评估)等文件材料(永久)

8.6.3.2　不动产、自然资源的所有权、使用权确认的文件材料(永久)

8.6.3.3　20年(含)以上有效或未注明有效期的许可证、执照、资质证、资格证等的审批、管理文件材料(永久)

8.6.3.4　20年以下有效的许可证、执照、资质证、资格证等的审批、管理文件材料(30年)

8.6.4　行政管理工作中形成的备案文件材料(10年)

8.6.5　行政处罚、处分、复议等工作中形成的文件材料

8.6.5.1　重要的(永久)

8.6.5.2　一般的(30年)

8.7　计划、总结、统计、调研等方面的文件材料

8.7.1　年度和年度以上的计划、总结、统计材料(永久)

8.7.2　年度以下的计划、总结、统计材料(10年)

8.7.3　重要职能活动的总结、重要专题的调研材料(永久)

8.7.4　一般活动的总结、一般问题的调研材料(10年)

8.8　出国或出境访问考察、参加国际会议，接待来访等外事活动形成的文件材料

8.8.1　签订的协议、协定、备忘录，重要的会谈记录、纪要等(永久)

8.8.2　出国审批手续、执行日程、考察报告、一般性会谈记录(30年)

思考与练习

一、问答题

1. 阐述文书归档的方法与步骤。
2. 秘书应如何组织实施企业的档案整理和立卷工作？
3. 根据所学知识梳理档案整理和立卷工作流程，并制作工作流程图。

二、实训题

对自己所在学校进行调研，根据学校的机构设置和职能分工，选择所学的恰当的分类方法，编制档案分类方案，并与学校图书馆分类进行对比，分析总结不足之处，利用学校档案室进行档案的整理和归档操作。

三、案例分析

某公司新进秘书牛小北在整理公司文书，准备归档，他首先把文书按照不同部门加以

分类,然后在每个部门中进行文种分类,并按时间先后排列。他还把文件后的附件、请示与批复、正本与定稿一一分离出来,并单独装订,一份正本的多份文件的重份文件一并装订。在每份文件上标上页号,文件左侧统一用金属订书机装订。最后他把这些文件按照时间顺序依次装入档案盒中,直接移交给档案室。结果档案室管理员拒绝接受他移交的档案。

根据上述案例,请判断实习秘书牛小北在文书归档整理过程中有哪些不当之处,怎样操作才符合规范。

附录 辉鹏服饰有限公司机构设置

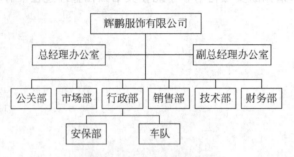

辉鹏服饰有限公司组织机构图

辉鹏服饰有限公司主要工作人员一览表

部　门	负　责　人	工　作　人　员	备　注
总经理办公室	黄林（总经理）	李思妍（秘书）	管理归行政部
副总经理办公室	张智（副总经理）	刘慧枫（秘书）	管理归行政部
公关部	刘燕（经理）	张理智、朱英等	
市场部	王明（经理）	王充、李志强等	
行政部	那玲玲（经理）	王亮（秘书）、刘慧枫（秘书）等	管理安保队与车队
销售部	田珍（经理）	夏雨、方志伟等	
技术部	郭东（经理）	夏晓丹、马琍等	
财务部	冯晓（经理）	张晓明、尹伟康等	

参 考 文 献

[1] 张丽琍. 商务秘书实务[M]. 北京：中国人民大学出版社，2008.

[2] 钟筑. 商务秘书实务[M]. 重庆：重庆大学出版社，2007.

[3] 孙宗虎，王瑞永. 通用管理流程设计与工作标准[M]. 北京：人民邮电出版社，2006.

[4] 劳动和社会保障部中国就业培训技术指导中心. 四级秘书国家职业资格培训教程[M]. 北京：中央广播电视大学出版社，2006.

[5] 中国高等教育学会秘书学专业委员会. 中国秘书岗位资格证书教程[M]. 北京：中国人民大学出版社，2006.

[6] 刘森. 商务秘书实务与训练教程[M]. 成都：西南财经大学出版社，2006.

[7] 向国敏. 现代秘书实务(修订第二版)[M]. 北京：首都经济贸易大学出版社，2008.

[8] 葛红岩. 新编秘书实务[M]. 北京：高等教育出版社，2007.

[9] 胡亚学，郝懿. 秘书理论与实务[M]. 大连：东北财经大学出版社，2007.

[10] 黄琳. 商务礼仪[M]. 北京：机械工业出版社，2008.

[11] 胡伟，成海涛，王凌. 会议管理[M]. 大连：东北财经大学出版社，2009.

[12] 罗春娜. 秘书礼仪[M]. 北京：中国劳动社会保障出版社，2009.

[13] 韦志国. 文书与档案管理[M]. 北京：中国劳动社会保障出版社，2011.